ソーシャルワーカーのための法学入門

権利擁護の担い手となるために

永野 仁美　大橋 真由美　笠原 千絵
髙山 惠理子　羽生 香織　巻 美矢紀

有斐閣

はしがき

少子高齢化が進展し，家族のあり方も変わっていくなかで，介護・福祉サービスの利用者が増えている。また，個人や世帯が抱える困難の多様化は，福祉ニーズの複雑化や複合化をもたらしている。そうしたなかで，ソーシャルワークの専門職であるソーシャルワーカーがそれらのニーズへの対応において果たす役割への期待が高まってきている。

本書は，ソーシャルワーカーのための法学入門書である。法とソーシャルワークとは，それぞれ原理を異にするものであるが，両者は，困難な状況に置かれている人たちの権利擁護を実現するという共通の目的をもっている。そして，その実現にあたり，協働することが求められている。もちろん，法的な問題については，最終的には法の専門家である弁護士等が対応することになろう。しかし，ソーシャルワーカーが，ソーシャルワークに関する専門知識・実践能力だけでなく，法学についての基本的な知識を有することで，日々の実践において，より確実に，困難な状況に置かれた人たちの権利擁護を実現することが可能となる。それゆえ，2019 年に行われた社会福祉士養成課程の教育内容等の見直しにおいて，法教育が改めて重要視され，「権利擁護を支える法制度」が大学等において必修化されたのだとも言うことができよう。

本書は，ソーシャルワークに携わる人たちに，法学を学ぶ意義を感じながら，可能な限り楽しくこれを学んでほしいという思いのもとで執筆されている。執筆に参加したのは，上智大学法学部および総合人間科学部に所属する研究者である。法学系の学部と福祉系の学部の双方を備え，しかもそれらが同じキャンパス内にある総合大学は多くない。同じ建物に研究室があり，お互いに知り合う機会があることが幸いして，共同で本書の執筆に取り組むこととなった。福祉に携わる人たちが法学のどこに難しさを感じてしまうのか等について議論を重ねながら執筆できたことは，類書にはあまり見られない本書の強みである。

そして，本書の内容は，社会福祉士養成カリキュラムに含まれる「権利擁護を支える法制度」で学ぶべきとされているポイントを押さえつつ，各執筆者がそれぞれの専門についてぜひ知っておいてほしいと思う，より踏み込んだ内容を組み込んだものとなっている。平易な言葉での丁寧な説明により，難しいと思われがちな法学を身近なものと感じられるのではないかと期待している。本書での学びが，法とソーシャルワークの協働の一助となり，困難な状況に置かれた人たちの権利擁護の実現につながることを祈っている。

2024 年 3 月

著 者 一 同

著者紹介（執筆順）

笠原　千絵（かさはら　ちえ）　**第1章**

上智大学総合人間科学部教授

主著：『よくわかる福祉行財政と福祉計画』（分担執筆，ミネルヴァ書房，2018年），『地域の〈実践〉を変える 社会福祉調査入門』（共編著，春秋社，2013年）。

永野　仁美（ながの　ひとみ）　**第2章・第6章**

上智大学法学部教授

主著：『社会保障法〔第2版〕』（共著，有斐閣，2023年），『現場からみる障害者の雇用と就労――法と実務をつなぐ』（共著，弘文堂，2021年）。

巻　美矢紀（まき　みさき）　**第3章**

上智大学法科大学院教授

主著：『憲法学読本〔第3版〕』（分担執筆，有斐閣，2018年）。

大橋　真由美（おおはし　まゆみ）　**第4章**

上智大学法学部教授

主著：『行政による紛争処理の新動向――行政不服審査・ADR・苦情処理等の展開』（日本評論社，2015年），『行政紛争解決の現代的構造』（弘文堂，2005年）。

羽生　香織（はぶ　かおり）　**第5章・第7章**

上智大学法学部教授

主著：『社会の多様化と私法の展開――小野秀誠先生古稀記念論文集』（分担執筆，法律文化社，2024年），『家族と子どもをめぐる法の未来――棚村政行先生古稀記念論文集』（分担執筆，日本加除出版，2024年）。

髙山　惠理子（たかやま　えりこ）　**第8章**

上智大学総合人間科学部教授

主著：『退院における医療ソーシャルワーカーの実践――「退院援助」から「地域ネットワーク構築」へ』（相川書房，2020年），『ソーシャルワーカーによる退院における実践の自己評価』（共著，相川書房，2017年）。

目　次

第1章　ソーシャルワーカーが出会う法的諸問題　1

第1節　ソーシャルワークと法の関係　1

1. はじめに：法を学ぶモチベーション　1
2. ソーシャルワーカーが法を学ぶ意義　3

第2節　ソーシャルワーク実践と法の関わり　9

1. ソーシャルワークの基盤としての人権　9
2. ソーシャルワークと行政　14
3. 市民生活の理解と民法　15

Column1-①　個人情報保護法　11
Column1-②　守秘義務の例外　12
Column1-③　外国人と社会保障　13
Column1-④　本人の意思に反する介入と根拠　16

第2章　法の基礎　19

第1節　法ってどんなもの？　19

1. 意外と身近な法　19
2. 法と規範　19
3. 法の体系・種類　21
4. 法秩序　25
5. 条文の構造　26
6. 法の適用・解釈　27

第2節　立法と司法　31

1. 法の制定過程　31
2. 裁判制度／判例　32

第3節　ソーシャルワークと法の関わり　37

1. 社会が必要とする制度を形づくるもの　37
2. トラブルや紛争を解決してくれるもの　40
3. 法とソーシャルワークの協働　44

Column2-①　裁判外紛争解決手続（ADR）　34
Column2-②　事業者・施設の指定基準①　41
Column2-③　意に反した支援と不法行為　42

第3章 憲　法　45

第1節 憲法総論　45

1. ソーシャルワークと憲法：憲法を学ぶ意味　45
2. 憲法と人権　46
3. 憲法の最高法規性と「法の支配」　48

第2節 人　権　49

Ⅰ. 人権総論

1. 人権の類型論　49
2. 人権の主体　50
3. 人権の適用範囲：私人間適用　54
4. 特殊な法律関係　55
5. 憲法上の権利の限界　56

Ⅱ. 人権各論

1. 包括的基本権（13条後段）　58
2. 平等（14条1項）　63
3. 自由権①：精神活動の自由　68
4. 自由権②：経済活動の自由　75
5. 自由権③：人身の自由と刑事手続上の権利　79
6. 国務請求権　80
7. 社会権　81
8. 参政権　84

第3節 統治機構　86

1. 統治の基本原理　86
2. 国会（第4章）　87
3. 内閣（第5章）　90
4. 司法（第6章）　91
5. 財政（第7章）　93
6. 地方自治（第8章）　94
7. 条　約　96

Column3-① 精神障害者の強制入院制度　56
Column3-② 個人情報保護　60
Column3-③ インフォームド・コンセント　62
Column3-④ 障害者雇用義務制度の合憲性　69
Column3-⑤ 警備業務に関する欠格条項の合憲性　76
Column3-⑥ 難民認定申請中の強制送還　81
Column3-⑦ 行政立法　89

Column3-⑧ 部分社会の法理 92
Column3-⑨ 社会福祉法人の設立 94

第4章 行 政 法 97

第1節 行政法概説 97
1. 行政法とは何か 97
2. 行政法の最重要原理：法律による行政の原理 98
3. 行政法の法源 99
4. 行政の組織 102

第2節 行 政 行 為 105
1. 行政行為と（行政）処分 105
2. 行政行為の種類 106
3. 行政行為の効力 108
4. 行政行為の瑕疵 111
5. 行政行為の職権取消し・撤回 112

第3節 行 政 手 続 114
1. 行政手続法の概要 114
2. （行政）処分手続 115
3. 行政指導に対する手続 121
4. 届 出 122
5. 意見公募手続 122
6. 手続的瑕疵の効果 123

第4節 行政の実効性確保 123
1. 行政上の強制執行 123
2. 行 政 罰 125
3. 即 時 強 制 125

第5節 行政上の救済制度 126
1. 行政不服申立て 126
2. 行政指導の中止等の求め・処分等の求め 133
3. 行政苦情処理 134

第6節 行 政 訴 訟 135
1. 行政事件訴訟の類型と要件審理・本案審理 135
2. 取消訴訟における要件審理：各種訴訟要件について 137
3. 取消訴訟における本案審理その他 140

4. その他の抗告訴訟：無効等確認訴訟・義務付け訴訟・差止訴訟　144
5. 当事者訴訟　147

第 7 節　国家賠償請求訴訟　148

1. 国家補償法の体系　148
2. 国賠法 1 条責任　148
3. 国賠法 2 条責任　151

Column4-① 「政府」という言葉の意味　104
Column4-② 保育所の設立「認可」の法的性質　108
Column4-③ 自治体による，生活保護の申請者に対する「水際作戦」はどう評価される？　117
Column4-④ ソーシャルワーカー tips：現場での「処分性」の判断の仕方　138

第 5 章　民　　法　153

第 1 節　私たちの社会と契約　153

1. 契約に囲まれた現代社会　153
2. 契約とは何か　155

第 2 節　契約の主体　157

1. 契約自由の原則　157
2. 代　　理　159

第 3 節　契約の客体（目的物）　161

1. 物　　権　161
2. 物権変動の原因　161
3. 物権の客体　162

第 4 節　契約の成立　162

1. 契約の有効要件：真意と意思表示の一致　162
2. 契約の有効要件：契約内容の相当性　165
3. 無効と取消し　166

第 5 節　契約の効力　167

1. 契約内容の実現　167
2. 債務の履行　167
3. 債務の不履行　168
4. 契約の解除　170
5. 損 害 賠 償　171

第 6 節　契約の種類　173

1. 典 型 契 約　173
2. 財産移転型の契約　173
3. 貸借型の契約　174
4. 役務提供型の契約　175
5. その他の契約　178

第7節　不 法 行 為　178

1. 債権・債務の発生原因　178
2. 不 法 行 為　179
3. 事 務 管 理　183
4. 不 当 利 得　183

第8節　親　　族　184

1. 「家」制度の影響　184
2. 婚　　姻　184
3. 離　　婚　185
4. 親　　子　185
5. 扶　　養　187

第9節　相　　続　187

1. 相 続 と は　187
2. 法 定 相 続　188
3. 遺　　言　189
4. 遺 産 分 割　192
5. 遺 留 分　195

第10節　家庭裁判所　195

1. 家族に関する紛争の特殊性　195
2. 家族に関する紛争解決の仕組み　196

Column5-①　診療契約　176
Column5-②　サービス利用契約　177
Column5-③　医療過誤　181

第6章　社会保障法　197

第1節　総　　論　197

1. ソーシャルワークと社会保障法　197
2. 社会保障の役割　198
3. 社会保険と社会扶助　199

第2節　所得保障　200
1. 年金制度　200
2. 医療保険　204
3. 労災保険　205
4. 雇用保険　207
第3節　医療保障　208
1. 医療保険　209
2. 労災保険　212
第4節　介護・福祉保障　212
1. 介護保険　212
2. 障害福祉サービス　216
3. 児童福祉　222
第5節　最低生活保障　224
1. 最低生活保障　224
2. 補足性の原理　225
3. 「私的扶養」の優先　225
4. 保護基準　226
5. 保護の種類　226
6. 指導・指示　227
Column6-① 外国人と年金　201
Column6-② 社会手当　208
Column6-③ 事業者・施設の指定基準②　215
Column6-④ バリアフリー法　220
Column6-⑤ パートタイム・有期雇用労働法　221
Column6-⑥ 触法少年等と児童福祉　223
Column6-⑦ 生活困窮者自立支援法　228
第7章　成年後見制度　231
第1節　高齢者を取り巻く現状　231
1. 高齢化の状況　231
2. 認知症高齢者等の状況　232
第2節　成年後見制度とは　232
1. なぜ成年後見が必要なのか　232
2. 成年後見制度の基本理念　234
3. 成年後見制度の種類　235

第3節　成 年 後 見　238
1. 成年後見の対象者　238
2. 手　　続　239
3. 成年後見人にできること・できないこと　241
4. 後見制度支援信託　246
第4節　保　　佐　247
1. 保佐の対象者　247
2. 手　　続　249
3. 保佐人の職務　249
第5節　補　　助　252
1. 補助の対象者　252
2. 手　　続　253
3. 補助人の職務　254
第6節　任 意 後 見　255
1. 任意後見制度とは　255
2. 任意後見契約　255
3. 任意後見監督人の選任の審判の申立て　256
4. 任意後見人の事務　256
5. 事務の監督　257
6. 法定後見と任意後見の優劣　257
第7節　成年後見制度の現状と課題　257
1. 申立て件数　257
2. 利 用 者 数　257
3. 市町村長の申立て　259
4. 申立ての動機　259
5. 成年後見制度の担い手　259

第8章　権利擁護を支える制度　263

第1節　は じ め に　263
第2節　成年後見制度をめぐる課題とその対応：利用の促進　264
1. 成年後見制度の利用の促進に関する法律　264
2. 第二期基本計画　266
3. 成年後見制度利用支援事業　267
第3節　サービスの適切な利用　268

1. 社会福祉法における「サービスの適切な利用」の意義　268
2. サービスの適切な利用のための制度　268
第4節　虐待・暴力に関わる支援　271
1. 虐待・暴力に関わる支援に関連する法律とガイドライン　271
2. 児童虐待に関わる支援　272
3. 配偶者暴力に関わる支援　274
4. 高齢者虐待に関わる支援　275
5. 障害者虐待に関わる支援　276
第5節　権利擁護の担い手　278
1. 権利擁護，虐待防止の担い手としての機関と専門職　278
2. 権利擁護を担う機関　279
3. 権利擁護を担う専門職　285
第6節　意思の決定とその支援　287
1. 意思決定支援に関わるガイドライン　287
2. 意思決定支援ガイドライン：共通事項　287
3. 各意思決定支援ガイドラインの独自の観点　288
4. その他のガイドライン　293
第7節　事例の検討　296
1. 支援の契機　297
2. 意思決定支援ミーティング開催の提案　297
3. A さんへのミーティングについての説明　298
4. ミーティングに向けた準備　299
5. 意思決定支援のためのミーティング　299
6. ミーティング後の状況　300
7. ソーシャルワーカーとして必要な視点　300
Column8-①　市町村や国民健康保険団体連合会による苦情解決　271
Column8-②　障害を理由とする差別の解消の推進に関する法律（障害者差別解消法）　277
Column8-③　障害のある人への性犯罪からの擁護　282

索　引　303

法令名・判例集等の略語例について

●判例の表示

例：最判昭和 50・4・25 民集 29 巻 4 号 456 頁

・最高裁の大法廷判決については「最大判」，小法廷判決については「最判」と表示。

・年月日は「・」で表示。

●主な法令名略語

育介	育児・介護休業法（正式には「育児休業，介護休業等育児又は家族介護を行う労働者の福祉に関する法律」）
介保	介護保険法
家事	家事事件手続法
行審	行政不服審査法
行訴	行政事件訴訟法
行手	行政手続法
刑	刑法
健保	健康保険法
高齢医療	高齢者医療確保法（正式には「高齢者の医療の確保に関する法律」）
国年	国民年金法
国保	国民健康保険法
雇保	雇用保険法
児手	児童手当法
児扶手	児童扶養手当法
民	民法

●判例集等の略語

行集	行政事件裁判例集
刑集	最高裁判所刑事判例集
高民集	高等裁判所民事判例集
裁時	裁判所時報
集民	最高裁判所裁判集民事
賃社	賃金と社会保障
判時	判例時報
判自	判例地方自治
判タ	判例タイムズ
民集	最高裁判所民事判例集

第1章

ソーシャルワーカーが出会う法的諸問題

第1節　ソーシャルワークと法の関係

1. はじめに：法を学ぶモチベーション

(1) 法を学ぶハードルの高さ

ソーシャルワーカーの日々の実践において，法は身近なものである。しかし改めて「法を学ぶ」となると，日常生活では目にしない専門用語や独特な条文の言い回しもあり，ハードルが高いと感じる方が多いのではないだろうか。とはいえ，社会福祉実践者が法についての知識をもたないと，福祉サービスの利用者は被害に遭いやすい，被害を受けていても気づかない，被害への対応がわからないという三重の不幸に見舞われうる。そして，実践者が知らないうちに加害者になることもあるという（野﨑和義『福祉のための法学——社会福祉の実践と法の理念』ミネルヴァ書房，2002年：7-8頁）。逆にいえば，法の知識があることで，被害に遭いやすい人を，そしてソーシャルワーカー自身を守ることにもつながる。社会福祉の実践を「法」との関わりでとらえ，法の基礎的知識を身につけることが，まさに求められているのではないだろうか。細かい条文などは必要に応じて調べられる。法を学ぶハードルを少し下げて，ソーシャルワーカーとして，ぜひ法について学んでほしい。

⑵ 法と社会福祉のアプローチの違い

ソーシャルワーカーが法を学ぶ際の手がかりを得るため，法と社会福祉のアプローチの違いを整理してみたい。秋元は，法的アプローチは「権利，平等，資格，正義，公正，厳格性」，福祉アプローチは「ニーズ，ケア，共感，支持，個別性，柔軟性」に特徴づけられると指摘する。たとえば，虐待されている子どもを親の意に反して保護する児童福祉法 28 条の規定で考えた場合，法の論理からすれば，親の権利の制約につながるものであることから，子どもを親から引き離すという判断には，まず明白な証拠の有無が問題となる。他方，福祉の論理からすれば，証拠の有無もさることながら，子どもが危険な状態に置かれているかどうかが問題となる（秋元美世「ソーシャルワークと法学」秋元美世・本沢巳代子編『ソーシャルワーカーのための法学〔第 2 版〕』有斐閣，2008 年：302-303 頁，314 頁)。どちらも重要な視点を提供するものであるが，両者は時に対立することがある。

しかし，法的アプローチと福祉アプローチは対立してばかりではなく，ソーシャルワークにおいては協働が重要である。たとえばソーシャルワークを法的に位置づける分析において西村は，ソーシャルワークに対して法は，①法的な権限と義務，②倫理的価値，③実践の基準と規制を与えるもの，すなわち，実践の枠組みとなるものと整理している。一方，法におけるソーシャルワークという観点で見ると，法的権利はある一時点における法律関係の有無だけで決まるものではなく，制度における一連の過程のなかで形成されるものであり，一連の過程にはソーシャルワーク実践が関わっている（西村淳「ソーシャルワーク実践と法——ソーシャルワークの原理・制度・人材の法的分析」菊池馨実編『相談支援の法的構造——「地域共生社会」構想の理論分析』信山社，2022 年：76 頁)。つまり実際のケースにおいては，法的アプローチと福祉アプローチとの協働が期待されていること，そして法的権利の形成や実現にソーシャルワーカーが一定の役割を果たしていることがわかる。

⑶ 本書におけるソーシャルワーカーの理解

ところで本書は，ソーシャルワーカーのための法学入門書である。それでは，ソーシャルワーカーとは誰のことを指すのだろうか。2014 年に国際ソーシャルワーカー連盟および国際ソーシャルワーク学校連盟に採択されたソーシャルワーク専門職のグローバル定義によれば，ソーシャルワークとは，「社会変革と社会開発，社会的結束，および人々のエンパワメントと解放を促進する，実践に基づいた専門職であり学問」であり，社会正義，人権，集団的責任，および多様性尊重が，実践を支える原理となる。日本では，国家資格である社会福祉士と精神保健福祉士がソーシャルワーク専門職として位置づけられている。しかし，資格の有無にかかわらず，目の前にいる人の生活支援を通し，その人が置かれた抑圧状態からの解放や権利の実現に向けて取り組む実践者は数多い。また，多様な人の存在を前提とする共生社会の実現には，市民の協力が欠かせない。そこで本書では，資格の有無や所属機関にかかわらず，社会福祉の領域で人や社会のために何らかの実践をする人たちを，広い意味でのソーシャルワーカーとして想定する。

2. ソーシャルワーカーが法を学ぶ意義

ここからはソーシャルワーカーが法を学ぶ意義について考えてみたい。社会保障法学者である島村は，社会保障に法学からアプローチすることの役割を次の3つにまとめている。第1は，法律の規定にそった各制度の正確な把握・理解，である。ここには，法律の条文にそった制度の目的や，各主体間の権利・義務関係の正確な把握・理解が含まれる。第2は，当事者間で生じるトラブルへの解決手段の提示，である。ここには，支給されるはずの給付が支給されないなどの不平・不満があるときの対処方法の理解が含まれる。第3は，これからの社会保障政策を考えることである。ここには，現行制度を分析し，制度の問題点や内在的課題を理解したうえで，必要な改革について検討すること等が含まれる（島村暁代「はじめに」黒田有志弥ほか『社会保障法〔第2版〕』有斐閣，2023年：2-3頁)。こうした法学アプローチの役割は，ソーシャルワーカーが法を学ぶ意義につながる。

加えて，この3点をふまえて法を理解することは，ソーシャルワークの重要な機能であるアドボカシー（すなわち，個人，グループ，コミュニティの権利擁護）を行う前提ともなる。以下では，それぞれについて，具体的なケースを想定しつつ，考えてみたい。

(1) 社会福祉を含む社会保障の仕組みを理解する

「ゆりかごから墓場まで」といわれるように，社会保障は国民の安心や生活の安定を生涯にわたって支える制度である。社会保障制度（→第**6**章）は年金，社会福祉，公的扶助，保健医療・公衆衛生と多岐にわたり，国，都道府県や市町村などの主体がそれぞれ役割を担い，連携しながら実施している。複雑な社会保障の仕組みには，サービスの内容等を定める部分と，サービスの利用手続を定める部分とがあり，それぞれを理解する必要がある。

(a) どのような制度があるのかを理解する

Case1−①

要介護度3の認定を受けたAさんが，ケアプランの作成を依頼するために，Bケアマネジャーのところにやってきた。Aさんは，在宅生活を継続したいと考えており，Bケアマネジャーは，Aさんの希望にそうようなケアプランを作成したいと考えている。

ソーシャルワーカーとして社会資源を活用するためには，まず制度を理解する必要がある。日常的な手助けや支援は，家族や友人，隣近所の人から受ける場合もあるが，福祉サービスとして提供されるものは，何らかの「法」に基づいている。たとえば**Case1**−①のAさんが利用しようとする介護保険制度（→第6章第4節）は，介護保険法に基づき市町村が実施している。在宅生活の継続を希望する場合，自宅で受ける家事援助等のサービスや，事業所にて日帰りで受けるサービスなどを組み合わせて利用できる。また，住み慣れた地域で暮らし続けられるよう，住まい・医療・介護・予防・生活支援を一体的に提供する体制である「地域包括ケアシステム」の構築に向けた法整備も行われている。本人および家族の意向や生活状況をふまえ，一人ひとりに合った提案をする前提として，ソーシャルワーカーは，日本におけるさまざまな福祉サービスの種類や内容，その提供体制等を理解するために法を学ぶ必要があるといえる。

(b) 福祉サービスの利用手続を理解する

Case1−②

Aさんは，市町村がサービス提供事業者を決定してくれるものと思っていたら，そうではないようで戸惑っている。サービス利用時に騙されたりしないだろうかと心配で，ケアプランを作成してくれたBケアマネジャーに相談した。

福祉サービスの利用手続を理解するためにも，法の理解が不可欠である。福祉サービスの多くは，やむをえない事由がある場合の措置方式を一部残し，利用者と事業者の契約に基づき提供されている。戦後の社会福祉制度の土台であった措置制度は，行政（措置権者）が利用者のサービスの要否，種類，施設入所などを判断・決定するものであり，権利性や選択性に乏しいと理解されていた。こうした社会福祉の共通基盤制度を見直したのが，「措置から契約へ」という考えに基づき，介護保険法の制定や社会福祉事業法から社会福祉法への改正等を行った社会福祉基礎構造改革である。つまり公的な福祉サービスの利用関係に民法の契約のルール（→**第5章**第1節）が適用されるという変化が，法改正によりもたらされたのである。そのため，**Case1**-②のAさんは，自分に合ったサービス提供事業所を選び，直接契約を結ぶことになる。

福祉サービスの契約には，一般的な契約と異なる特徴がある。契約は，当事者間で自由に内容を定めて結び，希望や条件に合わなければ契約しないこともできるものである。サービス利用契約も同様で，サービス利用者と提供者は対等な関係を前提とする。しかしAさんが心配するように，実際には情報や知識量，立場の違いから利用者が不利になりやすい。そのためソーシャルワーカーは，法による福祉サービスの利用契約に対する規制について理解する必要がある。たとえば社会福祉法第8章「福祉サービスの適切な利用」では，利用契約申込み時の説明の努力義務，利用契約成立時の書面の交付義務，誇大広告の禁止等を社会福祉事業の経営者に課す。また，成年後見制度や任意後見制度（→**第7章**），日常生活自立支援事業（→**第8章**第3節2）のように契約による福祉サービスの利用を支援する法制度がある。加えて，日本弁護士連合会や日本社会福祉士会も作成に関わった「意思決定支援を踏まえた後見事務のガイドライン」や各種モデル契約書のように，法的拘束力をもたないが多くの人が守ろうとするソフトロー（→**第2章**第1節3）と呼ばれるものもある。

なお，福祉サービス提供主体の多様化に伴い，行政の役割も変化した。利用者にとっては選択肢の拡大が利点とされたが，実際には人員・設備・運営基準違反，報酬の不正請求，事業所内での虐待といった法令違反や権利侵害が起きている。行政の役割（→**第4章**第1節）は，社会福祉施設を建設して優先順位の高い人を入所させることから，人員・設備・運営基準に関する条例の制定，事業所・施設の指定，権限に基づく規制監督，加えて計画的なサービス量の確保など，利用者が安心してサービスを利用できる仕組みづくりに軸足を移した。こうした福祉サービス利用と提供の仕組みを理解するため，法の基礎的な知識は欠かせない。

⑵ 当事者間で生じたトラブルを解決する

Case1–③

Cさんは，心身の機能が衰えてきたので特別養護老人ホームへの入所を考えるようになった。ところが，Cさんについてなされた要介護認定は，今回も「要介護2」であった。特別養護老人ホームに入所するには，要介護3以上でなければならない。諦めきれないCさんは，Cさんのことをよく知っているDケアマネジャーに相談した。

当事者間でのトラブルを解決し，不服に対応するためにも法の知識が必要である。社会福祉に関係する事務には，要介護度や障害支援区分の認定，生活保護の支給決定，精神科病院への措置入院決定のように，市町村長，都道府県知事などの行政機関が行うものが多くある。国民の権利義務に関することが恣意的に行われないよう，法が定める内容や手続に従って行われるものの，**Case1**–③のCさんのように予想外の決定がなされることもある。そこで，行政による決定について争えるよう，行政不服審査法や行政事件訴訟法に基づき不服申立てや訴訟を行うことが可能となっている（→第**4**章第**5**・**6**節）。違法，不当な処分などから利用者を守るため，ソーシャルワーカーとしてこうした仕組みを正しく理解する必要がある。

なお，当事者間のトラブルは福祉サービスの利用を含む契約でも起こりうる（→第**2**章第3節2）。

⑶ 社会保障の仕組みの課題を考える

Case1–④

障害福祉サービスを受けてきたEさんは，65歳になった際に，市の担当者から「これからは障害福祉サービスではなく，介護保険のサービスをまず利用しなければなりません。要介護認定の申請をしてくださいね」といわれた。障害福祉サービスは無料で利用できたのに，介護保険のサービスには1割の自己負担がかかる。また，サービスを提供してくれる事業者も変更しなければならないという。長年Eさんにサービスを提供してきた障害福祉サービス事業者のFさんも，なぜ事業所まで変更しなければならないのかと疑問に感じている。

ソーシャルワーカーの立場からは「変えられない枠組み」というイメージが強い社会保障制度にも課題がある。たとえば,「65歳の壁」と呼ばれる **Case1**-④のEさんの例は,障害福祉と介護保険で似たようなサービスがある場合,原則的に介護保険サービスを優先して利用することが障害者総合支援法に規定されているために起きた（→第**6**章第**4**節1)。2018年の法改正により,障害福祉サービスと介護保険サービスの双方に「共生型サービス」というサービス類型を創設することで,同じ事業者が双方のサービスを提供できるようになり,あわせて高齢障害者の自己負担を障害福祉サービスの側で負担する措置が導入されたが,この問題は,当事者や支援者よりかねてから指摘されていたものである。法を学ぶことは,ソーシャルワークの実践のなかで感じる課題を法改正につなげることにも通じているといえる。

(4) アドボカシーの前提を理解する

> **Case1**-⑤
> 統合失調症を患ったGさんは,3年にわたり医療保護入院をしている。現在では,服薬により症状が落ち着き,安定した生活を送っているものの,Gさんのかつての暴力に怯える家族は,Gさんにはずっと入院してほしいと思っている。しかし,Gさんは,退院して地域で生活したいと,Hソーシャルワーカーに相談してきた。

(a)「利用者」ではなく市民としての権利を理解する

ソーシャルワーカーは,支援を必要とする人を「利用者」と狭くとらえず,さまざまな権利をもつ市民として理解する必要がある。サービス利用契約の定着に伴い「利用者」という呼び方が一般的となったが,人は「利用者」として暮らしているわけではない。障害者権利条約で保障しようとする権利が「他の者との平等を基礎とする権利」であるように,どんな人にも法律の前に等しく認められ,自由を奪われず,学び,働き,移動し,表現し,政治的活動に参加し,地域で健康に文化的な暮らしを送る権利がある（→第**3**章)。**Case1**-⑤のGさんのように本人の同意に基づかない入院（→第**6**章第**4**節2）が長引けば,それだけ当たり前の暮らしが制約され続けてしまう。家族の意向や法律に定められたサービス内容等から,ソーシャルワーカーは倫理的ジレンマを感じつつ,「利用者」という特定の側面に目を向けがちになるかもしれないが,利用者も他の者との平等を基礎とする権利を有する市民であることを前提として，生活全体に及ぶ広範な権利と義務を理解する必要がある。

(b) 法的権利の実現に向けたプロセスに関わる

ソーシャルワーカーはアドボカシー機能を発揮し，法的権利の実現に向けたプロセスに関わることができる。たとえば，**Case1**-④を例に述べたように，すでにある社会保障の仕組みに変化・改善を求めたり（→2(3)），ある利益の主張が法的な権利として認められるプロセスに貢献したりすることなどである。秋元による権利の重層構造的な整理によれば，新しい権利は，憲法上の人権規定と関連づけ説得力のある法的理論構成がなされ，その法的正当性が広範囲にわたって社会的に承認され，その主張が明確かつ具体的内容をもつと「第一次的権利」として法的性格をもつようになる。そして判例による承認や立法的・行政的措置による裏づけを受けることで，裁判による司法的救済の対象となる「回復的権利」に転化する。これは憲法上の「新しい人権」（→第**3**章第2節Ⅱ）を念頭に置いた議論であるが，福祉の権利を考えるうえでも重要であり，ソーシャルワーカーによる日々の実践の蓄積や，社会福祉学による理論化は，こうした法的権利実現のプロセスに重要な役割を果たすのである（秋元美世「ソーシャルワークと法学」秋元美世・本沢巳代子編『ソーシャルワーカーのための法学〔第2版〕』有斐閣，2008年：305-313頁）。

(c) 「人々とともに」のソーシャルワークに向けて

ソーシャルワーカーは，法が人権を侵害する場合があること，そして時にそこに無自覚であったことを忘れてはならない。たとえばハンセン病患者の終生強制隔離や旧優生保護法下において実施された強制的な不妊手術，成年被後見人になることで一律に剝奪されていた選挙権，必要なサービス支給量の制限と応益負担を強いた2005年の障害者自立支援法（現・障害者総合支援法）などは，法が人権を侵害した例といえる。これらに対しては，権利回復に向けて裁判も提起されたが，権利を侵害されてきた人が声を上げるまで，その暴力性に気づかず，あるいは「仕方がない」と目を背けていた支援者は多いのではないだろうか。

近年では，権利侵害に対して声を上げやすい社会的環境も整えられつつある。障害者権利条約の批准に向けた関連法の改正では，障害者団体が大きな役割を果たし，障害者差別解消法の制定によって障害者差別への社会的関心は一気に高まった。上記の一連の裁判も，こうした社会的環境のなかで展開されたものといえる。**Case1**−⑤の G さんのように権利が侵害されやすい人の最も近くにいるソーシャルワーカーだからこそ，法が定めるとおりのサービス提供にとどまらず，法を理解したうえでのアドボカシー，ソーシャルワークのグローバル定義でいう「人々とともに」の実践を目指さなければならない。法制度のなかで実践することだけがソーシャルワークではない。これも，法を知ってこそ実現できることといえるのではないだろうか。

第 2 節　ソーシャルワーク実践と法の関わり

ソーシャルワークと関わりの深い法として，本書では，社会保障法のほかに，憲法，行政法，民法を学ぶ。憲法はソーシャルワークの原理でもある人権や，地方自治を含む統治について定めている。行政法は国や地方公共団体による行政活動に関連する法律の総称である。民法は市民生活における市民相互の関係を規律する法律であり，福祉サービスの利用に係る契約を規律するため，ソーシャルワークにも大きく関わる。憲法，行政法，民法を学ぶ前に，これらとソーシャルワークの実践との関わりを見ていきたい。

1. ソーシャルワークの基盤としての人権

人権と似ている言葉に「権利」があり，福祉サービスの利用に関しては，「権利」が使われることも多いが，ソーシャルワークの基盤としては「人権」が使われる。また，クライエントに対する倫理責任として，自己決定の尊重やプライバシーの尊重がある。一方，日本で暮らす外国人は近年になるまで社会福祉制度やソーシャルワークの対象として想定されにくく，かつ時に深刻な人権侵害を受けているという問題がある。これらは，一見バラバラに見えるが，すべて憲法と関わる。

(1) 権利と人権

社会福祉の領域では，権利や人権という言葉が文脈によってさまざまな意味で使われている。まず，「権利」という場合，一般的な意味である物事をして／しないでよいという資格を意味する場合と，法によって保障される利益を意味する場合がある。たとえば福祉サービス事業所では，「質の高いサービスを受ける権利」「わかりやすい情報を得る権利」「地域社会で生活する権利」などを利用者の権利として掲げることがある。利用者がそうした資格をもつという点では，ソーシャルワーカーとして当然実現を目指すべきであるものの，これらは抽象的な権利にとどまり，サービス提供における指針として示されていることが多い。他方，サービス利用契約書で具体的に示された権利については，侵害された場合には契約違反として裁判に訴え出ることが可能である。同じ言葉でも，文脈により含意が異なることがある点に注意が必要である。

「人権」も，ソーシャルワークの現場でよく耳にする言葉である。人権はすべての人が生まれながらにしてもち，侵すことのできない権利であり，ソーシャルワークを正当化し方向づける価値，原理として社会正義とともに位置づけられてきた。一方，憲法上の人権規定は，基本的に国家の活動（～をするという「作為」，あるいは～をしないという「不作為」）に対して人権を保障するためのものと考えられている。たとえば憲法25条は，すべての国民に対し健康で文化的な最低限度の生活を営む権利（生存権）を保障し，国はすべての生活部面について社会福祉・社会保障および公衆衛生の向上と増進に努めなければならないと規定している。ソーシャルワーカーは，何らかのニーズをもつ人が社会保障制度を利用できるように支援したり，制度の改善に向けて働きかけたりするが，生存権を保障するのはあくまでも国である。

しかし，人権の問題は国と市民の間だけでなく，市民社会の至るところで起きている。たとえば就職における差別や職場でのハラスメント，学校でのいじめなどの人権侵害があった場合，憲法の人権規定は適用されるのだろうか。また，本来あってはならない社会福祉施設における虐待の場合，虐待防止法制が適用されるが，憲法でいう人権保障は法的にはどのような関係にあるのだろうか。このような場合，憲法の人権規定を市民社会の一般ルールである民法の規定の解釈に反映させる「間接適用」という方法が裁判でとられている（**→第3章第2節Ⅰ**）。またすべての法律や，命令，政府の行為等は，憲法に反する場合は効力をもたないことから，各種法律（個別法）を通して憲法の人権理念を実現させようとしているといえる。

(2) プライバシーの権利

人権ないし権利のなかでも，ソーシャルワーカーが日常的に接する機会が多いのが，プライバシーの権利である。プライバシー権は肖像権，名誉権，自己決定権と並んで主張されるようになった新しい権利の1つであり，憲法上列挙

Column 1-① 個人情報保護法

個人情報保護法によれば，個人情報とは，生存する個人に関する情報で，氏名，生年月日，住所，顔写真などにより特定の個人を識別できる情報をいい，秘匿性が高くないものの他の情報と照合することで特定の個人を識別できるものも含む（例：名前だけでは個人を特定できないが，職場，住所などの情報が加わることで個人が特定できる）（2 条 1 項）。

個人情報保護法は，個人情報取扱業者が個人情報を取得する際の義務として，利用目的の特定，利用目的の通知または公表，本人の同意を得ない第三者への提供の制限等の義務を課している。特に注意すべきなのは「要配慮個人情報」，すなわち本人に対する不当な差別・偏見その他の不利益が生じる可能性がある一定の個人情報の取扱いであり，取得には本人の同意が必要である。具体的には人種，信条，社会的身分（例：被差別部落の出身・非嫡出子など，自らの力ではどうすることもできない地位），病歴，犯罪の経歴，犯罪により害を被った事実のほか，障害，健康診断の結果，刑事事件や少年の保護事件に関する手続が行われたことを含む情報などが要配慮個人情報とされている（2 条 3 項）。これらはいずれもソーシャルワーカーが日常的に接する可能性が高い情報である。

本人の同意を得ない第三者への提供は，①法令に基づく場合，②人の生命，身体または財産の保護に必要な場合，③公衆衛生の向上や児童の健全育成に特に必要な場合，④国等に協力する場合など，本人の同意を得ることが困難，あるいは同意を得ることが支障となる場合に行われる。また，第三者への提供に該当しない場合として，委託，事業の継承，共同利用の場合がある（27 条・5 項）。「医療・介護関係事業者における個人情報の適切な取扱いのためのガイダンス」では同一事業者が開設する複数の施設間における情報の交換，当該事業者の職員を対象とした研修での利用などを該当例として挙げるが，一定の条件があるため注意が必要である。

されていない権利を導き出す根拠となる憲法 13 条の幸福追求権に基づいている（→**第 3 章第 2 節Ⅱ**）。プライバシーとは，個人や家族の私事，秘密であり，それらが他者から干渉を受けないことを意味する。どこまでをプライバシーとするかは人によって異なりうるが，一般的には知られたくない，あるいは知られていないため公開により不快，不安になるようなこと（例：病歴，学歴，セクシュアリティ）がプライバシーに含まれる。また，今日では自分の情報の使い方を自分で決めるというような積極的な権利を含むものに展開している（例：

Column1-② 守秘義務の例外

社会福祉士及び介護福祉士法（46条），精神保健福祉士法（40条）には秘密保持義務規定があり，違反には罰則も科されうるが，「正当な理由がなく」という例外が設けられている。法的に正当性が認められる場合の例として，通報義務を課す児童虐待防止法，高齢者虐待防止法，障害者虐待防止法，配偶者暴力防止法には，守秘義務に関する法律の規定は通報（通告）を妨げるものと解釈してはならないという規定がある。アメリカではカリフォルニア州最高裁のタラソフ判決により，クライエントによる予見可能な危害から第三者を守るため専門職の守秘義務が免除され，犠牲者となりうる人に危険を警告するという警告義務が導かれている。これらからは，守秘義務による利益よりも，虐待や暴力の被害から守ることの利益のほうが大きいと考えられていることがわかり，日本社会福祉士会の「社会福祉士の行動規範」でも「生命，身体又は財産の保護のために緊急に必要な場合など」が合理的理由とされる。実践場面においては，誰に対して何をどこまで伝えるか，真に利用者の利益につながるかといった検討と，本人の同意が得られるよう丁寧な関わりが求められる。

個人の写真を事業所のホームページに掲載する際の使用許可）。

一方，一般に知られていない事実であって，かつ，知られていないことにつき利益があると客観的に認められるものを秘密という（『法律用語辞典〔第5版〕』有斐閣，2020年）。職務上知りえた秘密についての守秘義務は，職業倫理上の義務であるとともに，法的義務という側面がある。職務上さまざまなことを知りうる立場にあるソーシャルワーカーは，プライバシーに対する権利や守秘義務について十分理解し，知りえたことを適切に扱う必要がある。

(3) インフォームド・コンセントと自己決定

社会福祉の領域では，十分な説明を受けたうえでの同意を意味するインフォームド・コンセント（→ **Column3-③**）に言及されることがある。これも，自己決定権を支えるものとして，重要である。インフォームド・コンセントは，患者の同意のない身体への侵襲を伴う医療行為について，医療訴訟で医師の民事責任（→ **Column5-①**）を追及するために発展してきたものであり，日本でも医師の説明責任は法的義務とされている。ソーシャルワーカーがインフォームド・コンセントに関して法的責任を問われることはほとんどないが，サービ

Column I-③　外国人と社会保障

日本で暮らす外国人は，どのような社会保障を受けることができるのだろうか。かつて国民年金法や児童手当法等の社会保障制度にあった国籍要件は，1981 年の日本の難民条約の加入に際して全面的に撤廃された。生活保護法においては「国民に対し……最低限度の生活を保障する」という文言が残るが，1954 年 5 月 8 日の通知に基づいて，永住者や特別永住者等の日本に安定的に居住する外国人について，事実上保護が実施されている。今日では多くの社会保障制度が外国人にも適用されるようになったということができる。

一方，滞日外国人の増加により，日本人も含めた対象者の見直しがなされた例として，2019 年の健康保険法およびその施行規則の改正がある。これにより，2020 年 4 月より被扶養者の認定要件に日本国内に住所を有する（住民票がある）ことが追加された。背景には，日本に居住実態がない家族の病気やケガについても，要件を満たせば日本の健康保険で給付を行うことができ，医療保険財政への影響が問題視されていたことがある（留学生や海外赴任に同行する家族等，日本国内に生活の基礎があると認められるものについては例外として認められる）。日本の社会保障給付を受ける権利は，現在では国籍による制限を受けないが，住所により制限を受けうることを示している。

ス利用や支援内容に関する「説明と同意」は，ソーシャルワークの実践の場面においても求められる。また，単なる「説明と同意」にとどまらず，本人の望む暮らしに向けた「説明を受けたうえでの意思決定」支援が求められるようになってきている。

⑷ 人権の主体

外国人の人権享有主体性（人権が保障される主体であること）も，憲法において大きな議論となっている（→第 **3** 章第 **2** 節 I 2）。ただ，社会的に脆弱な立場に置かれやすい外国人に対し支援を行うことは，その議論のいかんを問わず，ソーシャルワーカーの重要な役割である。

日本において年々増加する外国人のなかにも，生活困難な状況に陥りやすい環境に置かれる人が多く存在する。日本政府は基本的に外国人単純労働者を受け入れないことを前提としながらも，労働力不足を背景に日系人や研修生，技能実習生を受け入れてきた。彼／彼女らが働く職場のなかには，暴力の蔓延や，労働基準法違反等の法令違反など，深刻な人権侵害が横行しているところもある。また，滞在の長期化や定住化が進み，雇用や医療，出産・子育て，教育，福祉など生活者としての問題に直面することもある。加えて，不法在留の発覚を恐れ，社会保障に関するニーズがありながら不安定な生活を続けている場合や，親が不法在留であることの影響を子どもが受ける場合もある。在留資格があっても，言葉が壁になり社会保障に関する情報が十分に届かず，あるいは関係者の理解不足から，受給できるはずの給付を受けられない場合もある。

日本で暮らす外国人とその暮らしは，ひとくくりにできないほど多様である。異なる環境で生活することから生じる心理的・社会的課題について，日本の社会構造が引き起こす人権問題という観点からアプローチすることもソーシャルワーカーに求められる。必要な支援につながりにくい外国人の支援を通し，個人の尊厳，社会正義，人権保障といったソーシャルワークの原点に立ち戻ることにもなる。

2. ソーシャルワークと行政

ソーシャルワークの実践において，行政法とのつながりは，無視できないものである。国や地方公共団体は国民・住民の福祉サービス利用の権利に対して，公的な実施主体としての役割をもつ。以下では，ソーシャルワーカーが関わることの多い地方公共団体がもつ「権限」に着目して，実践との関わりを見てみる。

(1) 社会福祉制度の実施に関わる権限

住民に最も近い基礎自治体である市町村は，社会福祉の実施主体としての役割を担っている。たとえば，サービス利用者にはサービス提供事業所を選び，契約する自由があるとされるが，その前提として介護保険の場合は要介護認定，障害者総合支援法の場合は障害支援区分の認定や支給決定を市町村から受ける必要がある。また，市町村は，福祉サービスや生活保護の利用に関して，相談を受け付けたり，助言を行ったりしている。このように，福祉サービスは，行政との関わりのなかで提供されている。

行政の対応に対し，時には疑問を覚えることがある。要介護認定や障害福祉サービスの支給決定は，一度決まったら覆せないものなのだろうか。また生活保護の申請では担当者による対応の違いや，申請さえ受け付けない「水際作戦」が問題となるが，これらは防げないものなのだろうか。あるいは無事に生活保護を受給できたとしても，ケースワーカーによって行われる「指導・指示」に従わないとどうなるのだろうか。ソーシャルワークの対象となる人々がもちうるこうした疑問に対する答えは，行政法を学ぶことで得られる（→**第4章**）。

⑵ 社会福祉制度の規制や監督に関する権限

また，都道府県や市町村は，利用者が安心して福祉サービスを利用できるような環境整備・質確保の役割を担う。たとえば，都道府県および市町村は，介護保険のサービスを提供できる介護サービス事業所の指定を行う（サービスの種類により，指定を行う主体は変わる）。この指定は，サービスの提供を行おうとする事業所や施設が一定の基準を満たすことを保証するものであり，基準は，厚生労働省令として定められる人員・設備・運営に関する基準をもとに，条例で定められている。事業開始後は法令に基づく適切な運営が行われるよう，運営指導を行い，違反や不正請求，不適切なサービス提供等が疑われる場合，介護保険法で定められた権限により監督を行い，必要に応じて，勧告による行政指導，命令，指定の取消しといった処分を行う。以上のようなことは，指定を受けようとする事業者等に向けて広く担当部局のホームページにも記載されているが，「指定」や「行政指導」「取消処分」などは，法律上どのような意味をもつのだろうか。これらを改めて理解するためにも，行政法を学ぶ必要がある（→**第4章**）。

3. 市民生活の理解と民法

市民生活においては，それを円滑に行うためにさまざまなルールが決められている。日々の経済生活においては，個人が自由に結ぶ契約により法的な権利と義務の関係が生じるが，思っていた結果と異なる，契約が実行されないといった事態も起きうる。一方，交通事故や介護事故のように，他者から受けた損害を理由として権利義務関係が生じることもある。さらに，夫婦，親子，親族という身分関係に基づき発生する権利義務もある。こうした私人間の権利や義務の関係性をまとめた基本的な法律が民法である。以下では，契約，不法行為，家族という点からソーシャルワークと民法の接点について見てみる。

Column1–④　本人の意思に反する介入と根拠

他者の権利を侵害する可能性がある行動に対し，本人の意思に反した介入をする際には，法的な根拠が必要となる。たとえば，客観的には迷惑なゴミ屋敷でも，民法の所有権の観点からは勝手にゴミを撤去することはできない。そこで，自治体によっては条例を制定し，福祉的なアプローチに基づく支援に加え，助言・指導，勧告，命令および代執行という手続を規定することで，強制的に片づける根拠を設けているところがある。また精神保健の分野では，患者本人の同意を必要としない入院形態として，精神保健指定医２名の診断に基づき自傷他害の恐れがあると判断された場合に適応される措置入院，指定医が入院を必要と判断し家族等の同意があれば入院させられる医療保護入院がある（精神保健福祉法29条・33条）（→第**6**章第**4**節）。この強制的な入院が長期にわたり，深刻な人権侵害となっていることから，国連の障害者権利委員会から日本政府に対して廃止を求める勧告が出されている。ソーシャルワーカーは異なる立場の間で葛藤に苦しむことがあるが，本人の思いに寄り添い，個別事例の背景の理解と解消に取り組むこと，その状況を生み出す抑圧構造の変革に向け行動することが求められる。

(1) 契　　約

ソーシャルワークを実践するにあたっては，契約の理解が欠かせない。福祉サービスの利用に限らず，契約は日常的な行為である。しかし，日々の買い物1つをとっても，ネットショッピングにサブスクリプション，個人間取引など，その態様は多様化しており，また，支払い方法も，リボ払いにモバイル決済，電子マネーと選択肢が増え，全体として複雑化している。そうしたなかで，ソーシャルワーカーが契約に関するトラブルに対応しなければならない場面が増えている。

成年後見制度（→第**7**章）や権利擁護の仕組み（→第**8**章）が整えられてきたが，意思決定や契約に支援が必要なのは高齢者，障害者だけではない。成年年齢は18歳であることから，高校生でも親の同意なく契約を結ぶことが可能だが，若年消費者はインターネットやSNSを使った契約トラブルに遭いやすい。また，不利益を被る側の無知につけこむ貧困ビジネスもある。どのような場合に契約を取り消すことができるのか等は民法で定められている（→第**5**章第**4**節）。契約に関するルールはソーシャルワーカーにとって欠かせない知識である。

⑵ 不 法 行 為

地域での暮らしは，さまざまなリスクと隣り合わせという見方もできる。高齢者や障害者はオレオレ詐欺や架空料金請求詐欺，還付金詐欺といった特殊詐欺，暴力や性犯罪の対象として狙われやすい。一方，多動傾向のある子どもが道路に飛び出して自転車を転倒させてしまう，認知症の患者が外に出た際に線路に入り電車を止める，知的障害のある人が無賃乗車を繰り返すといったことは，誰かが日常的な支援を提供していたとしても完全には防げない。ソーシャルワーカーとしては背景要因や本人なりの理由を理解し，安全に関する方策を考える必要があるが，こうしたケースは法的には民法上の不法行為として問題となりうる。

不法行為とは他人に損害を及ぼす行為であり，加害者には賠償義務，被害者には損害賠償の請求権がある。親権者や成年後見人は監督義務者としての責任が問われることもある。支援をしている高齢者や障害者が，こうした事態に巻き込まれることもあることから，ソーシャルワーカーとして，不法行為についても学んでおく必要がある（→第 **5** 章第 **7** 節）。

⑶ 家　　族

長らく生活の基盤と考えられてきた家族や結婚のあり方が大きく変化している。核家族化や離婚，未婚の増大により家族の規模は小さくなり，ソーシャルワークの現場では，一人暮らしの高齢者や母子世帯，ヤングケアラーなどの支援の必要性が高まっている。また，家族機能の低下も要因の 1 つとして，虐待の増大への対応も迫られている。このように家族のあり方が変化するなかでソーシャルワークを実践するにあたって，民法の知識が不可欠となる。たとえば，児童虐待の増加を背景に 2019 年には民法が改正され，養子候補者の年齢上限の引上げや特別養子縁組の成立の手続の見直しにより，特別養子縁組制度が利用しやすくなった。また，ソーシャルワークは支援を必要としている本人だけでなく，家族・親族との関係のなかで進められる。ひきこもりが長期にわたる場合，親やきょうだいにとっての扶養義務が悩みの種となることがあるが，扶養義務や親族関係についての規定も民法に置かれている（→第 **5** 章第 **8** 節）。

第2章

法の基礎

第1節　法ってどんなもの？

1. 意外と身近な法

第1章で，ソーシャルワーカーが法と出会うさまざまな場面を確認した。法というと，何か難しいものというイメージをもっている人も多いかもしれないが，ソーシャルワークにとって法は，非常に身近な存在である。「社会あるところに法あり」（Ubi societas, ibi ius）という古いことわざ（法諺（ほうげん））が示すように，人が集まって社会が形成されると，そこに何らかの決まりごとが作られる。これが「法」である。私たちは，実際のところ，法に囲まれて生活しており，ソーシャルワークも例外ではない。

それでは，法とはいったいどのようなものなのか。この問いに哲学的に答えるのは難しいが，以下で，より実用的な観点から法をとらえていくこととしたい。

2. 法と規範

(1) 法則と規範

法はルールを定めるものだというイメージをもっている人は多いだろう。ただ，ルールには，「自然科学上のルール」と「人が作るルール」とがある。「水は100℃になると沸騰する」あるいは「水は0℃で凍る」というルールは，自然科学上の真実で，人間の意思で変えることのできない「法則」である。対して，人が集まって作るルールは，「約束は守らなければならない」や，「人を殺してはならない」「困っている人は助けなければならない」といった，社会を維持し，運営していくために必要な「規範」を定めるものである。このような「あるべきこと」（当為）としての決まりごと（規範）を定めるものの1つが法であり，人々の間の紛争をあらかじめ防いだり，あるいは，紛争が生じた場合にそれを解決したりという役割を果たすこととなっている。

(2) 法と道徳の関係

もっとも，社会には法によらない規範も数多く存在する。宗教上の教義や慣習によるもの，道徳等である。たとえば，私たちが，「困っている人を助けなければならない」と思っているとしたら，むしろそれは「道徳」からくる規範によるともいえる。道徳は「よき人間であるためには，こうでなければならない」という性格の規範であるが，それが人々に一定の行動をとるよう促している。

それでは，法と道徳とは，どのような関係にあるのだろうか。両者は，ある場合には重なり合い，ある場合には無関係であり，また，時に対立することもある。たとえば，「人を殺してはならない」という規範は，法が定める規範であり（刑法199条），道徳によっても要請されている。ただ，「赤信号では止まれ」という規範（道路交通法4条・7条，同施行令2条）は，円滑な交通のために決められているルールにすぎず，道徳とは関係がない（複数ある選択肢のなかから決まりごとの調整をしているにすぎない。このような調整が求められるような問題を「調整問題」という）。また，法が定める「死刑」（刑法9条）は，「人を殺してはならない」という道徳とは対立している。

このように法と道徳には，同じ規範を定めるものでも相違が見られるが，法と道徳の最大の違いは，国家による強制力によって「遵守させよう」とされるか否かにある。法に違反した場合には，刑罰や損害賠償などの制裁を受けることになる。対して，道徳は，違反しても，良心の呵責（かしゃく）を感じたり，他者からの非難を受けたりするにとどまる。

このように，法は，国家による制裁が予定されているものであるから，多くの者が守れるものでなければならない。それゆえ，しばしば「法は必要最小限の道徳」ともいわれる。また，法は外に現れた行動のみを問題とする。心のなかで「このお金を盗んでやろう」と思った場合，道徳的な問題は生じうるが，法的には問題とならない。実際にお金を盗んだときにはじめて，法的に問題となる。「法の外面性，道徳の内面性」といわれる所以(ゆえん)である。もっとも，法が内面を問題とする場合もある。たとえば，「殺してやる」と思って人を殺した場合（故意による殺人）と，殺すつもりはなかったのに人を殺してしまった場合（過失致死）とでは，罪刑が異なっている。

3. 法の体系・種類

国家による強制を1つの特徴とする法は，いくつかの観点から分類されうる。

⑴ 成文法と不文法

まず，成文法か不文法かという分類がある。成文法は，国会等の所定の機関によって所定の手続・形式で文書により作成された法を指し，制定法と呼ばれることもある。成文法（制定法）には，憲法や法律（国会が制定する法），命令（行政機関が制定する法），規則（各府省の外局である庁および委員会が制定する法），条例（地方公共団体が制定する法），条約（文書による国家間の取決め），裁判所規則・議院規則がある。ソーシャルワークの現場では，社会保障の仕組みの細部が，政令（内閣が定める命令）や府省令（内閣府・各省が定める命令）で定められていることから，法律だけでなく，政令や府省令を参照する機会も多い。

対して，不文法は，法として文書化はされていないものを指し，慣習法や判例法がこれに当たる。慣習法は，社会またはその一部で自然発生的に成立した慣習が法的な拘束力をもつようになったものを指すが，法令により認められたもの，または，法令に規定されていない事項に関するものに限り効力を認められるにすぎない（法適用通則法3条）。また，法的安定性や客観性の観点から，慣習法も成文化される傾向がある。

判例法は，特に最高裁の判決文のなかに現れた法原則をいう。制定法については，適用の過程で解釈が必要な場合が多々あることから（→6），裁判官によって法の解釈が行われる。また，新たな事象で，それに関する制定法によるルールがいまだ存在しない場合，すなわち，法の欠缺(けんけつ)が見られる場合には，裁判官が物事の道理（条理）を基準として紛争を解決することもある。それらが判例法という不文法となり，先例として，事実上の拘束力をもつこととなる。なお，判例法も制定法により明文化されることがあり，たとえば，労働契約法

16条の「解雇は，客観的に合理的な理由を欠き，社会通念上相当であると認められない場合は，その権利を濫用したものとして，無効とする」という規定は，日本食塩製造事件判決（最判昭和50・4・25民集29巻4号456頁）以降の判例法理（解雇権濫用法理）を明文化したものである。

(2) 公法と私法，社会法

公法，私法，社会法という分け方もある。公法は，国や地方公共団体の相互間の関係や，それらと私人との間の関係を規律する法律であり，具体例としては，憲法，行政法，刑法，訴訟法を挙げることができる。社会保障の仕組みを実施していくにあたっての，国や地方公共団体間の関係や，国・地方公共団体と国民・住民との間の関係を定める社会保障法（国民年金法や生活保護法等）は，行政法の一部ということができ，公法に分類される。

他方，私法は，私人間の関係（市民や企業の間の取引関係等）を規律する法律であり，具体例として民法や商法を挙げることができる。公法関係が対等な者同士の関係ではないことを前提としているのに対して，私法関係は，対等な者同士の関係を前提とする。

このような公法と私法を峻別するとらえ方は，国家権力の役割を社会の秩序維持に限定する自由主義の時代に生まれたものであるが，その後，資本主義の発展により，新たに公法と私法の中間に位置づけられる社会法が登場する。その典型的な例が労働法である。労働法では，私人の自由に委ねることによって生じる問題を避けるために，私人間の関係（労使関係）に必要に応じて公権力が介入することがなされている（労働時間規制や最低賃金規制など）。なお，上述の社会保障法は，私人間の自由な取引の結果生じる不平等を修正するという側面をとらえて，社会法にも分類される。分類は，さまざまな観点からなされうることを示している。

(3) 実体法と手続法

実現されるべき内容を定める実体法と，その内容を実現するための手続を定める手続法という分類の仕方もある。前者の実体法は，たとえば，権利義務の内容，権利義務の担い手，犯罪行為の内容とそれに対する刑罰等を規定するものである。憲法や民法，商法，刑法等が実体法に該当する。

他方，後者の手続法は，実体法が定めた権利を国家が強制的に実現するためのルールを定めるものである。民事上の権利を実現する手続に関する手続法として，民事訴訟法や民事執行法，家事事件手続法等があり，刑事に関しては，実体法である刑法が定めるルールを実現するために刑事訴訟法が定められている。行政分野でも，私人の権利を行政が侵害しようとする場合に，私人が自己の権利を実現できるようにするため，行政不服審査法や行政事件訴訟法などの手続法が定められている。

なお，実体法により保障された権利等が侵害された場合に，自分自身でその侵害者に対して救済や制裁を発動させることは禁止されている（自力救済の禁止）。これを許容すると，応報に応報が続き，社会秩序が維持されなくなるからである。自力救済の禁止と引き換えに，国が定める裁判手続により権利を実現できるようにする。そのために設けられているのが，手続法である。

⑷ 国内法と国際法

国内の社会を規律する国内法と，国際社会を規律する国際法という区分もある。国際法（特に国際公法）は，主権を有する国家間の関係を規律することから，国内法とは性格を異にしている。

福祉の現場で近年参照されることの多い「子どもの権利条約」や「障害者権利条約」も，子どもや障害者の権利を実現するための国家間の取決めである。これらは，国会の承認を経て内閣が締結し，天皇が公布した条約であり（→**第3章第3節7**），それぞれの条約について定められた効力発生要件を満たしてもいることから，日本の国内法秩序において，特別の立法なくして法としての地位（国内的効力）を獲得している。これらは国際法のなかでも，国際人権法に分類される。

⑸ ハードローとソフトロー

ハードローとソフトローという分類もある。ハードローは，最終的に裁判所で履行が義務づけられる規範を定めるものであり，ソフトローは，このような法的拘束性を有しないルールを定めるものを指している。法と道徳の関係についての先の記述と矛盾するように見えるかもしれないが，法には，法的拘束力を必ずしも有しないソフトローと呼ばれるものもある。

たとえば，1985 年に制定された男女雇用機会均等法は，その制定当初，使用者に対し努力義務を課す規定を数多く含んでいた（努力義務規定では，「努めなければならない」や「努めるものとする」という文言が用いられる)。努力義務規定は，これに反する行為について違法・無効等の法的効果を生じさせず，当事者が任意にまたは自発的にその行為をとることを期待する。このような性格から，努力義務規定はソフトローと呼ばれている。男女雇用機会均等法におけるソフトローの存在は，使用者（事業主）に対して，ゆくゆくは当該規制がハードロー化されることを予想させつつ，企業内に存在する男女間の差別的取扱いを是正する時間的猶予を与えた。こうした手法は，障害者施策においても見られる。障害者差別解消法は，民間事業者の障害者に対する合理的配慮の提供について，法制定当初は努力義務を課した。この努力義務は，2024年4月から法的義務となるが，民間事業者に対し合理的配慮の提供体制を整えるための時間的猶予を提供した例といえよう。

なお，厚生労働省が策定している「障害福祉サービスの利用等にあたっての意思決定支援ガイドライン」等のガイドラインや，ソーシャルワーカーの倫理綱領のような「職業倫理綱領」がソフトローと位置づけられることもある。法令という形式をとっておらず，また，最終的に裁判所による義務の履行が担保されていないにもかかわらず，現実の社会で当事者たちが拘束感をもちつつ自主的に従っている規範を指して，広くソフトローという言葉が使われることもある。

(6) 法律の題名

以上の説明に際し，民法や刑法，行政法，労働法，社会保障法，国際法等の言葉を使ってきたが，民法や刑法は，実際にそのような名称の法律として存在するものである。他方，行政法や労働法，社会保障法，国際法等は，同じような目的を有するさまざまな個別の法律（個別法）の総称であり，実際に行政法，労働法，社会保障法，国際法という名称の法律が存在するわけではない。たとえば，社会保障法は，社会保障の仕組みについて定めている個別の法律（国民年金法や介護保険法，生活保護法等）を総称するものである。また，個別の法のなかには，実際の法律名が長いため，一般に略称で呼ばれているものもある。たとえば，ソーシャルワークの場面で登場することの多い「障害者総合支援法」の正式名称は，「障害者の日常生活及び社会生活を総合的に支援するための法律」であるし，「障害者差別解消法」の正式名称は，「障害を理由とする差別の解消の推進に関する法律」である。

4. 法 秩 序

⑴ ピラミッド構造の法秩序

続いて，法秩序について確認しよう。制定法には，憲法，法律，命令（政令・府省令），規則，条例，条約と多種多様なものが存在している。これらは，その制定，変更，廃止のための手続に関するルールによって1つの法秩序を形成している。

たとえば，日本国憲法は，国会を唯一の立法機関と定めており，法律を制定する権限を国会に与えている。そして，その法律の委任を受けて，内閣や内閣府・各省は，法律が定めるべき内容を政令や府省令で定める。このようにして，上位の法規範が下位の法規範を定める権限を授ける序列ができあがっている。そして，その結果として，法秩序は，憲法を頂点としたピラミッド型の段階構造を形成することとなっている。効力の強いものからこれらを並べると，憲法＞条約＞法律＞命令（≧規則）＞条例となる。

⑵ 後法優位の原則／特別法優先の原則

以上のような上下関係とは別に，法規範に秩序ある関係をもたらす原則もある。たとえば，同格の法規範の間では，新しい法が古い法に優先する（「後法は前法に優先する」）。また，ある事項について一般的に定める法規範と，その事項のなかでも特定の問題について別の定めを置く法規範がある場合には，後者が優先的に適用される（「特別法は一般法に優先する」）。たとえば，民法が，契約に関する一般的なルールを定める一般法であるのに対し，労働法は，契約のなかでも労働契約に関する特別なルールを定める特別法といえる。そのため，労働契約については，民法よりも労働法の規定が優先的に適用される。たとえば，民法では，契約の内容は当事者の合意によって決まることとなっているが（民法522条），労働法は，当事者が合意していても，労働基準法や最低賃金法等に違反する契約内容については，それを無効とする（労基法13条）。労働者が時給500円で働くことに同意したとしても，そのような同意は無効とされ，使用者は最低賃金以上の賃金を支払わなければならないのである。なお，旧法である特別法と新法である一般法がある場合にも，旧法である特別法が優先される（「後法の一般法は前法の特別法に劣る」）。このような形で，法は一定の法秩序を作り上げている。

5. 条文の構造

⑴ 条・項・号

法は，条文の形で表現され，条文は，条・項・号で構成される。条の下に項があり，項についてはアラビア数字が用いられるが，1は省略して表示されることが多い。また，条や項のなかでいくつかの事項を列挙する場合には号が用いられる。号は漢数字で表示される。具体例として，児童福祉法4条を見ると，乳児の定義は4条1項1号に，障害児の定義は4条2項に置かれている。

児童福祉法

第4条　この法律で，児童とは，満18歳に満たない者をいい，児童を左のように分ける。

一　乳児　満1歳に満たない者

二　幼児　満1歳から，小学校就学の始期に達するまでの者

三　少年　小学校就学の始期から，満18歳に達するまでの者

2　この法律で，障害児とは，身体に障害のある児童，知的障害のある児童，精神に障害のある児童（発達障害者支援法（平成16年法律第167号）第2条第2項に規定する発達障害児を含む。）又は治療方法が確立していない疾病その他の特殊の疾病であつて障害者の日常生活及び社会生活を総合的に支援するための法律（平成17年法律第123号）第4条第1項の政令で定めるものによる障害の程度が同項の主務大臣が定める程度である児童をいう。

⑵ ただし書等

1つの条文（あるいは項）が複数の文で構成されているときもある。生活保護法7条の第2文のように，それが「ただし（但し）」で始まる場合には，「ただし」以降の部分を「ただし書」と呼ぶ（この場合は，「生活保護法7条ただし書」という）。また，生活保護法26条のように，単に2つの文章が並んでいる場合には，第1文を前段，第2文を後段という。文章が3つ並ぶ場合には，第1文を前段，第2文を中段，第3文を後段ということになる。

生活保護法

第7条　保護は，要保護者，その扶養義務者又はその他の同居の親族の

申請に基いて開始するものとする。但し，要保護者が急迫した状況にあるときは，保護の申請がなくても，必要な保護を行うことができる。
第26条　保護の実施機関は，被保護者が保護を必要としなくなつたときは，速やかに，保護の停止又は廃止を決定し，書面をもつて，これを被保護者に通知しなければならない。第28条第5項又は第62条第3項の規定により保護の停止又は廃止をするときも，同様とする。

⑶ 枝番号

条文には，「第○条の2」という書き方がなされているものもある。こうした枝番号がついている条文は，法改正により条文が追加される場合に生じる。法の論理的体系を維持しつつ，条文番号の変更による混乱を避けるために，こうした枝番号が使用される。

6. 法の適用・解釈

⑴ 法の当てはめ（法的三段論法）

多くの法は，「○○の場合には，××である」という形をしている。「○○の場合には」に当たる部分は要件，「××である」に当たる部分は効果と呼ばれる。要件に該当する事実が存在する場合に，効果として定められた一定の権利や義務の発生・消滅がもたらされることになる。

法に定められる要件は，一般的・抽象的なもの（大前提）である。その要件に，個別・具体的な事実（小前提）が当てはまるかによって，効果が発生するかどうかが決まる。生活保護法7条ただし書を例に，当てはめがどのようになされるのかを確認しよう。

生活保護法7条は，申請保護の原則を定める条文で，生活保護法による保護は，原則として「要保護者，その扶養義務者又はその他の同居の親族の申請に基いて開始する」とされている。しかし，同条ただし書により，「要保護者が急迫した状況にあるときは，保護の申請がなくても，必要な保護を行うことができる」とされていることから，要保護者が急迫した状況にあれば，行政機関により職権で保護が開始される。この場合，「要保護者が急迫した状況にあるとき」が大前提となる。このとき，たとえば，「独居の高齢者が，生活がままならなくなって衰弱しているようだと，近所の方から通報があった。今すぐ何らかの支援が必要な状況といえるが，当該高齢者には認知症の症状が見られ，預金通帳の所在が明らかではない。また，家族とも連絡がつかない」という事実があるとしよう。そうすると，この事実が小前提となる。この小前提は，まさに「要保護者が急迫した状況にあるとき」という大前提に当てはまる事実といえる。したがって，「必要な保護を行う」という効果の発生が肯定されることになる。

このように，第1に法規範の定める要件（大前提）を明らかにし，第2に個別・具体的な事実（小前提）が要件（大前提）に当てはまるか否かを判断することにより，第3の効果の発生の有無を定めるという思考のプロセスは，一般に「法的三段論法」と呼ばれている。

(2) 解釈の必要性

法は，可能な限り解釈する必要もなく適用することが可能でなければならない。しかし，制定法の条文は，さまざまな具体的事案に適用されることが想定されているため，抽象的な言葉でできあがっていることが多い。また，一見解釈など必要ないように思われる文言でも，実際に生じている紛争を解決するにあたり，解釈が求められることもある。

たとえば，厚生年金保険法59条は，遺族厚生年金を受けることができる遺族は，「被保険者又は被保険者であった者の配偶者，子，父母，孫又は祖父母……であって，被保険者又は被保険者であった者の死亡の当時……その者によって生計を維持したものとする」と定めている（→第**6**章第2節1）。どのような状態であれば，「生計を維持した」といえるのかについて，解釈が必要であることはいうまでもなく，「配偶者」（厚生年金保険法3条2項で「事実婚」の配偶者も含むとされている）についても，その解釈が求められることがある。日本では，重婚的内縁関係（たとえば，法律婚の妻と事実婚の妻がいる状態）を民法は認めていないが，現実には，このような状態にあるカップルは存在する。夫が亡くなったときに，法律婚の妻と事実婚の妻のどちらが「配偶者」として遺族厚生年金の支給を受けられるのかを判断する際には，一見明確にも思える「配偶者」について解釈しなければならない。この点，農林漁業団体職員共済組合法が定める遺族給付のケースであるが，最高裁は次のように判示している（最判昭和58・4・14民集37巻3号270頁〔遺族年金却下取消請求事件〕）。

「遺族の範囲は組合員等の生活の実態に即し，現実的な観点から理解すべきであつて，遺族に属する配偶者についても，組合員等との関係において，互いに協力して社会通念上夫婦としての共同生活を現実に営んでいた者をいうものと解するのが相当であり，戸籍上届出のある配偶者であつても，その婚姻関係が実体を失つて形骸化し，かつ，その状態が固定化して近い将来解消される見込のないとき，すなわち，事実上の離婚状態にある場合には，もはや右遺族給付を受けるべき配偶者に該当しないものというべきである。」（下線筆者）

なお，配偶者について下線部のように解釈するに際して，最高裁は，遺族給付は，組合員が死亡した場合に家族の生活を保障する目的で給付される社会保障的性格を有する公的給付であることを考慮している。共済組合法が有する社会保障法的性格が，解釈の決め手となった事例といえる。

⑶ 解釈の手法

⒜ 文 理 解 釈

このように，法の適用には解釈が伴うことが多々あるが，その解釈は，制定法の条文の文法的な意味を確定することから始まる（文理解釈）。文言そのものの意味からスタートすることは，解釈の基本である。

たとえば，国民年金法は，無拠出制の障害基礎年金（→第 **6** 章第 2 節 1）について，初診日に 20 歳未満であった者を支給対象とする旨を規定している（国民年金法 30 条の 4）が，この「初診日」について，これを「発症日」に拡張して解釈できるか否かが争われたことがある。この点，最高裁は，国民年金法 30 条 1 項が，「疾病又は負傷及びこれらに起因する疾病について初めて医師等の診療を受けた日をもって『初診日』という旨規定して」いることから，「同法 30 条の 4 にいう『その初診日において 20 歳未満であった者』とは，その疾病又は負傷及びこれらに起因する疾病について初めて医師等の診療を受けた日において 20 歳未満であった者をいうものであることは，その文理上明らかである」とし，文理を離れ，「初診日」を「発症日」に拡張して解釈することを否定した（最判平成 20・10・10 裁判集民 229 号 75 頁〔障害基礎年金不支給決定取消等請求事件〕）。文理解釈が基本であることを示した最高裁判例といえる。

⒝ 目的論的解釈

しかしながら，言葉の抽象性等を理由として文理によっては意味が定まらないときがある。そうしたときに，文理から離れる解釈がなされるが，その際には，法の目的にそって解釈すること（目的論的解釈）が重要とされる（先に例に挙げた遺族給付の対象となる「配偶者」の解釈も，法の目的にそってなされていた）。

制定法の目的をどのように認識するのかに関しては，立法者意思説と法律意思説とがある。前者は，立法者が立法の際に有していた目的が法の目的であると考えるもので，後者は，法は立法者を離れた客観的な存在であり，現代の社会においてその法が有する目的として客観的に認識されるところが法の目的であるとするものである。立法者意思や法律意思を探求するなかで，解釈がなされていくこととなる。

(c) 具体的方法

法の目的に即してなされる解釈の具体的な方法としては，①拡張解釈，②縮小解釈，③反対解釈，④類推解釈，⑤限定解釈などが存在する。仮に○○市の高齢者入所施設において，「入所者は，イヌ・ネコを飼ってはならない」というルールがあったとして，このルールはどのように解釈されうるのか。それぞれの解釈の方法を見ていきたい。

> ○○市　高齢者施設入所規則
>
> 令和6年3月31日
>
> （趣旨）
>
> 第1条　この規則は，高齢者施設への入所に関し必要な事項を定めるものとする。
>
> —— 略 ——
>
> （入所に際する注意）
>
> 第10条　入所者は，イヌ・ネコを飼ってはならない。
>
> —— 略 ——

まず，言葉の意味に着目して，それを広めに解釈する，あるいは，狭く解釈する方法がある。言葉の通常の意味よりも広めに解釈するのが，①拡張解釈である。たとえば，ネコといえば，通常「イエネコ」を指すが，ここで言うネコには，「ヤマネコ」や，さらには「ネコ科（ライオン・トラ等）」に属する動物も含まれるとするのが，拡張解釈である。他方，言葉の通常の意味よりも狭い意味を採用する場合には，②縮小解釈がなされていることになる。たとえば，イヌ・ネコでも「大型のイヌ・ネコ」を飼うことが禁止されているとするのが，縮小解釈である。

次に，論理に着目する解釈の方法もある。たとえば，ペットとなりうる動物はたくさんいるにもかかわらず，イヌ・ネコのみを禁止しているということは，ハムスターやウサギ，小鳥等は飼ってよいことを意味しているとするのが，③反対解釈である。反対解釈では，このような論理づけによって言葉本来の意味に入らないものへのルールの適用が否定される。他方，イヌ・ネコは，ペット一般を代表するものであり，多くの人が居住する施設の運営を円滑に行うためにペット一般を飼うことが禁止されているはずだとして，言葉のもつ意味を超えて，その背後にあるものを勘案して解釈を行う場合には，④類推解釈がなされていることとなる。この場合には，ハムスターやウサギ，小鳥等を飼うことも禁止されていることになる（刑法では，罪刑法定主義の原則から，このような類推解釈は許されないとされている）。なお，類推解釈の結果，言葉の意味の縮小解釈がなされることもありうる。たとえば，施設運営の妨げにならないイヌ・ネコについては，飼うことが禁止されていないと考える場合，イヌ・ネコについて，⑤限定解釈がなされていることになる。

第2節　立法と司法

続いて，法がつくられる過程と，法の実施をめぐり紛争が生じた場合の裁判のあり方を確認していきたい。

1．法の制定過程

法のなかでも制定法には，憲法，法律，命令，規則，条例，条約とさまざまなものがあるが，代表して，国会の両院（衆議院と参議院）の可決によって成立する「法律」の制定過程を確認しよう。

国会に提出される法律案には，大きく分けて，議員提出法案と内閣提出法案とがある。議員提出法案は，国会議員により発議される法律案で，成立した法律は一般に「議員立法」と呼ばれる。他方，内閣提出法案は，その法を所管する省庁のなかで法律の原案が作成され，省内手続，政府内手続，与党審査を経て，内閣により国会に提出される法案である。最終的に成立する法律の大半は，後者である（第211回通常国会〔常会〕〔2023年1月23日～6月21日〕で成立した内閣提出法案は59件，議員提出法案は13件であった）。

内閣提出法案の制定過程を詳述すると，まず，省内手続として，所管課での議論をベースに局長等が加わる局議がなされ，その後，大臣官房との調整，省全体での議論（省議）が行われる。また，この手続と並行して，関係する審議会でも議論がなされ，利害関係者や専門家等の意見が出される。社会保障に関しては，厚生労働省に置かれた社会保障審議会（その下に分科会や部会〔年金部会や介護保険部会など〕も置かれている）で議論が行われる。その後，政府内手続に入り，内閣法制局審査（主として立法技術面からのチェックを行う）と各省協議が行われる。最後に，閣議決定を経て，内閣総理大臣から国会に法律案が提出される。

国会に提出された法律案は，衆議院および参議院で審議される（審議は最初に法律案が提出された議院から始まる)。法律案は，まず，委員会（社会保障分野に関しては，厚生労働委員会）に付託されて，趣旨説明・質疑・討論・採決が行われ，その後，本会議での討論・採決となる。法律案は，衆議院と参議院の両院で別々に審議され，両院で可決したときに法律として成立する（→例外などの詳細については**第 3 章**第 3 節 2)。なお，可決に際して附帯決議がつくことがある。附帯決議は，政府が法律を執行するにあたっての留意事項を示すものであるが，その時点で法改正に至らなかった課題を附帯決議に盛り込むことで，将来の検討を促すかたちのものも見られる。附帯決議は法的拘束力を有するものではないが，政府はその内容に政治的に拘束されることとなる。

社会保障分野は，法改正が頻繁に行われる分野である。法律は，ひとたび成立すると，これを遵守しなければならないものであるが，社会経済情勢の変化に応じて改正されていくものでもある。ソーシャルワーカーとして，社会保障の仕組みに変化・改善を求める場合には，その代表団体等を通じて審議会で意見を出すことができるし，また，国会議員を通じて法改正を実現させていくこともできる。

2. 裁判制度／判例

さて，こうして制定された法は，その後，法の執行機関やさまざまな当事者により実施されることとなる。しかし，法の実施をめぐって当事者間で紛争が生じる場合がある。たとえば，精神障害を抱え，就労継続が難しいので，障害基礎年金の請求をしたところ，障害基礎年金の支給対象となる障害の状態にないとして不支給の決定を受けた場合などである。そうしたときに，自分には障害基礎年金の支給を受ける権利があるとして争う手段が裁判である。ソーシャルワーカーが支援をしている人が，裁判を行う，あるいは裁判に巻き込まれる場合もあることから，その基本的な仕組みを理解しておくことは重要である。

(1) 裁判の種類

日本には，最高裁判所，高等裁判所，地方裁判所，家庭裁判所，簡易裁判所の5種類の裁判所がある（裁判所法1条・2条)。裁判は，原則として三審制で行われるが，これらはどのように位置づけられているのだろうか。民事裁判の場合と刑事裁判の場合のそれぞれについて，確認しよう。

(a) 民事裁判

民事裁判は，私人間の紛争の解決を目的とする裁判である。国や地方公共団体の権力の行使について争う裁判（すなわち，行政訴訟）も，広い意味で民事裁判に含まれる（上述のような障害基礎年金の不支給決定は，行政訴訟で争うことになる)。

民事裁判の場合には，訴訟の目的の価格が140万円を超えない場合には簡易裁判所，140万円を超える場合は地方裁判所が，訴えが最初に提起される第一審裁判所となる（ただし，行政訴訟については，地方裁判所が第一審裁判所である)。離婚や相続など家族に関する家事事件については，家庭裁判所が，調停を試みたり，審判（→**第5章**第10節）を行ったりする特別な手続も用意されている。

簡易裁判所や地方裁判所の判決に不満がある場合には，上級の裁判所に控訴することができる。簡易裁判所で第一審判決が下されたときは，地方裁判所が控訴裁判所となり，地方裁判所で第一審判決が下されたときは，高等裁判所が控訴裁判所となる。控訴裁判所の判決に満足ができないときには，さらなる上級裁判所（控訴裁判所が地方裁判所の場合は高等裁判所，高等裁判所の場合は最高裁判所）に上告できる。ただし，事実に関する主張は，控訴審までしかできず，上告審では法律の問題（憲法や法律の解釈の問題）だけが扱われる。上告は，憲法の解釈に誤りがあることや憲法違反があること，重大な訴訟手続違反があることのみを理由として認められるものであり，また，最高裁判所の判例に違反する場合や法令の解釈に関する重要な事項が含まれる場合に，申立てにより受理されるものである。そのため，控訴審までを事実審，上告審を法律審ともいう。

Column2-① 裁判外紛争解決手続（ADR）

民事訴訟においては，紛争の解決にあたり，裁判以外の方法がとられることもある。総称して，裁判外紛争解決手続（ADR：Alternative Dispute Resolution）と呼ばれる裁判以外の方法としては，仲裁や調停，あっせんなどがある。仲裁は，紛争の全部または一部の解決を１人または２人以上の仲裁人に委ねて，その判断（仲裁判断）に服することをあらかじめ合意してなされるものである（仲裁法２条１項）。紛争の当事者は，仲裁手続の途中で和解により紛争解決を図ることも可能であるが（仲裁法 40 条２項３号），仲裁判断は確定判決と同じ効力を有し（仲裁法 45 条１項），その取消しを求めることは原則としてできない（仲裁法 44 条）。次に，調停は，紛争の当事者が，第三者（調停人・調停委員会）の仲介によって，話合いによりお互いに合意することで紛争の解決を図るものである。民事調停法では，「当事者の互譲により，条理にかない実情に即した解決を図る」ことが同法の目的として示されている（民事調停法１条）。最後に，あっせんは，紛争の当事者の間に公平中立な第三者として専門家が入り，双方の主張の要点を確かめ，調整を行い，話合いを促進することで，紛争の解決を図るものである。調停とあっせんは，一般に，第三者が積極的に解決案を提示するかどうかで区別されている（現実にはそうともいえない場合があるが，前者において後者よりも積極的に解決案の提示が行われる）。

裁判よりも簡易・迅速に紛争を解決できることや，非公開で行われること，必ずしも法にとらわれない紛争解決を図りうることなどが，裁判外紛争解決手続（ADR）を利用するメリットとして考えられている。紛争が生じた場合には，こうしたメリットを理解しつつ，裁判外紛争解決手続（ADR）を利用するのも１つの選択肢である。

(b) 刑事裁判

刑事裁判は，国家が刑罰を科すかどうかを決める裁判である。刑事裁判の場合は，まず，検察官によって裁判にするかどうか（起訴するか）が判断される。起訴する場合には，罰金以下の刑にあたる罪等の事件については簡易裁判所が，それ以外の罪の事件については地方裁判所が第一審裁判所となる。一定以上の重い罪に関する事件（必要的弁護事件）の場合には，弁護人がいなければ開廷することができないことから，被告人が弁護人を選任することができないときに国が弁護人をつける被告人国選弁護制度も設けられている。

第一審判決に不服がある場合は，高等裁判所に控訴をすることができる。控訴裁判所の判決に不服の場合は，最高裁判所に上告するが，上告審では事実関係を取り調べることはなされない。上告は，憲法の解釈に誤りがあること，憲法違反や最高裁判所の判例違反があることを理由としてのみ認められるが，法令の解釈に関する重要な事項が含まれる場合には上告受理がなされうる。

なお，少年事件については，全件が家庭裁判所に送られ，家庭裁判所が処分を決定する。その処分には，検察官送致（逆送）や保護処分がある。検察官送致の場合には，原則として検察官により刑事裁判所に起訴がなされ，刑事裁判で有罪となれば刑罰が科されることになる。他方，保護処分には，少年院送致と，社会のなかで保護観察官や保護司の指導を受ける保護観察がある。

(c)「被告」と「被告人」

民事裁判と刑事裁判とでは，使用される言葉にも相違がある。たとえば，民事裁判は，原告（裁判所に訴えを提起した人）と被告（訴えを提起された人）の間で展開される。対して，刑事裁判は，検察官と検察官が起訴した被告人との間で展開される。「被告」と「被告人」は，表現が似ていることから使われ方に混乱が見られることもあるが，民事裁判と刑事裁判では言葉の使われ方が異なることも知っておきたい。

(2) 判決の種類

(a) 民事裁判

民事裁判の場合に，地方裁判所や簡易裁判所が出す判決には，いくつかの種類がある。まず，事件が裁判に適さないと判断されたときは，訴えは門前払いされる。これを訴えの却下という。裁判に適するとされたときの判決は，原告の請求を認めるか（請求認容），認めないか（請求棄却）で，請求を一部のみ認める場合もある（一部認容一部棄却）。

控訴裁判所は，控訴の要件が欠けているときは控訴却下，第一審の結論を正当と認めるときは控訴棄却の判決を下し，不当と認めるときには，第一審判決を取り消して，原則として自ら裁判を行う（取消自判）。

上告裁判所も，同様に，上告または上告受理申立ての却下や上告棄却の判決を行い，控訴審判決を取り消す場合には破棄の判決を下す。破棄の場合には，上告審が自ら最終判決を下す破棄自判と，元の裁判所に裁判のやり直しを命じる破棄差戻しとがある。上告審では事実に関することは扱わないため，法律の適用にあたり改めて事実を調べる必要がある場合には，破棄差戻しとなる。差戻しを受けた裁判所は，上告裁判所が破棄の理由とした判断に拘束されて，裁判を行うこととなる。そこでの裁判は，差戻審と呼ばれる。

(b) 刑事裁判

刑事裁判の場合に，地方裁判所や簡易裁判所が出す判決は，有罪判決と無罪判決とに分かれる。控訴裁判所は，第一審判決に誤りがないと判断するときには控訴棄却の判決を，誤りがあると判断するときには原判決破棄の判決を下す。原判決破棄の場合で，証拠調べがさらに必要な場合には，事件の第一審への差戻しが行われるが（控訴審では，証人やその他の証拠の取調べは行わないのが原則），控訴審での審理で結論が出せる場合には，自ら判決を下すことになる（破棄自判）。そして，上告裁判所は，控訴審の判決に誤りがないと判断するときには上告棄却の判決を，誤りがあると判断するときには原判決破棄の判決を下す。破棄自判は例外的にしか行われず，事件は控訴裁判所または第一審裁判所に差し戻されることとなる。

(3) 判例とは

裁判所は，紛争を解決するにあたり，制定法の条文の解釈を行うことがある。裁判所が示す解釈は，それに基づいて具体的な紛争が解決されることから重要な意味をもつ。

特に最高裁判所がその判決のなかで示した法の解釈は，「判例」としてその後の裁判において尊重される。すなわち，最高裁判所の判断は，憲法その他の法令の解釈適用についての終局的な判断なのであり，先例として，その後の裁判に対して事実上の拘束力をもつ（確定していない遺産分割につき，民法改正を待たず，「本決定により違憲無効とされた本件規定の適用を排除した上で法律関係を確定的なものとするのが相当である」とした事例として，最大決平成 25・9・4 民集 67 巻 6 号 1320 頁〔婚外子相続差別訴訟〕）。

また，法令等が憲法に適合するかしないかを判断するときや，最高裁判所が以前にした裁判とは異なる判断を出すとき（判例変更の場合）等には，最高裁判所は 15 人の裁判官によって構成される大法廷で判断をしなければならないともされている（通常は，5 人の裁判官で構成される 3 つの小法廷で審理される）。このような重大な手続が定められていることもあり，最高裁判所が示す「判例」は，法としての機能も果たすこととなっている（→第 1 節 3 (1)）。

第 3 節　ソーシャルワークと法の関わり

法に関する基礎的な知識を確認してきたが，続いて，ソーシャルワークと法はどのように関わるのかについて，具体的な法令を例に挙げつつ見ていきたい。第 1 章では，ソーシャルワーカーが法を学ぶ意義についての検討がなされ，法を学んで福祉サービス利用者の権利擁護につなげることが非常に重要なこととして示された。本節では，それを念頭に置きつつ，法の役割ないし機能に着目しながら，ソーシャルワークと法の関わりについて実践的に見ていきたい。

1. 社会が必要とする制度を形づくるもの

(1) 社会を変えていく機能

日本には，さまざまな制度が存在するが，それらは社会が必要として導入されたものといえる。そして，その内容は法律によって定められている。介護保険を例にして見ていきたい。

介護保険の仕組みを定めている法律は，介護保険法（平成 9 年法律第 123 号）である。法律には公布時を基準として番号が付されるが，その法令番号からわかるとおり，介護保険法は，1997（平成 9）年に制定された法律である（2000 年 4 月施行）。来る超高齢社会に備え，高齢者の介護ニーズに応えられる仕組みを作ることが求められたことが，その制定の背景にある。そして，これにより，主として家族（特に，家庭内の女性）により行われていた介護が，介護保険を通じて社会全体で支えられるものとなり，（完全ではないにしても）「介護の社会化」が実現されることとなった。これは，法がもっている，社会を変えていく役割・機能の現れということができる。

(2) 制度の枠組みやサービスの内容を定めるもの

こうして制定された介護保険法は，介護保険の対象（被保険者）となるのは誰か（介保 9 条），介護保険の保険者は誰か（介保 3 条），介護保険サービスの提供者となるのは誰か（→ **Column2**-②），国や地方公共団体は介護保険に関してどのような責務を有するのか（介保 5 条），介護保険の財政はどのように賄われるのか（介保 121 条以下）等の制度の枠組みを定めている。介護保険法 9 条を見れば，65 歳以上の者は第 1 号被保険者として介護保険に加入し，40 歳以上 65

歳未満の者は第2号被保険者として介護保険に加入することがわかるし，介護保険法3条を見れば，市町村または特別区が介護保険の保険者となることがわかる。また，介護保険法は，介護保険からどのような給付がなされるのか（介保18条等）についても定めており，介護保険で提供されるサービスの内容を明らかにしている（→第1章第1節2）。法には，制度の枠組み等を定める役割が与えられているといえる。

それゆえ，ある制度を細部にわたり正確に理解したい場合には，それを定めている法律の条文にあたる必要がある。実際には，長く複雑な条文も多いことから，その法律についての解説書を参照することも多い。しかし，慣れてくると，法律の条文にあたるのが，実は，制度理解の一番の近道であることがわかってくる。

(3) サービスを利用する際の手続を定めるもの

これも制度の枠組みの1つといえるが，介護保険法は，介護保険サービスを受ける際の手続についても定めている。介護保険サービスを受けるためには，事前に「要介護認定」または「要支援認定」を受ける必要があるが，その手続は，介護保険法27条以下で定められている。27条を読むと，被保険者は，被保険者証を添付して市町村に対して要介護認定の申請をしなければならないこと（介保27条1項）や，申請を受けた市町村は，その職員に，被保険者との面接やその心身の状況や置かれている環境等についての調査をさせなければならないこと（介保27条2項）等がわかる。

また，介護保険の利用に際しては，ケアマネジャーによりケアプランが作成されることが多いが，その根拠も介護保険法にある。ケアプランの作成は，「居宅介護支援」という名称を与えられた支援の一部であり，それが介護保険法8条24項で規定されている。すなわち，介護保険法8条24項において，「居宅介護支援」とは，「居宅要介護者が，……指定居宅サービス等……の適切な利用等をすることができるよう，当該居宅要介護者の依頼を受けて，その心身の状況，その置かれている環境，当該居宅要介護者及びその家族の希望等を勘案し，利用する指定居宅サービス等の種類及び内容，これを担当する者その他〔の〕事項を定めた計画（以下……「居宅サービス計画」という。）を作成するとともに，当該居宅サービス計画に基づく指定居宅サービス等の提供が確保されるよう，……指定居宅サービス事業者，……指定地域密着型サービス事業者その他の者との連絡調整その他の便宜の提供を行い，並びに当該居宅要介護者が地域密着型介護老人福祉施設又は介護保険施設への入所を要する場合にあっては，地域密着型介護老人福祉施設又は介護保険施設への紹介その他の便宜の提供を行うこと」をいうと定められている。ケアプラン（正式には「居宅サービス計画」という）への言及が前半にあるが，ケアプランの作成に際して，要介護者の心身の状況や置かれている環境を調べたり，要介護者本人および家族の希望を聞いたりすることには，法律上の根拠があることがわかる。

(4) 基本理念等を示すもの

さらに，介護保険法は，サービスの利用者が適切な介護保険サービスを受けられるようにするための基本理念も定めている。介護保険法 2 条は，介護保険の給付は，①要介護状態等の軽減または悪化の防止に資するよう行われるとともに，医療との連携に十分配慮して行われなければならないことや，②被保険者の心身の状況，その置かれている環境等に応じて，被保険者の選択に基づき，適切な保健医療サービスおよび福祉サービスが，多様な事業者または施設から，総合的かつ効率的に提供されるよう配慮して行われなければならないこと，介護保険給付の内容・水準は，③被保険者が要介護状態となった場合においても，可能な限り，その居宅において，その有する能力に応じ自立した日常生活を営むことができるように配慮されなければならないことを定めている。

また，介護保険の利用に関しては，厚生労働省が「認知症の人の日常生活・社会生活における意思決定支援ガイドライン」を策定している。その趣旨は，認知症の人を支える周囲の人において行われる意思決定支援の基本的考え方（理念）や姿勢，方法，配慮すべき事柄等を整理して示すことで，認知症の人が，自らの意思に基づいた日常生活や社会生活を送れるようにすることにある（→第 **8** 章第 **6** 節 3）。こうしたガイドラインは，最終的に裁判所で履行が義務づけられる規範を定めるものではないが，関係者が守るべきと考える規範を定めている（ソフトローについて→第 **1** 節 3 (5)）。

適切なサービスが提供されるように基本理念を定めたり，あるべき意思決定支援のあり方を提示したりすることも，法の役割の 1 つであり，これは，まさにサービス利用者の権利擁護につながることでもある。

2. トラブルや紛争を解決してくれるもの

介護保険法の規定に基づいてサービスの提供を行う際に，トラブルや紛争が生じる場合がある。トラブルや紛争は，行政庁との間で生じることもあれば，利用者とサービス提供事業者との間で生じる場合もあるが，たとえば，①施設入所を希望した高齢者が，施設入所できないというケースや，②在宅サービスを受けている高齢者が，ホームヘルパーの恒常的な遅刻によって，その後の予定に影響を被っているというケースが想定されうる。法は，こうしたトラブルや紛争の解決や防止においても重要な役割を果たす。

(1) 行政との関係が問題になるとき

①のケースは，より具体的には，次のような経緯で生じうる。介護保険を使ってサービスを受ける場合には，あらかじめ要介護認定または要支援認定を受けなければならない。要介護認定または要支援認定は，介護認定審査会（介保 14 条）による審査・判定の結果に基づき，最終的に市町村が行うが（介保 27 条），それに不服が生じる場合がある。というのも，介護保険を使って利用できるサービスの種類や量は，要支援・要介護の程度により異なっているからである。たとえば，特別養護老人ホームへの入所は，2015 年 4 月より原則として要介護が 3 以上でないと認められないこととなったため，要介護 2 の判定を受けると，特別養護老人ホームへの入所は難しくなる。したがって，要介護 2 の判定を受けた者が，自身の要介護の状態は要介護 3 の状態であると不満を抱くことは往々にして起きうる（→第 I 章第 I 節 2）。

このような場合，要介護 2 の決定の取消しを求めて争うことになるが，そのための手続を介護保険法は定めている。まず，介護保険法 183 条が，この決定について介護保険審査会（介保 184 条）に審査請求することができる旨を定めている。そして，この審査請求を経なければ，要介護・要支援認定に係る処分の取消訴訟を提起することはできないことも，介護保険法 196 条が規定している。社会保障の分野では，行政庁の行った処分に対する不服申立てを経ずに処分の取消しを求めて裁判所に訴えることはできないとする「不服申立前置主義」がとられていることが多いが，介護保険法でもその旨が規定されている。

行政庁の決定に不満を抱くケースとしては，これ以外にも，①障害福祉サービスの利用に関する決定や，②生活保護の開始，変更，停止，廃止に関する決定，③障害基礎年金の不支給決定など多様なものがある。不服申立前置の規定

Column2-②　事業者・施設の指定基準①

行政庁との間の紛争は，給付を受ける者との間だけでなく，サービスを提供する者との間で生じることもある。たとえば，介護保険による介護サービスを提供するには，あらかじめ，都道府県知事（地域密着型サービス等一部の事業については市町村長）による「指定」を受けなければならない（介保 70 条等）。この指定制度によって，介護サービス市場への参加は，一定の水準を満たした事業者・施設のみが許されることとなっている（関連→ **Column6-③**）。

指定は，事業者・施設を名宛人とする「行政処分」である。指定に際して，都道府県知事等は，条例で定める「指定居宅サービス等の事業の人員，設備及び運営に関する基準」や「指定介護老人福祉施設の人員，設備及び運営に関する基準」等の基準を事業者・施設が満たしているか否かの判断を行う。都道府県知事等は，事業者・施設が法令で定める指定拒否事由に該当しない場合には指定をしなければならないが，指定拒否事由のうちの「適正な事業運営が可能と認められるか否か」に関しては，都道府県知事等の判断に裁量の余地がありうる。それゆえ，指定を拒否する決定（これも「行政処分」である）がなされた場合には，事業者・施設の側で，なぜ拒否されるのかとその決定に不服を覚えることが起きうる。指定がなされていない事業者が提供するサービスには介護保険が適用されないため，そのようなサービスを利用してくれる人はきわめて少なく，事業展開はほぼ不可能になるからである。

行政庁との間の紛争は，こうした形でも現れる。そして，こうした紛争の当事者になったときに，役に立つのが行政法に関する知識である。行政処分とは何か，行政処分に不服がある場合にはどのような手続で争うことができるのか。ソーシャルワーカーは，ソーシャルワークを行うだけでなく，事業運営に携わるなかで行政とやりとりをすることも多い。それゆえ，行政法の基礎をしっかりと学んでおく必要がある。

は，介護保険法や障害者総合支援法，生活保護法，国民年金法などに置かれているが，不服申立てや取消訴訟に関するルールは，行政不服審査法や行政事件訴訟法で定められている（→**第 4 章第 5 節・第 6 節**）。

(2) 私人間の関係が問題になるとき

②のケース（在宅サービスを受けている高齢者が，ホームヘルパーの恒常的な遅刻によって，その後の予定に影響を被っているというケース）は，契約に関連するトラ

Column2-③　意に反した支援と不法行為

困難な状況にある人たちを支援するに際して，よかれと思ってしてしまうことがある。たとえば，ひきこもりの状態にある者に自立支援サービスを受けてもらうことを目的に，その者を家から連れ出し，自立支援サービスを提供する施設に入所させようとする等である。本人の意に反した支援は，権利擁護を目的とするソーシャルワークの観点から見て問題があるといえるが，法的な観点からも不法行為に該当する違法な行為として，その責任を問われうる。実際，母親が自立支援サービスを提供する事業者に依頼して，ひきこもり状態にあった子を家から連れ出し，施設に入所させ，部屋または施設からの外出を著しく困難にした一連の行為が，民法 709 条に定める不法行為に当たるとして，母親および事業者に当該子への慰謝料の支払いを命じた裁判例も存在する（東京地判令和 4・1・27 判タ 1509 号 173 頁)。

こうした事態を避けるためにも，支援を必要とする人の人権や権利を十分に理解し支援を行うことが求められる（→第 **1** 章第 **1** 節 2・第 2 節 1，第 **3** 章第 2 節)。

ブルである。1990 年代後半から行われた社会福祉基礎構造改革を経て，現在では，高齢者に対する介護サービスや障害者に対する障害福祉サービスは，契約（サービス利用契約）に基づいて提供されている。サービスの利用者（高齢者や障害者等）とサービス提供事業者との間で締結された契約の内容は，当事者を拘束し，お互いにその内容を遵守しなければならない。それゆえ，たとえば，契約に記載されたとおりにサービスが提供されない場合には，契約どおりにサービスが提供されるよう求めることができる（履行請求)（たとえば，同時履行の抗弁権を主張できる。民法 533 条)。また，契約どおりにサービスが提供されない場合には，債務不履行を理由として相手方の同意なしに契約を解除することもできる（民法 540 条)。さらに，契約に記載されたとおりにサービスが提供されないことで損害を被った場合（突然のキャンセルにより，他のサービスを購入しなければならなくなった等）には，生じた損害の賠償を請求することもできる（民法 415 条)。こうした契約に関するルールは，民法に規定されているが（→第 **5** 章第 **5** 節)，これらは，あらかじめルールを明確にすることで紛争を防ぐ役割を果たすと同時に，実際に紛争が生じたときに紛争を解決する役割も果たしている。

なお，契約の当事者となるためには，契約の内容を十分に理解できることが求められる。しかし，介護保険利用者である高齢者や，さらには障害福祉サービスの利用者である障害者のなかには，認知症や知的・精神障害によりそれが難しい者もいる。そこで，介護保険制度の導入と時を同じくして，民法においても新たに成年後見制度が導入されることとなった（2000 年 4 月施行）。成年後見制度は，精神上の障害により判断能力が不十分であるため法律行為における意思決定が困難な者について，その判断能力を補い，その財産等の権利を擁護する制度と位置づけられている（→**第 7 章**）。また，民法は，家族関係についても定めており，その部分は親族法と呼ばれている（→**第 5 章第 8 節**）。福祉サービスの提供に際しては，サービスを必要としている者の家族と関わることも多い。したがって，家族関係の法について知っておくことも，ソーシャルワークを行うにあたって重要である。

(3) 相談／苦情処理

ところで，希望する決定を行政がしてくれなかったり，サービスの提供が契約どおりになされなかったりしたからといって，これをいきなり不服申立てや訴訟で争いたいと思う人は少なく，より穏当な解決策を求める人のほうが多いのではないだろうか。そこで，トラブルや紛争が生じたときに，よりインフォーマルな形で相談できる仕組みや，苦情を申し立てることのできる仕組みも用意されている。

たとえば，介護保険の実施主体である市町村は，一般的な行政活動の一環として，介護保険の利用に係る相談や苦情を受け付けている。苦情処理に関しては，市町村が，第三者的な立場による苦情処理の仕組みとしてオンブズマンの仕組みを設けて対応していることもある（→**第 4 章第 5 節**）。また，こうしたインフォーマルな仕組みに加えて，社会福祉の分野では，社会福祉事業に対する規制を行っている社会福祉法によって，社会福祉事業の経営者に対し，福祉サービスについての利用者等からの苦情を適切に解決するよう努力義務が課されていたり（社会福祉法 82 条），都道府県社会福祉協議会に，福祉サービスに関する利用者等からの苦情を適切に解決する委員会として「運営適正化委員会」が置かれたりしている（社会福祉法 83 条）。介護保険に関しては，介護保険法により，国民健康保険団体連合会が，介護サービス等に係る苦情を受け付け，調査や指導，助言を行うことにもなっている（介保 176 条 1 項 3 号）。こうした仕組みを設けることも，法の重要な役割といえよう。

3. 法とソーシャルワークの協働

法には，さまざまな役割・機能があるが，社会が必要とする制度を形づくったり，紛争を防止・解決することが，その役割・機能に含まれていることを介護保険の例を通じて確認した。また，法は，ソーシャルワークが目指す権利擁護を支えるものともいうことができる。第1章で示されたとおり，法的アプローチと福祉的アプローチは時に対立することもあるが，困難な状況にある人の支援は，両者が共通して目指すものであり，法とソーシャルワークには協働することが求められる。次章以下で，憲法や行政法，民法，社会保障法等について学んでいくが，その学びを法とソーシャルワークの協働の一助としてほしい。

第3章

憲　法

第1節　憲法総論

1. ソーシャルワークと憲法：憲法を学ぶ意味

ソーシャルワーカーの仕事は，社会的弱者の支援であり，特に彼／彼女らの人権が，十分に保障されるよう支援することが重要であるが，こうした支援にあたり，自らもまた，彼／彼女らの人権を侵害しないように注意しなければならない。

人権保障の国内法といえば憲法である。憲法は大きく人権と統治機構に分かれるが，憲法は後で詳しく説明するとおり国家を名宛人とし，国家を拘束するものであり，憲法上の人権も同様に国家に対し侵害を禁止するものである。それでは，ソーシャルワーカーが憲法を学ぶ意味は何か。

ソーシャルワーカーの仕事に関わる法令は，他の法令と同様，憲法の統治機構が定める権限・手続に従い，憲法上の人権を侵害しないように制定される。とはいえ，実際には法令の内容が，自由権等の憲法上の人権を侵害することや，社会権等その実現に国家の積極的行為が必要となる憲法上の人権について保障が十分でないことがある。このような場合，ソーシャルワーカーはその是正を求めて民主的政治過程に訴えたり，訴訟提起を支援したりすることができる。

またソーシャルワーカーは，仕事において，故意でなくとも，福祉サービス利用者等の人権を侵害してしまうこともありうる。既述のとおり，憲法上の人権は国家による侵害を禁止するもので，私人による人権侵害には適用されない。私人による人権侵害の救済について憲法は法律による対応を想定しているが（→2⑷），そのための具体的な法律がない場合，民法の不法行為の規定等，私法の抽象的な一般条項が適用され，その解釈において憲法上の人権の趣旨が考慮される（→第2節Ⅰ3）。

以上のように，ソーシャルワーカーも憲法を学ぶことで，福祉サービス利用者等の人権の国家による侵害や人権の不十分な保障に対し是正を求めて異議申立てを行ったり，自らが人権を侵害しないよう注意することができる。

2. 憲法と人権

⑴ 憲法とは何か：目的としての人権保障

憲法は，人権保障と統治機構を定めている。憲法は統治機構として国家機関を創設し権限を授与するもので（授権規範），国家があるところには必ず憲法がある（固有の意味の憲法）。これに対し，絶対王政を打破し人権保障を求めた市民革命後の近代以降は，人権保障を伴わなければ憲法ではないと考えられるようになった（立憲的意味の憲法）。1789年のフランス人権宣言16条は，人権保障と権力分立がなければ憲法ではないと規定している。

立憲主義とは，立憲的意味の憲法に基づいて政治を行うこと，換言すれば，人権により国家権力を制限することであり，憲法の制限規範としての面が強調される。

⑵ 人権とは何か

人権とは，人が生まれながらに有する権利である。思想的には，人は生まれながらに自然権をもつとする自然権思想に由来する。しかし，自然権は法実証主義（国家が定める一定の立法手続に従って制定された強制力のある法のみが法であるとする立場）によって「大げさなナンセンス」（ベンサム）等と批判され，今日では人権は，道徳哲学等を根拠に，個人の自律を保障するものと考えられている。

自律とは，自分の生き方に関わる重要な私的事柄について，国家を典型とする他者の干渉を受けることなく，自分でよく考えて決定し実行することをいう。このような自律に不可欠なものが，人権と考えられているのである。

自律は，成熟した判断能力をもつ「強い」個人を想定しているが，実際の人間は脆弱（vulnerable）でもあることに留意する必要がある。子ども，知的・精神障害者，一部の高齢者等は判断能力が不十分であり，また健康な成人でも，事故や病気等で障害者になったり，経済的に困窮したりするなど，脆弱性が露呈することがある。

このように，脆弱性をもつ人間の尊厳を保障したうえで，一人ひとりをかけがえのない個人として尊重するという意味での個人の尊重（13条前段）こそが，日本国憲法の究極的な価値であり，日本国憲法はこうした個人の尊重のための自律に不可欠な利益を人権として保障したものと考えられている。

ソーシャルワーカーは，人間の脆弱性に関わり，福祉サービス利用者の人間の尊厳や自律の基盤を確保し，自律のよりよい実現に向けて支援する専門職であり，重大な職責を負うものなのである。

(3) 憲法上の人権の対国家性

人権は憲法によって保障されているが，憲法は国家を拘束するものであることに留意する必要がある。そもそも，人権の思想的淵源である自然権は，政府のない自然状態では，万人に対して主張しうるものであった。しかし，自然状態では第三者的な裁判官がいないため，強者が弱者に勝ち，弱者の人権は十分に保障されない。そこで，人権をよりよく保障すべく社会契約により政府を設立する，というのが社会契約論である。この政府を設立する社会契約文書こそが憲法であり，それゆえ憲法は国家に向けられたもので，憲法ひいては憲法に規定されている人権も国家を拘束するものなのである。

なお，日本国憲法には国民の三大義務として，教育（子女に普通教育を受けさせる義務）（26条），勤労（27条），納税（30条）が定められている。しかし，憲法はあくまで国家を拘束するものであり，国民に義務を課し国民を拘束するのは法律であることから，憲法で国民の義務を規定することはあくまで例外的なものと位置づけられる。

(4) 人権の多層的保障

人権を保障するのは憲法だけではない。条約等が定める国際人権はその実現や具体化を国家に義務づけるものである。また国内では，憲法上の人権は国家，特に立法による侵害から保障するもので，これに対し法律上の人権は私人による侵害から保障するものである。たとえば，人権の中でも基礎となる生命権等の人格権は，刑法の殺人罪（刑法 199 条）や民法の不法行為（民法 709 条）等によって，私人による侵害から保障されている。

以上のように，人権は憲法で保障されるだけでなく，多層的に保障されているのである。以下「人権」と記述する場合，憲法上の人権を意味する。

3. 憲法の最高法規性と「法の支配」

⑴ 憲法の最高法規性とその根拠

憲法は最高法規である。その形式的根拠として，憲法は最高法規であり，憲法に反する法律，命令等の国家行為は無効であると定める憲法 98 条 2 項がある。また最高法規性の実質的根拠としては，憲法 97 条が示すように，憲法が人類の多年にわたる自由獲得の努力の成果である人権を保障していることがあげられる。

⑵ 硬 性 憲 法

憲法は最高法規であることから，一般に成文化されているとともに，硬性である。硬性憲法とは，憲法の改正手続が法律の制定手続よりも困難なものをいう。日本国憲法は，法律制定の手続については国会の過半数の賛成が必要であるとするのに対し（59 条 1 項・56 条 2 項），憲法改正の手続については，衆参各議院の総議員の 3 分の 2 以上の賛成（特別多数決）での国会による発議と，国民投票による過半数の賛成を必要とすることから（96 条 1 項），硬性憲法である。

これに対し，中世においていち早く国王権力を制限する立憲主義を確立したイギリスでは，「憲法」という名称の法典はなく，統治機構等の基本に関するさまざまな法律や慣習法の総体が憲法と解されており，不文憲法である。とはいえ，それらはあくまで法律であるから，その改正手続は法律の制定手続と同じであり，軟性憲法である。

⑶ 違憲審査制と「法の支配」

憲法の最高法規性を制度的に担保するものとして，違憲審査制がある。それは，法律等が違憲（憲法に違反する）かどうか，議会等の政治部門から独立した国家機関が審査する制度である。

近代で違憲審査制をとっていたのは，アメリカだけであった。1803 年の連邦最高裁判決（Marbury v. Madison）は，憲法の最高法規性を理由に，通常の司法裁判所は違憲審査権をもつとした。すなわち，司法権を行使し，具体的事件を解決しなければならない裁判所は，最高法規である憲法に反する法律を適用することはできないため，法律が違憲かどうかを判断する権限があるとされたのである。こうしてアメリカでは，憲法に明文はないものの，判例により付随的違憲審査制が認められたのである。

これに対し，近代ヨーロッパでは，法律が憲法に反するかどうかを判断するのは，国民代表である議会自身であると考えられていた。またそもそも議会は国民代表であるから，国民の権利利益を侵害する法律は制定しないと想定され，法律によって行政を拘束しさえすれば人権侵害は生じないと考えられていた。

しかし，ナチス・ドイツによる苛烈な人権侵害は合法的に行われたことから，第二次世界大戦後，人権保障のためには，法律により行政を拘束するだけでは不十分であり，高次の法による支配，すなわち憲法により議会を拘束し，しかもそれを制度的に担保することの必要性が痛感された。こうして違憲審査制が世界に普及することになる。

日本国憲法もまた81条で違憲審査制を定めているが，同条が「第6章 司法」に置かれていること等から，アメリカ型の付随的違憲審査制をとったものと解されている（なお，ドイツでは，通常裁判所とは異なる特別の憲法裁判所が，具体的事件に関係なく法令等が憲法に反しないかどうか抽象的に審査する，抽象的違憲審査制がとられている。さらにドイツでは，個人が具体的な人権侵害を訴える憲法訴願の制度もある）。

第2節　人　　権

Ⅰ. 人権総論

1. 人権の類型論

一定の観点や目的から人権を類型化する理論が主張されてきた。Ⅱの人権各論で詳しく説明するとおり，解釈論的な観点からも有用なものとして利用されてきたのが，自由権，国務請求権，社会権，参政権の区別である。自由権は国家の介入を禁止する不作為請求権で，「国家からの自由」と呼ばれる。これに対し，国務請求権や社会権はともに国家に積極的な行為を求める作為請求権であるが，前者は近代において認められた権利であるのに対し，後者は社会国家思想を背景に現代になって認められた権利であることから，区別されている。社会権は国家に自由の前提条件を求めるものであるから，「国家による自由」と呼ばれる。また参政権は政治的決定過程に参加する権利で，「国家への自由」と呼ばれる。

2. 人権の主体

憲法学では次の(1)～(4)について，人権の主体として認められるか議論されてきた。

(1) 外 国 人

人権とは人が生まれながらに有する権利で普遍的なものである一方，人権を定める日本国憲法第3章の標題は「国民の」権利となっていること，また日本国憲法上の人権は日本国を名宛人とするものであることから，日本国籍をもたない外国人が日本国憲法上の人権の主体として認められるか議論されてきた。

人権の普遍性や国際協調主義（98条2項）を理由に，通説（学界で広く支持されている学説）は外国人にも人権享有主体性（人権が保障される主体であること）を認める。そのうえで，判例（最大判昭和53・10・4民集32巻7号1223頁〔マクリーン事件〕）および通説は，権利の性質上日本国民のみを対象としていると考えられるものを除き，外国人にも保障されるとしている。権利の性質上，議論されてきたのは，以下の(a)～(d)の権利である。

(a) 入国・再入国の自由

出国の自由は判例も認めているが（最大判昭和32・12・25刑集11巻14号3377頁），これに対し，入国の自由については，国際慣習法上，入国を認めるかどうかは主権国家の自由裁量であることから，判例・通説ともに否定している（上記マクリーン事件）。在留の権利についても，入国の自由がないことを理由に，判例は憲法上の権利としては否定している（上記マクリーン事件）。

再入国の自由は，海外渡航後に在留資格を保持したまま入国できる自由，換言すれば外国人にとっての海外渡航の自由を意味する。日本国民の海外渡航の自由について，判例は憲法22条2項の外国移住の自由により保障されるとしているが，外国人の再入国の自由について判例は，入国の自由および在留の権利が憲法上の権利として保障されないことを理由に否定している（最判平成4・

11・16 集民 166 号 575 頁〔森川キャサリーン事件〕）（なお，出入国管理法の改正により，「みなし再入国許可」制度が設けられ，一定の在留外国人については，出国から 1 年以内に再入国する場合，再入国許可は不要とされるようになった〔入管 26 条の 2〕）。

(b) 社 会 権

社会権は，社会経済的弱者を保護するため国家が社会に介入すべきであるとする現代の社会国家思想を背景に，国家に積極的な行為を要求する作為請求権である。

社会権は自然状態でも認められる自然権ではなく，社会契約による政府設立後に国家によって保障される権利である。それゆえ，通説によれば，社会権の保障は第一次的には国籍国の任務とされ，外国人に社会権は保障されない。もっとも，通説は，法律によって外国人に社会権を認めることは憲法上許容されるとしている。これに対し，有力説（学界で通説とまではなっていないが一定の支持を得ている学説）は，定住外国人については，税金も負担しており，社会の構成員であることから，社会権も憲法上保障されるとする。

1981 年の難民条約への加入に伴い，社会保障関係法令において国籍要件が原則として撤廃されたことから，外国人の社会権について議論する実益はほとんどなくなっている。なお，生活保護について明確な国籍要件はないものの，「国民」が給付の対象と解されており，在留外国人は実務上，日本人に準じるものとして給付されている。

1981 年改正前の国民年金法が定める無拠出（保険料の支払いに関係なく税金によって賄われる）の障害福祉年金を受給するための国籍要件（旧国民年金法 56 条 1 項ただし書）の合憲性が争われた事件で最高裁は，特別な条約がない限り，社会保障上の施策において「自国民を在留外国人より優先的に扱う」ことも憲法上許されるとした（最判平成元・3・2 判時 1363 号 68 頁〔塩見訴訟〕）。

(c) 参 政 権

参政権は政治的決定過程に参加する権利で，国民主権に由来する権利であるとして，通説は外国人には保障されないと解している。フランス人権宣言の正式名称「人および市民の権利の宣言」が示すように，参政権は人の権利である人権とは区別され，政府設立後の市民の権利と解されてきた。

参政権の典型である選挙権について，通説は，法律で外国人に選挙権を付与することは国民主権に反し，憲法上禁止されているとし，仮にそのような法律が制定されたとしたら違憲であるとする。もっとも，最高裁は傍論（判決理由のうち，結論に直接かかわりのないもので，判例ではないため事実上の拘束力もない）としてではあるが，有力説と同様，住民の日常生活に密接に関わる地方政治の選挙権については，法律で定住外国人に選挙権を付与することは，立法政策の問題であり，憲法上許容されるとしている（最判平成7・2・28民集49巻2号639頁〔外国人地方選挙権訴訟〕）。

公務員になる資格である公務就任権について，政府見解は，公権力の行使または公の意思の形成への参画にたずさわる職には日本国籍が必要であるとする「当然の法理」を示していた。その後，国公立大学の教授や公立病院の看護師，自治体勤務の保健師等の職は，外国人にも開放された。

地方公務員の管理職選考試験の受験資格としての国籍条項の合憲性が争われた事件で最高裁は，学説から不明確かつ広汎であるとして批判された「当然の法理」に代えて，「公権力行使等地方公務員」（「住民の権利義務を直接形成し，その範囲を確定するなどの公権力の行使に当たる行為を行い，若しくは普通地方公共団体の重要な施策に関する決定を行い，又はこれらに参画することを職務とする公務員」）という新たな概念を打ち立てた。そして，国民主権原理から原則として日本国民の就任が想定される「公権力行使等地方公務員」と，「これに昇任するのに必要な職務経験を積むために経るべき職」とを包含する「一体的な管理職の任用制度を構築して人事の適正な運用を図ること」も，自治体の合理的裁量の範囲内であり，憲法14条1項の法の下の平等に反しないとした（最大判平成17・1・26民集59巻1号128頁〔東京都管理職選考試験訴訟〕）。

⒟ 政治活動の自由

自由権は政府設立前の自然状態でも保障されていた自然権であり，外国人にも原則として保障される。もっとも，経済的自由権については，外国人にも保障されるものの，公証人になれない（公証人法12条1号）など，いくつかの制限があるが，合理的な制限として，合憲と考えられている。

これに対し，精神的自由権については，外国人にも保障されるだけでなく，その制限は原則として違憲と推定される。もっとも，政治活動の自由は，表現の自由（憲法21条1項）によって保障される精神的自由権であるが参政権的側面をもつことから，判例は，権利の性質上，「わが国の政治的意思決定又はその実施に影響を及ぼす活動等」については，外国人には保障されないとする。さらに判例は，外国人に対する人権保障は「在留制度のわく内で与えられているにすぎ」ないから，「在留期間中の憲法の基本的人権の保障を受ける行為」

であっても，それを「在留期間の更新の際に消極的な事情としてしんしゃくされないことまでの保障」を含むものではないとした（上記マクリーン事件）。これに対し学説は，憲法上保障された政治活動の自由に萎縮効果が生じると批判している。

⑵ 団体（法人）

人権は人が生まれながらに有する権利であることから，人ではない団体（法人格の有無は関係ない）が人権の主体として認められるか問題となる。

通説は，団体も社会的実在であることなどを理由に人権享有主体性を肯定し，権利の性質上可能な限り，団体にも適用されるとする。マスメディアには報道の自由が，会社には財産権が，宗教団体には信教の自由が認められる。

会社による政党への政治献金の適法性が争われた事件で最高裁は，通説に依拠したうえで，政治的行為の自由，その一環としての政治献金の自由もまた，自然人たる国民と同様，団体に保障されるとした（最大判昭和 45・6・24 民集 24 巻 6 号 625 頁〔八幡製鉄事件〕）。

⑶ 女性と子ども

近代において，女性や子どもは成熟した判断能力をもつ自律した個人ではなく，むしろ保護の対象と考えられ，市民の権利の主体として否定されただけでなく，人権の主体としても否定されていた。

日本の明治憲法下でも，現在であれば違憲になる人権制限が女性にのみ課されていた。たとえば，家制度において妻は重要な法律行為を行う行為能力が制限され，姦通罪は妻にのみ適用された。また男子普通選挙制の導入後も，女性に選挙権は付与されなかった。

戦後，日本国憲法への移行に伴い，家制度が廃止され，女性にも選挙権が保障されたほか，上記制限の多くは撤廃された。近年では，さらに婚姻適齢の性別による違いや女性のみの再婚禁止期間について違憲の疑いが指摘され是正された。

他方，子どもについては，実際に判断能力が未成熟であり，保護の対象であることから，自律に不可欠な人権の主体として認められるかが問題となる。現在では，子どもは潜在的な自律的主体であること，自律的主体の形成において試行錯誤は必要であることから，子どもも人権主体として認められる。

もっとも，子どもは判断能力が未成熟であることから，重要な事柄の決定については，子どもの判断能力の成熟度や決定の対象となる事柄の性質や重要度等に応じて，子どもの最善の利益に従って行動すると推定される親の判断が親の養教育の権利として優先されたり，後述のパターナリズム（→5⑴）に基づいて制約されることも，憲法上許容される。

⑷ 知的・精神障害者

知的・精神障害者もまた判断能力が十分でなく完全な自律的主体とはいえないことから，自律に不可欠なものを保障した人権の主体として認められるかが問題となりうる。

人権は既述のとおり，かけがえのない個人の尊重として自律に不可欠なものを保障するだけでなく，脆弱性をもつ人間の尊厳を保障するものでもある。それゆえ，判断能力は不十分であっても，可能な限り本人の意向等を尊重することが求められるし，また判断能力がまったくない場合であっても人間の尊厳にふさわしい対応が求められる。

日本の明治憲法下では，強制入院させられた精神障害者について，後述の特別権力関係論が妥当するとされ（→4⑴），人権保障は不十分であった。日本国憲法では，このような理論は否定されたものの，後述のとおり強制入院に関する諸問題について憲法上の疑義が指摘されている（→ **Column3**-①）。

3．人権の適用範囲：私人間適用

⑴ 問題の所在

近代の憲法学によれば，憲法上の権利としての人権はあくまで国家を拘束するもの，すなわち国家による侵害に対して主張しうるものであり，私人間には適用されない。近代においては，私人の対等性を前提に私的自治の原則が妥当するとされ，社会的許容性の限度を超える侵害の場合に，国民代表である議会の制定する法律によって解決することが想定された。

しかし，現実の社会においては，私人の対等性はフィクションであり，資本主義の発展により，企業，労働組合，マスメディア等の「社会的権力」が登場し，貧富の差も拡大した。また普通選挙制導入後の議会は階級闘争の激化により機能不全に陥り，想定された法律による迅速かつ十分な対応が困難となった。そこで，裁判所が憲法を用いて私人間の人権侵害に対応すべく議論されたのが，憲法の私人間適用論である。

(2) 学説と判例

直接適用説は，私人間にも憲法が直接適用されるとする。しかし，この説は私的自治の原則を害し，国家による社会への介入を招きやすく，さらに人権の価値が相対化されてしまう危険性がある。というのも，加害者である私人も，国家と異なり憲法上の権利としての人権の主体なので，加害者と被害者の人権の調整が必要になり，ひとたび相対化された人権が国家による侵害の場面でも適用されてしまうおそれがあるからである。

そこで，通説は，間接適用説をとっている。それによれば，私人間に適用されるのは，民法 90 条の公序良俗違反や民法 709 条の不法行為等，私法の抽象的な一般条項であり，その解釈において，憲法の趣旨が読み込まれる。最高裁は，社会的力関係に差がある場合であっても，憲法は適用あるいは類推適用されず，私法の一般条項を適切に用いて私人間の自由等の利益を調整することを示しており，間接適用説を採用したものと解されている（最大判昭和 48・12・12 民集 27 巻 11 号 1536 頁〔三菱樹脂事件〕）。

4. 特殊な法律関係

(1) 特別権力関係論

明治憲法下では，ドイツの特別権力関係論が導入された。特別権力関係とは，国家と一般国民との関係である一般権力関係に対置されるもので，同意や法律により，一般権力関係とは異なる国家との関係にあるものをいう。たとえば公務員や国公立大学等の学生は同意により，また在監者や強制入院させられた精神障害者は法律により，特別権力関係に入るものとされた。そして，特別権力関係にある場合，①法律の留保（法律の根拠）は不要で，②人権に対する広範な制限が許され，③司法審査は排除されるとされたのである。

(2) 特殊な法律関係

法の支配に依拠する日本国憲法のもとで，特別権力関係論は否定された。もっとも，公務員関係や刑事施設関係は，憲法自体がその関係の存在と自律性を憲法秩序の構成要素として認めており（前者は 15 条 1 項・73 条 4 号等，後者は 18 条・31 条等），一般国民と異なる規律に服することも憲法上許される場合が

Column3–① 精神障害者の強制入院制度

精神保健福祉法は，措置入院（精保 29 条 1 項）や医療保護入院（精保 33 条）といった強制入院制度を定めるが，入院中の身体拘束や虐待等の人権侵害だけでなく，長期化傾向のある強制入院自体が問題とされている。

入院中の身体拘束は，意に反する苦役（憲法 18 条）と解する説等もあるが，生命・身体に関する人格権（憲法 13 条）の侵害と解すべきであり，その正当化のためには，要件の厳格化（自傷他害の高度の蓋然性）や適正手続が必要である。また閉鎖的な空間では弱者は人権侵害を受けやすいことから，可能な限り開かれた空間にする必要がある。

そもそも，社会からの長期的な隔離は，ハンセン病患者を隔離する法規定を違憲とした判決（熊本地判平成 13・5・11 判時 1748 号 30 頁〔ハンセン病国賠訴訟〕）が示すように，「人生のありとあらゆる発展可能性が大きく損なわれ」「人権の制限は，人としての社会生活全般にわたる」ことから，人格権（憲法 13 条）そのものに対する侵害であり，さらに隔離された者への偏見・差別につながる。長期化傾向のある強制入院にも同様の問題が考えられることから，日弁連は強制入院について要件の厳格化，適正手続の保障，制度の段階的廃止等を提言している。

ある。そこで，こうした特殊な規律が一般国民にも及ぶことを阻止するために，公務員関係，刑事施設被収容関係は，国家と一般国民との関係とは別建てで議論すべきとの見解も有力である（憲法秩序構成要素説）。

5. 憲法上の権利の限界

⑴ 「公共の福祉」

憲法上の権利としての人権は，人間の尊厳の保障を基礎にした，かけがえのない個人の自律に不可欠なものとして重要であるが，絶対的に保障されるのは，思想・良心の自由（19 条）があくまで内心にとどまる場合だけであり，それ以外は，公共の福祉に反しない限りにおいて保障される。

「公共の福祉」は，日本国憲法において計 4 か所，すなわち人権総則の憲法 12・13 条，そして経済的自由である 22 条 1 項（職業選択の自由）と 29 条 2 項（財産権）に登場するが，「公共の福祉」とは何か。

通説とされる一元的内在制約説は，人権相互の矛盾衝突を調整する実質的公平の原理で，人権に内在する制約であるとする。この説の最大のメリットは，人権を制約できるのはあくまで他者の人権だけであるとする点であり，戦前，全体の利益のために人権が制限されたことへのアンチテーゼとしての意義がある。

しかし，人権は他者の人権保障のためだけでなく，社会全体の利益のため，また本人の利益のために合憲的に制約されうる。本人の利益のために人権を制約することは「パターナリズム」（国親思想）と呼ばれ，成熟した判断能力をもつ自律的な個人に対しては許されないが，子どものように自律の前提となる判断能力が未成熟な者に対しては例外的に許されると考えられている。

「公共の福祉」は，憲法上の権利としての人権に対する制約の法的根拠と解されているが，既述のとおりその内容は抽象的であることから，法令による制約の合憲性を判断するための方法が必要となる。

⑵ 比較衡量論と違憲審査基準

法令の合憲性について，初期の最高裁は，抽象的な公共の福祉論を展開して，簡単に合憲としていた。昭和 40 年代（1965 年～）になると最高裁は，規制により得られる利益と失われる利益を比較衡量する手法をとった（比較衡量論）。たしかに，この手法は具体的に利益を衡量する点で，抽象的な公共の福祉論より優れている。しかし，憲法ではしばしば人権と公益という異質な利益が比較され，共通の物差しがないことから，裁判官の恣意的な判断を統制することができない。結果として，保守的な裁判官は公益を優先しがちで，人権が十分に保障されないのである。

そこで，裁判官の恣意的な判断を統制するために学説が主張してきたのが，アメリカの判例が依拠する違憲審査基準論である。それは，立法目的と規制手段を審査するもので，主として憲法上の権利の重要性と制約の強さに応じて，3 段階の厳格度に分けられている。最も厳格な「厳格審査基準」は，目的について「やむにやまれぬ利益」（compelling interest），手段について目的に「ぴったりと適合する」（narrowly tailored）ことを要求するもので，厳格審査基準が適用されるとほぼ違憲になる。また「中間審査基準」は，目的について重要な利益，手段について目的達成に役立つこと（合理性），および過剰でないこと（必要性）すなわち目的を同程度に達成する「人権を制約することがより少ない他の方法」（Less Restrictive Alternatives）がないこと（LRA の基準）を要求する。審査が一番緩やかな「合理性の基準」は，目的が正当であること，すなわち憲法上禁止されたものでないこと，手段が目的達成に役立つことを抽象的に示せばよい。

学説の提唱を受けて，昭和50年代以降，日本の最高裁も目的・手段審査からなる違憲審査基準を用いるようになったが，近年では目的や手段について検討するものの，再び比較衡量論をベースとしている傾向が見られる。

Ⅱ. 人権各論

1. 包括的基本権（13条後段）

⑴「新しい人権」の法的根拠と保障範囲：人格的利益説と一般的自由説の対立

日本国憲法13条前段は個人の尊重を規定しているが，これは脆弱性をもつ人間の尊厳を保障したうえで，かけがえのない存在としての個人の自律を尊重することを，日本国憲法の究極的な価値として保障したものと解される。これを受けて13条後段の幸福追求権は，個人の自律に不可欠なものを人権として保障しており，14条以下の明文ある具体化された権利の源であるとともに，「新しい人権」すなわち憲法上の明文なき権利の法的根拠となり，これらの権利を包括するものとして，包括的基本権と称されている。

憲法13条後段の幸福追求権の意義および保障範囲については，個人の自律すなわち人格に不可欠なものに限定する上記の見解が通説であり，人格的利益説と呼ばれている。これに対し，不明確な人格概念による憲法問題の切り捨てを懸念し，幸福追求権は一般的な行動の自由を保障したものとする見解もある（一般的自由説）。しかし，同説に対しては，殺人の自由も認めることになり直観に反する，「人権のインフレ化」により明文のある憲法上の権利の価値が相対的に低下するなどの批判がある。

最高裁は，警察によるデモ行進の同意なき写真撮影の合憲性が争われた事件で，憲法13条は「私生活上の自由」が国家権力との関係でも保護されるべきことを規定したもの，すなわち「新しい人権」の法的根拠となると解したうえで，いわゆる肖像権が認められるとした（最大判昭和44・12・24刑集23巻12号1625頁〔京都府学連事件〕）。

⑵ プライバシー権

保障範囲を限定する人格的利益説によっても，明文なき憲法上の権利として承認されるのが，プライバシー権である。プライバシー権は19世紀末のアメリカで，大衆紙による有名人の私生活の公表が社会問題とされ，私人間の不法行為法上の権利として認められたものである。

⒜ 自己情報コントロール権

その後，プライバシー権は，特に国家との関係で主体性を確保すべく，自己情報コントロール権として積極的に再構成される。その背景には，現代の積極国家と情報化社会がある。すなわち，最低限の秩序維持を超えて社会経済政策の実施のために国家が社会に介入する積極国家になると，国家には大量の個人情報が収集・集積されるようになる。さらに，テクノロジーの発展により，個人情報がコンピューターに保存され，ネットワーク・システムに接続されるようになると，紙では物理的に限界があった大量の個人情報の保有が可能になり，さらに分散していた個人情報の結合・分析が容易になって，その人の人格に関わる情報へのアクセスや，人格の核心の把握までもが可能になった。そこで，個人情報を本人が主体的にコントロールする必要性がますます主張されるようになったのである。

上記権利はその内容として，本人の同意なく個人情報を収集，保管，利用，第三者に開示することの禁止という自由権だけでなく，さらに国家が保有する個人情報に誤りがないか確認するため，本人が個人情報の閲覧，修正，削除を国家に求める作為請求権をも保障している。もっとも，自由権（不作為請求権）の部分は具体的権利であるが，作為請求権の部分は具体化立法があってはじめて裁判規範性をもつ抽象的権利である（→ **Column3**-②）。

⒝ 判例の展開

最高裁は，センシティブ情報である前科について自治体が弁護士会の照会に応じて漫然と前科のすべてを開示した事件で，前科等は「人の名誉，信用に直接にかかわる事項」で，これをみだりに公開されないことは「法律上の保護に値する利益」であるとして，不特定多数に対する公表ではない，第三者への開示についても，不法行為に基づく損害賠償を認めた（最判昭和56・4・14民集35巻3号620頁〔前科照会事件〕）。

また，いわゆる住基ネットの合憲性が争われた事件で最高裁は，憲法13条は「私生活上の自由」の1つとして「個人に関する情報をみだりに第三者に開示又は公表されない自由」を保障しているとした。もっとも，住基ネットは，取扱対象となる個人情報が「個人の内面に関わるような秘匿性の高い情報」と

Column3–② 個人情報保護

個人情報保護については，自治体による条例制定が先行し，その後，法律が制定された。現行の個人情報保護法は，国家機関だけでなく，自治体，さらに民間事業者をも義務の主体とするもので，組織に属するソーシャルワーカーも含まれる。法の定める「要配慮個人情報」とは，犯罪歴や病歴等のセンシティブ情報をいう。個人情報の取扱いに関する第三者の監視機関として，独立性の高い個人情報保護委員会が設置されている。

2021 年の改正法では，個人情報の保護だけでなく，その経済的活用も目的とされ，個人を識別できないように加工処理したうえでの活用が認められた。

はいえないこと，法令の根拠があり事務の効率化等の正当な行政目的があること，またシステムが堅牢であり罰則や監視機関の設置等の制度的担保もあるため情報漏洩の「具体的な危険」はないことを理由に，合憲と判断された（最判平成 20・3・6 民集 62 巻 3 号 665 頁〔住基ネット訴訟〕）。

さらに，要保護性のより高い，税や社会保障に関わる個人情報を取り扱うマイナンバー制度の合憲性が争われた事件で最高裁は，立法目的である税と社会保障の公正は重要であること，また情報を分散管理しており，漏洩に対する罰則が重く，監督機関として強い強制力をもち独立性の高い個人情報保護委員会が設置されるなど制度的担保が強いものになっているため，情報漏洩の「具体的な危険」はないことを理由に，合憲と判断した（最判令和 5・3・9 裁時 1811 号 9 頁〔マイナンバー制度訴訟〕）。

最近では，AI（人工知能）を駆使すれば，個人の内面に直接関わらない些末な情報だけで，その人の人格の核心にまで迫ることができるといわれている。情報の要保護性の強さに着目して審査の厳格度を設定するという，従来の学説や判例の考え方は再考を迫られている。

(3) 自己決定権

(a) アメリカでの発展

明文なき憲法上の権利として，アメリカの連邦最高裁で，広義のプライバシー権に含まれるものとして承認されたのが，自己決定権である。自己決定権とは，私事に関する重要な事柄について国家の干渉を受けることなく自分で決定する権利であり，次のものが論じられてきた。①家族の形成・維持に関する権利として，結婚の権利，親の養教育の権利，親密な人的結合の自由，②リプロダクティブ・ライツ（生殖について自分で決定する権利）として，子どもをつくる権利としての不妊手術を強制されない自由，子どもをつくらない権利としての避妊の自由，人工妊娠中絶の自由，③自己の生命・身体に関する決定として，治療拒否，尊厳死，医師の自殺ほう助による安楽死，④髪型の自由等，その他の事柄がある。

親の養教育の権利や親密な人的結合の自由を憲法上の権利として承認することは，私的領域として家庭に対する国家の介入を禁止し，ドメスティック・バイオレンスや子どもの虐待に対する国家の保護を躊躇させるものとして，フェミニズム等から批判された。しかし，こうした家庭内での強者による人権侵害から弱者を保護するため国家が介入をすることは，やむをえない目的であり，介入が過剰でない限り，厳格審査を行ったとしても，合憲と考えられている。

またアメリカでは今世紀に入り，同性愛に関わる権利について急激な進展が見られた。かつては同性愛行為を刑罰で禁止する州法があり，連邦最高裁はそれを 1986 年に合憲と判断したが，2003 年には同性愛行為も親密な人的結合の自由に含まれるとして違憲に転じた。さらに 2015 年に連邦最高裁は，同性婚を禁止する州法について，明文なき憲法上の権利としてすでに承認されている結婚の権利と，平等の両方に反することを理由に違憲と判断し，同性婚が全米で承認されることとなった。

他方，中絶の権利についてアメリカ連邦最高裁は，1973 年に明文なき憲法上の権利として承認したが，約 50 年後の 2022 年に，その承認は誤りであったとして，憲法上の権利であることを否定した。その理由として最高裁は，中絶の権利が，基本的権利の承認基準とされる，アメリカの歴史と伝統に深く根づいているという基準を充たしていないことをあげた。同判決により，中絶については，女性個人ではなく各州の判断に委ねられることとなった。

同判決の背景には，連邦最高裁内部で保守派の裁判官がリベラル派に対し，6 対 3 の多数を占めたことがあると言われている。保守派は，そもそも明文がないにもかかわらず憲法解釈の名のもとに裁判官が憲法上の権利を承認して，法律を違憲無効とすることは，民主主義に反すると考えているのである。

⒝ 日本での判例の展開

アメリカで自己決定権として主に議論されてきた①～③は，まさに自己の生き方に関わるものであるが，キリスト教の影響の強い州では禁止されていたこ

Column3-③　インフォームド・コンセント

治療方法等について，患者が医師に十分な情報や説明を受けたうえで同意することをいう。

信仰を理由とする輸血拒否の意思を伝えていたにもかかわらず，医師が手術中に緊急輸血をしたことが患者の自己決定権を侵害したとして争われた事件で，控訴審判決は，憲法等の根拠を明示することなく，手術に対する患者の同意は自己決定権に由来するとした（東京高判平成 10・2・9 高民集 51 巻 1 号 1 頁〔エホバの証人輸血拒否訴訟控訴審判決〕）。これに対し最高裁は自己決定権に言及せず，信仰を理由に輸血拒否の意思決定を行うことを人格権として認め，こうした意思決定の前提となる医師の説明義務が十分に果たされなかったとして違法と判断し，損害賠償を認めた（最判平成 12・2・29 民集 54 巻 2 号 582 頁〔エホバの証人輸血拒否訴訟最高裁判決〕）。

とから，裁判で争われた。これに対し，日本では，キリスト教の影響が弱いこともあり，後述の信仰を理由とする輸血拒否を除いて（→ **Column3**-③），生き方としての自己決定権が裁判で争われることはほとんどなかった。日本では，もっぱら髪型やバイク乗車などを規制する校則の合憲性を争うために，既述の一般的自由説に依拠して，自己決定権が主張されたのである。

もっとも，近年では，日本でも生き方としての自己決定権が裁判で争われている。障害者に対し不妊手術を強制する旧優生保護法の規定の合憲性が争われ，下級審の判決は，自己決定権の1つである子どもをつくる権利の侵害であるとともに，障害者に対する重大な差別であるとして，違憲と判断している（大阪高判令和 4・2・22 判時 2528 号 5 頁〔旧優生保護法国賠訴訟〕）。

また性同一性障害者が家庭裁判所の審判により戸籍上の性別を変更するための要件である，「生殖腺がないこと」（性同一性障害特例法 3 条 1 項 4 号），「現に婚姻をしていないこと」（同項 2 号），「現に未成年の子がいないこと」（同項 3 号）の各規定の合憲性が争われた事件で，原告らは自己決定権としての「自己の自認する性に従って生きる権利」の侵害であるなどと主張したが，最高裁はいずれの要件についても，上記権利に言及することなく，現段階では社会の混乱を防止するために必要なものであるとして合憲と判断した（最決平成 31・1・23 集民 261 号 1 頁，最決令和 2・3・11，最決令和 3・11・30 集民 266 号 185 頁）。

しかし，上記の生殖腺除去要件（3 条 1 項 4 号）については，最高裁は平成

31年決定の5年後，治療として生殖腺除去手術を要しない性同一性障害者で性別変更審判を求める者に対し「身体への侵襲を受けない自由」（13条）という人格的生存に関わる重要な権利を制約するものであるとした。そして，制約の必要性は，特例法の施行後約19年が経過し性同一性障害者に対する社会の理解が深まるなど諸事情の変化により現時点では低減しており，また制限の程度は，上記の重要な自由を放棄するか「性自認に従った法令上の性別の取扱いを受けるという重要な法的利益を放棄」するかの「過酷な二者択一を迫るもの」で過剰で重大なものとなっていることなどを「総合的に較量」すれば，制約は「必要かつ合理的」なものといえず違憲であるとして，上記の平成31年決定を変更した（最大決令和5・10・25裁判所ウェブサイト）。

2. 平等（14条1項）

(1) 法の下の平等

(a) 前段「法の下」の「平等」の解釈

憲法14条1項前段は法の下の平等を保障している。日本国憲法は，一人ひとりの個人をかけがえのない存在として尊重することを究極の価値とする以上，平等の保障は必然といえる。

同項前段の解釈として，まず「法の下」の意味が問題となるが，それは法適用における平等だけでなく，法内容の平等をも要求し，立法者をも拘束するものと解されている。そもそも法内容が平等でないと，法適用を平等にしても平等は実現されないからである。

次に，「平等」の意味が問題となるが，それは絶対的平等ではなく，合理的な理由があれば異なる取扱いも許容される相対的平等と解されている。平等は同じ状況にある者に対し同じ取扱いをするもので，異なる状況にある者に対し同じ取扱いをすることは，不合理だからである。

また資本主義の進展に伴い格差が生じると，「平等」にするための国家の積極的な関与が議論されるようになる。通説は，あくまで機会の平等を保障する形式的平等と解するのに対し，有力説は実質的平等をも保障するものと解する。実質的平等とは，「結果の平等」まで保障するものではないが，機会の実質的な平等を保障するものである。2013年に制定された障害者差別解消法は，行政機関だけでなく民間事業者に対しても，過度の負担にならない限り障害の社会的障壁を除去するための「合理的配慮」を行う義務を課しているが，これは機会の実質的な平等を保障するものである。

さらに，14条1項後段は「人種」「性別」「社会的身分」等を列挙し，それらに基づく差別を禁止しているが，それらはあくまで例示で，後段に列挙されていない事由，たとえば財産等に基づく差別も，同項の問題になる。

日本初の最高裁による法令違憲判断は，父母・祖父母等の尊属に対する殺人を死刑または無期懲役とする旧刑法200条の尊属殺重罰規定が，平等に反するとしたものである。事案は，実父による長年の性的虐待で5人の子をもうけた娘が実父を殺害したというもので，監護者による性的虐待という問題は当時は論じられなかった。多数意見は立法目的である尊属に対する報恩尊重は正当であるが，現行法上執行猶予を付けられないことを問題とし，目的達成手段としての刑罰が普通殺の法定刑に比し「著しく不合理」であるとして違憲とした。これに対し，少数意見は尊属殺人に関する特別の規定を設けること自体が「一種の身分制道徳の見地に立つもの」として違憲であるとした（最大判昭和48・4・4刑集27巻3号265頁〔尊属殺重罰規定違憲判決〕）。

(b) 後段列挙事由と特別な意味

「人種」「信条」「性別」などの後段列挙事由について，有力説は同事由に基づく差別には厳格な審査を行うという特別な意味があると主張するのに対し，判例はこれを否定してきた。有力説は，その理由として，同事由は自分の意思や努力によって基本的に変更しえないもので（基本的な変更不能性），また歴史的な差別事由であることをあげる。アメリカの判例理論によれば，人種は「疑わしき区別」として，性別は「準・疑わしき区別」として，これらの事由に基づく区別については審査の厳格度が高められる。さらに有力説はアメリカの判例理論を参照して，区別の対象となる権利利益が重要なものである場合も，審査の厳格度が高まるとしている。

判例は後段列挙事由につき特別な意味を否定してきたが，近年では特別な意味を実質的に認めているといわれている。旧国籍法3条1項が，母が外国人で日本人の父により出生後認知された子どもにつき，届出のみによる国籍取得を認める要件として準正（父母が法律上の婚姻をすること）を定めていることの合憲性が争われた事件で最高裁は，上記の有力説が審査の厳格度を高めるとした2つの要因をともに考慮して，審査基準自体は変えずに審査密度を厳格化し，立法事実（立法の合憲性を支える社会的事実）に立ち入って審査した。そして，立法目的である子どもとわが国との密接な結びつきの確保は正当であるものの，準正要件という手段については，立法事実の変化によりもはや合理性はないとして，違憲と判断した（最大判平成20・6・4民集62巻6号1367頁〔国籍法違憲判決〕）。審査密度を厳格化した2つの要因とは，区別事由の準正は「自らの意思や努力によっては変えることのできない」事柄であること（基本的な変更不能性），また区別対象となる国籍は「基本的人権の保障，公的資格の付与，公的給付等を受ける上で意味を持つ重要な法的地位」であること（権利の重要性よりもさらに重要な包括的地位）である。

さらに遺言がない場合の婚外子の相続分を婚内子の2分の1と定める旧民法900条4号ただし書の合憲性が争われた事件で最高裁は，平成7年決定（最大決平成7・7・5民集49巻7号1789頁）で，相続に関する広範な立法裁量を認め，また同規定は遺言がない場合に機能する補充的な規定であることを考慮し，合憲と判断したが，2013（平成25）年には違憲に転じた。平成25年決定は，遺留分については「明確な法律上の差別」であり，本件規定の存在自体が婚外子に対する「差別意識を生じさせかねない」こと，また立法事実の変化により「家族という共同体の中における個人の尊重がより明確に認識されてきたことは明らか」であり，「子にとっては自ら選択ないし修正する余地のない事柄（基本的な変更不能性）を理由としてその子に不利益を及ぼすことは許されず，子を個人として尊重し，その権利を保障すべきであるという考えが確立されて」（括弧内は筆者）きたと述べ，こうした考えに同規定は反するものとして違憲とした（最大決平成25・9・4民集67巻6号1320頁〔婚外子相続分差別違憲決定〕）。

以上のように，かつての判例は後段列挙事由に特別な意味を否定していたが，2008年の国籍法違憲判決以降の判例は有力説が示す2つの要因をともに考慮して審査密度を高めるなど，基本的な変更不能性を要素とする後段列挙事由に，実質的には特別な意味を認めているといえる。

(c) 後段列挙事由として明示されていない区別事由

障害の有無は後段列挙事由としては明記されていないが，障害者の地位を後段列挙事由の「社会的身分」と解する余地はある。もっとも，アメリカの判例理論によれば，厳格な審査が行われる区別事由とはされていない。しかし，基本的な変更不能性，差別の歴史性，さらに障害の社会性を考慮すれば，障害に基づく区別について審査の厳格度を高めるべきである。他方で，障害者の実質的平等を確保する施策の必要性を考慮すれば，厳格審査基準だとほぼ違憲になることから，中間審査基準の適用が妥当であろう。なお，障害者差別については，障害者権利条約の批准に向けた国内法の整備のなかで，障害者差別解消法が制定されている。

また性的指向に基づく区別について，カナダは憲法の明文で禁止しているほか，基本的な変更不能性，差別の歴史性等を理由に，カナダの最高裁は厳格審査を行っている。これに対し，アメリカの連邦最高裁は同性婚を禁止する州法を平等違反等とした（→1(3)(a)）が，そもそも審査基準を適用していない。なお，日本では2023年にLGBT理解増進法が制定されている。

(2) 婚姻・家族に関する立法と平等（24条）

憲法24条2項は，日本国憲法の究極的価値である「個人の尊厳と両性の本質的平等」について，婚姻・家族の領域で定めている。

そもそも，憲法24条1項・2項について学説は，戦前の家制度の復活を禁止するものと解してきた。家制度において，家長たる戸主は家族構成員に対し結婚同意権や居所指定権等の強い権限をもち，妻は夫に従属していたのである。（→Ⅰ2(3)）これに対し，最近の判例は，同条について学説よりも踏み込んだ解釈を示している。

女性にのみ6カ月の再婚禁止期間を課す旧民法733条1項の合憲性が争われた事件で最高裁は，「婚姻は，両性の合意のみに基いて成立」すると定める憲法24条1項の「趣旨に照らし」として，婚姻の自由は「十分尊重に値するもの」とした（最高裁が憲法のある条文の「趣旨」や「精神」に照らし「十分尊重に値する」との言い回しを用いる場合，それは憲法上の権利としての保障より一段階下の，憲法上保護された利益を意味する。後述のマスメディアの取材の自由についても最高裁は同様の言い回しを用いている）。そして，本件規定は「婚姻に対する直接的な制約」であることを指摘したうえで，嫡出推定を定める民法772条2項を前提に，父性の推定の重複を回避するという立法目的との関係で，100日部分は合理的なものとして合憲であるが，100日を超える部分については立法事実の変化によりもはや合理的ではなく，平等に反するとして違憲と判断した（最大判平成27・12・16民集69巻8号2427頁〔女性の再婚禁止期間訴訟〕）。同判決を受けて，直ちに再婚禁止期間を100日に短縮するなどの法改正が行われ，2022年には嫡出推定の改正により再婚禁止期間は不要となり廃止された（施行は2024年4月）。

また憲法24条2項について最高裁は，夫婦同氏制を定める民法750条の合憲性が争われた事件で，学説では論じられたことのない解釈を示し注目された。すなわち，憲法24条2項につき，婚姻と家族に関する具体的な制度の構築について立法裁量を認めたうえで，同項が明示する「個人の尊厳と両性の本質的平等」を要請，指針として上記の立法裁量に対し限界を画すものと位置づけた。そのうえで，憲法上の権利としては保障されていない，憲法上保護される人格的利益や憲法の趣旨，すなわち本件では前者は憲法13条により保護される氏に関する人格的利益（アイデンティティ，個人識別機能による信用・評価の維持），後者は憲法14条1項の趣旨としての実質的な平等を，24条2項適合性の審査において総合考慮により判断するとしたのである。結論として最高裁は，家族の呼称としての氏を1つに定めることにも合理性はあり，通称使用の広まりにより不利益も一定程度緩和されうることなどを理由に，合憲と判断している（最大判平成27・12・16民集69巻8号2586頁〔夫婦同氏制訴訟〕）。

同性婚を認めていない現行法が結婚の自由や平等に反するなどとして争われた事件で，下級審の多くは，憲法24条1項の婚姻とは異性婚を想定しており，現段階でも異性婚を意味するが，同性カップルに法的保護をまったく与えていないことは，憲法14条1項や24条2項との関係で，違憲あるいは違憲状態（法的保護を具体化する立法の選択肢が複数あるため違憲とはしない）との判断を示している（札幌地判令和3・3・17判時2487号3頁〔同性婚訴訟札幌地裁判決〕，東京地判令和4・11・30判時2547号45頁〔同性婚訴訟東京地裁判決〕等）。

(3) 間接差別

法文上，特定の属性に基づいて区別しているわけではなく一見中立的であるが，結果として特定の属性をもつ者の多数に不利益が生じる場合，間接差別と呼ばれる。

アメリカでは警察官採用の試験で言語能力テストを課すことが結果として黒人の多数に不利益を生じさせるため人種差別として争われたが，連邦最高裁は差別的意図がない限り差別とは認められないとした。

日本では既述の夫婦同氏制訴訟で，夫婦同氏制により結果として96%という圧倒的多数の女性が氏を変更している状況があり間接差別であるとして争われたが，最高裁は，憲法14条1項は形式的平等を保障するものであるとして同項違反の主張を退けた。他方で，同項の「趣旨」は実質的な平等を保護するとして，上記状況につき仮に「社会に存する差別的な意識や慣習による影響」

があるとすれば，それについては既述のとおり 24 条 2 項適合性の審査において総合考慮されるとしたが，実際にはほとんど考慮されなかった。

なお，法律レベルにおいては，アメリカでは公民権法の雇用分野の判例により人種や性別に関して，日本では男女雇用機会均等法により性別に関して，間接差別が禁止されている。

⑷ アファーマティブ・アクション（積極的差別是正措置）

アファーマティブ・アクション（以下，「AA」とする）とは，社会的に差別されているマイノリティの構成員を，大学入試や雇用・昇進等において優遇することをいう。ヨーロッパでは，ポジティブ・アクションと呼ばれている。

アメリカでは，黒人等に対する AA が白人に対する逆差別ではないかとしてその合憲性が争われてきた。このような AA は人種に基づく区別であることから，その合憲性について連邦最高裁は厳格審査基準を適用するものとした。そのうえで，大学等の入試について学生集団の多様性から生じる教育上の利益はやむにやまれぬ利益として認めたが，黒人枠のように割当てをすることは違憲とする一方，人種を非機械的な一考慮要素とすることは合憲であるとした。しかし，2023 年，連邦最高裁は，憲法はカラーブラインドでなければならないとして，厳格審査基準をまさに厳格に適用し，①目的は裁判所が評価でき，その達成について知りうるものであること，②人種をマイナスとして，またステレオタイプとして利用することの禁止，③終了時点の設定，を充たさない限り違憲であるとした。

3. 自由権①：精神活動の自由

アメリカの判例では，精神的自由の規制については経済的自由の規制より厳格な審査基準が適用されるという，まさに二重の基準論がとられている。その主な理由としては，経済的自由の規制は，民主的政治過程を通じて是正できるが，これに対し，精神的自由は表現の自由が典型なように民主的政治過程を構成しており，それゆえ精神的自由の規制は，民主的政治過程に瑕疵が生じており，それを通じての是正はできないことから，民主的政治過程を回復すべく，裁判所は積極的に審査すべきであるとされる。

通説は二重の基準論に依拠しており，日本の判例でも言及されている。

精神活動の自由には，内面的な精神活動の自由の一般的保障規定である思想

Column3-④　障害者雇用義務制度の合憲性

日本におけるAAとして，障害者雇用促進法43条1項等が定める，障害者の安定雇用を目的とした障害者雇用義務制度がある。障害の有無という区別事由については，既述のとおり厳格審査基準は適用されないこと，障害者の職業への従事は障害者の自立や自己実現，さらに社会の多様性の実現などにとって重要であることから，合憲と考えられる。

良心の自由（19条）と，外面的な精神活動の自由の一般的保障規定である表現の自由（21条）がある。さらに，歴史的に特に侵害されてきた信教の自由（20条）と学問の自由（23条）については，それぞれ個別に規定をもうけ，内面と外面両方の精神活動の自由を保障している。

⑴ 思想良心の自由（19条）

思想良心の自由は，内心にとどまる限りは絶対的に保障される。保障範囲として，世界観・主義等の人格の核心に関わるものに限定する信条説と，内心を広く保障する内心説がある。侵害態様として，①特定の思想・良心をもつこと，あるいはもたないことの強制，②特定の思想・良心を理由とした不利益処遇，③思想・良心の告白の強制，すなわち沈黙の自由の侵害がある。

さらに，新たな侵害態様として，④内心に反する外部的行為の強制が指摘されている。この場合，内心にとどまらず，外部的行為を強制する公益等の目的と衝突することから，絶対的保障ではなくなる。この問題は比較法的には良心的兵役拒否について議論され，ドイツでは憲法の明文で認められている。またアメリカの判例では，良心的兵役拒否の良心には信仰だけでなく，真摯な世俗的良心も含まれるとされた。

日本では，卒業式等の式典で「君が代」斉唱の際に「日の丸」に向かって起立斉唱することを教職員に命じる公立学校校長の職務命令の合憲性が争われた事件で最高裁は，上記の起立斉唱行為は「一般的，客観的に見て」「慣例上の儀礼的な所作としての性質をもつものを求めるもの」で，「歴史観ないし世界観それ自体を否定するもの」ではなく，思想良心の自由を「直ちに制約するもの」ではないとした。もっとも，上記行為は「一般的，客観的に見ても，国旗及び国歌に対する敬意の表明の要素を含む行為」であり，個人の歴史観や世界観に由来する行動と異なる外部的行為を強制するものであることから,「間接的な制約となる面がある」とした。それゆえ,制約の必要性・合理性について総合的に較量して判断するとし,結論として上記職務命令を合憲と判断した(最判平成23・5・30民集65巻4号1780頁〔「君が代」起立斉唱事件〕)。

また名誉毀損の救済方法の1つである謝罪広告の合憲性について最高裁は,「単に事態の真相を告白し陳謝の意を表明するに止まる程度のもの」については合憲とした(最大判昭和31・7・4民集10巻7号785頁〔謝罪広告訴訟〕)。この問題は,かつては沈黙の自由の侵害の問題とされたが,現在では内心に反する外部的行為の強制の問題として位置づけられている。

(2) 信教の自由(20条)

(a) 狭義の信教の自由(1項前段・2項)

保障内容として,内面的な精神活動である①信仰の自由,外面的な精神活動である②宗教的行為の自由と③宗教的結社の自由がある。真摯に信仰する者にとって,信仰は人格の核心に関わるもので,生活の隅々まで,さらに生き方そのものを拘束する,まさに譲れないものであることに留意する必要がある。

信仰の自由は内面的な精神活動の自由であるから,思想・良心の自由と同様,信仰に反する外部的行為の強制が問題となり,その典型は既述の良心的兵役拒否である。日本では,エホバの証人を信仰する生徒が公立の工業高等専門学校で必修科目である剣道実技につき信仰を理由に拒否したために体育の成績が不認定で行われた原級留置処分,退学処分の合憲性等が争われた事件で最高裁は,校長の教育裁量を前提にしつつも,処分の不利益の大きさに鑑みて裁量統制を行った。そしてそれらの処分は「信教の自由を直接的に制約するもの」ではないが,「重大な不利益を避けるためには剣道実技の履修という自己の信仰上の教義に反する行動を採ることを余儀なくさせられる」ものであり,代替措置について何ら検討しなかったことは裁量権の逸脱で違法とした(最判平成8・3・8民集50巻3号469頁〔エホバの証人剣道受講拒否事件〕)。

(b) 政教分離(1項後段・3項,89条前段)

信教の自由の間接的な保障として,アメリカ,フランス,日本は政教分離を採用する。政治と宗教の関係としてほかに,①イギリスのように国教を定める一方で宗教的寛容を認めるもの,②ドイツやイタリアのように特定の宗教に特権を与え政教関係について政教条約によって処理するものがある。

日本国憲法は，20条1項後段・3項，89条前段により政教分離を採用している。89条前段は，宗教団体への公金の支出等を禁止するもので，政教分離を財政の観点から規定したものである。比較法的に見て普遍的ではない政教分離が日本で採用された理由は，信教の自由の間接的保障のほか，民主主義の確立にある。明治憲法下では天皇支配体制の精神的支柱として神道を利用するため，神道が事実上国教化され，強制されたことから，戦後，信教の自由を間接的に保障するとともに，民主主義を確立するためには，政治による宗教利用を禁止する政教分離が不可欠と考えられたのである。

政教分離は制度を保障したもので，人権を保障したものではない。それゆえ，政教分離違反があっても，通常は人権侵害等の具体的な権利侵害を伴わないことから，後述の司法権の対象となる要件を充たさず（→第3節4⑵），裁判所で判断してもらえない。もっとも，自治体による違法な公金の支出等については，住民の地位に基づいて地方自治法が定める住民訴訟（法242条の2第1項）を提起することができ，それに付随して，政教分離違反を裁判所で判断してもらうことができる。そのため，自治体による政教分離違反については，最高裁によって次の3件の違憲判断が出されている。県知事が靖国神社の例大祭等に玉ぐし料等を公金から支出した行為（最大判平成9・4・2民集51巻4号1673頁〔愛媛県玉ぐし料訴訟〕），神社施設の敷地として公有地を無償提供したこと（最大判平成22・1・20民集64巻1号1頁〔砂川市空知太神社訴訟〕），孔子廟の敷地として公園使用料を免除したこと（最大判令和3・2・24民集75巻2号29頁〔那覇市孔子廟訴訟〕）が，政教分離違反とされた。

政教分離違反かどうかを判断する基底的な判断枠組みとして，最高裁は一貫して，政治と宗教とのかかわり合いが日本の社会的文化的諸条件に照らし相当とされる限度を超えるかを用いている。そのうえで，二次的な判断基準として，かつては目的効果基準（目的が宗教的意義をもち，効果が宗教に対し助長あるいは干渉になる場合に違憲となる）が，上記の空知太神社判決以降，総合的判断が用いられている。二次的な判断基準の使い分けについてはいろいろな見解が示されているが，政教分離と信教の自由が緊張関係に立つ場合は，政教分離違反を柔軟に判断するための方法として総合的判断が用いられるとの見解が有力である。

⑶ 表現の自由（21条）

⒜ 表現の自由の優越的地位

表現の自由は人権のなかで優越的地位をもつものとされ，それは既述の二重の基準論として展開されている。保障の意義として，自己実現および自己統治が指摘されている。自己実現とは，表現活動を通じて自己の人格を形成・発展させること，自己統治とは，表現活動を通じて民主的政治過程に関与することである。留意すべきことは，表現の自由の保障は，表現の送り手の自己実現・自己統治に資するだけでなく，受け手の自己実現・自己統治にも資するということである。表現の自由は，受け手の情報受領をも含む情報流通過程全体を保障するものなのである。

以上の趣旨から，表現行為が行われる前に規制する事前抑制は，表現が受け手に到達しえず公の批判の機会を減少させること，また予測に基づく規制になるため規制が広汎にわたりやすく濫用のおそれがあり萎縮効果が大きいことなどから，原則として禁止され，「厳格かつ明確な要件のもとにおいてのみ許容されうる」（最大判昭和 61・6・11 民集 40 巻 4 号 872 頁〔北方ジャーナル事件〕）。

また事後規制でも，名誉毀損のようないわゆる低価値表現を除いて，表現内容に基づく規制は，時・場所・方法等を制限する内容中立規制に比し，国家の恣意的規制である蓋然性が高く，他に表現を伝達する代替的回路がないことから，内容規制には厳格審査基準が，内容中立規制には中間審査基準が適用される（内容規制・内容中立規制二分論）。

(b) ヘイトスピーチ

ヘイトスピーチとは，人種，民族，宗教，性，性的指向等を指標とした社会的マイノリティに対する敵意や憎悪を示す表現をいう。特定の個人に対する侮辱や名誉毀損等は民事・刑事により規制されているが，集団に向けられたそれらの表現は具体的な権利利益の侵害がない場合，規制は難しいといわれてきた。もっとも，ヘイトスピーチは，構成員の尊厳を深く傷つけ，反論の意思自体を挫いてしまうため言論で対抗することが難しく，また迫害や差別を助長するおそれがあることから，ヨーロッパでは規制されている。

これに対し，表現の自由に優越的地位を認め他の法益より一段階上の価値を認めるアメリカでは，ヘイトスピーチの規制は表現内容に基づく規制であるため，厳格審査基準が適用され違憲と判断されたことから，現在でも規制されていない。もっとも，そのアメリカでも，言論を超えて行為に及んだ場合，すなわちヘイトに基づく犯罪行為はヘイトクライムとして重罰化されていることに留意する必要がある。

日本は人種差別撤廃条約の批准にあたり，締約国に差別的表現の規制を求める条項を留保（条約の特定の規定の自国への適用上その法的効果を排除しまたは変更することを意図して，条約の批准等の際に，国が単独で行う声明）している。もっとも，ヘイトスピーチについて，不法行為の規定を上記条約に適合的に解釈し対応している裁判例もある。2016年にヘイトスピーチ解消法が制定されたが，民族等を理由としたヘイトスピーチそれ自体を法的に規制するものではなく，啓発活動等を定めたものにすぎない。これに対し，自治体の条例では法的に規制するものもあり，大阪市ヘイトスピーチ対処条例の合憲性が争われた事件で最高裁は，当該地域では規制の合理性を支える社会的事実があり，また規制対象は過激で悪質な差別的言動を伴うものに限定され，制限の態様や程度も事後的でしかも制裁を伴わない拡散防止要請に過ぎないことから，規制は「合理的で必要やむを得ない限度にとどまる」として合憲と判断している（最判令和4・2・15民集76巻2号190頁〔大阪市ヘイトスピーチ対処条例判決〕）。

(c) 表現の自由の現代的展開：「知る権利」とマスメディアの自由

マスメディアの登場により（インターネットが登場する前は）国民はもっぱら表現の受け手の地位に追いやられたことから，表現の自由を受け手の側から再構成するものとして，「知る権利」が主張された。「知る権利」の自由的側面として，知る自由，すなわち情報摂取の自由が保障される（最大判昭和58・6・22民集37巻5号793頁〔よど号ハイジャック記事抹消事件〕）。また「知る権利」の請求権的側面として，国家に対し保有情報の公開を求める権利が保障されるが，それは積極的な行為を要求することから，具体化立法が必要となる抽象的権利である。情報公開については，自治体による情報公開条例が先行し，1999年に情報公開法が制定された。

マスメディアの報道の自由について最高裁は，「民主主義社会において，国民が国政に関与するにつき，重要な判断の資料を提供し，国民の『知る権利』に奉仕する」ことから，憲法21条により保障されるとした。また，報道が正しくあるために取材の自由も，「憲法21条の精神に照らし，十分尊重に値する」とした（最大決昭和44・11・26刑集23巻11号1490頁〔博多駅事件〕）。

(4) 集会の自由（21条）

集会の自由は，対外的には一般国民の表現手段として重要であるとともに，対内的には精神的物理的一体感の醸成などの独自の意義をもつ。集会は多くの人が集まれる場所を必要とするが，そのような場所の管理権をもっている国民は少ない。そこで，公共施設を利用せざるをえないが，そもそも自由は国家の不介入を意味することから，公共施設の利用拒否が集会の自由の侵害といえるかが問題となる。

アメリカでは，政府の施設の管理権を統制する判例理論として，パブリック・フォーラム論がある。伝統的に表現や集会の場として利用されてきた公園や道路は「伝統的パブリック・フォーラム」として，その規制には厳格審査基準が適用される。また表現や集会の場として政府が設置した市民会館や音楽堂等は「指定パブリック・フォーラム」として，設置自体は裁量に委ねられているが，維持する限りその規制には厳格審査基準が適用される。

日本でも市民会館の利用拒否の合憲性が争われた事件で最高裁は，「公の施設」の利用拒否に「正当な理由」を求め差別を禁止する地方自治法244条を媒介にして，市民会館の利用拒否は「集会の自由の不当な制限につながるおそれが生」じ，集会の自由の実質的侵害になりうるとした。そして，二重の基準論に依拠した比較衡量論をベースに，条例が許可禁止事由として定める「公の秩序をみだすおそれがある場合」について，「明らかな差し迫った危険の発生」が「客観的な事実に照らして具体的に明らかに予測される」場合との合憲限定解釈を行った（最大判平成7・3・7民集49巻3号687頁〔泉佐野市民会館事件〕）。

集団示威運動等の集団行動の自由は「動く集会」として，集会の自由により保障される。判例によれば，公道での集団示威運動（デモ行進）は自由であるが，道路での危険を防止し交通の安全を確保するといった公共の福祉のために必要かつ合理的な制限は許される（最判昭和57・11・16刑集36巻11号908頁〔道交法事件〕）。また公共の秩序を維持するため，公安条例を制定し，「特定の場所又は方法につき，合理的かつ明確な基準の下に」許可制を設けることは直ちに違憲とはならない（最大判昭和29・11・24刑集8巻11号1866頁〔新潟県公安条例事件〕）。

⑸ 学問の自由（23条）

学問は，たとえば地動説のように社会の根底的な価値観でさえ覆しうるため時の権力者の介入を受けやすく，実際に歴史を通じてたびたび侵害されてきたこと，また学問の成果は社会全体の利益にも資することから，学問の自由は憲法上の権利として保障されている。

保障内容として，内面的な精神活動である①研究の自由，外面的な精神活動である②研究発表の自由と③教授の自由がある。

憲法23条は大学の自治を制度的に保障する。もともと，中世ヨーロッパにおいて大学は自治を認められていた。大学の自治は，権力者の介入を受けやすい学問の自由の保障にとって不可欠なものと考えられている。

4. 自由権②：経済活動の自由

(1) 職業選択の自由（22条1項）

(a) 保障の意義と範囲

封建社会では身分によって職業が決まり，自由な移動が禁じられていたことから，近代において自由な市場経済を確立するためには，職業選択の自由や移動の自由が不可欠であった。それゆえ，職業選択の自由や移転の自由（22条1項）は，経済活動の自由に位置づけられている。もっとも，ひとたび自由な市場が確立すると，職業選択の自由や移転の自由は自己決定権としての意味が大きくなる。

最高裁が論じるように，職業は，生計維持のための継続的活動であるとともに，社会的機能分担の活動でもあり，さらに自己の個性を全うすべき場として個人の人格的価値と不可分の関連性をもつもの（職業の人格的関連性）として重要なものなのである。それゆえ憲法22条1項が保障する職業選択の自由は，職業の遂行の自由，いわゆる営業の自由も含むものと解されている（最大判昭和50・4・30民集29巻4号572頁〔薬局距離制限違憲判決〕）。

職業への従事は自己の人格を実現するものであり，また経済的依存は諸自由の実質的な侵害のおそれを伴うことから，障害者や生活保護受給者等に対する就労支援は重要である。なお，就労の支援は，強制ではないので，職業選択の自由の侵害にはあたらない。

他方で，職業は社会的相互関連性が大きいことから，精神活動の自由に比し制約は広く認められる。規制目的として，自由な経済活動がもたらす弊害を防止する最低限の秩序維持のための「消極目的」による規制だけでなく（上記薬局距離制限違憲判決），社会全体の利益を促進する社会経済政策実施のための「積極目的」も認められている（最大判昭和47・11・22刑集26巻9号586頁〔小売市場判決〕）。このように，職業の自由（選択と遂行の自由を含む）については精神活動の自由と異なり，内在的制約のほか，政策目的による制約も認められるこ

Column3–⑤　警備業務に関する欠格条項の合憲性

被保佐人（詳しくは→第 **7** 章第 **4** 節）を警備業務から一律に排除する旧警備業法の規定について，本件規定の前身として準禁治産者（現在の被保佐人にあたる者）等につき欠格事由が新設された1982（昭和 57）年時から，職業選択の自由および平等を侵害し違憲とした裁判例がある（岐阜地判令和 3・10・1 判時 2530 号 63 頁〔地位確認等請求事件〕)。

本判決は本件規定の憲法 22 条 1 項適合性について，被保佐人という「自己の意思又は努力」によって変更しえない事情に基づき「狭義の職業選択の自由そのものを直接制約する」「強力な制限」であること，また消極目的によるものであることを理由に中間審査基準を適用した。そのうえで，警備実施能力を直接判定する制度ではなく，判断能力の程度を判定する法定後見制度（成年後見制度のうち任意後見と区別されるもの）の借用を疑問視し，かえって障害者の権利拡充を目的とした同制度の利用を躊躇させかねないと問題視する。そして，本件規定がないと違法・不当な警備業務により国民の生命・財産等が侵害されるというのは「単なる観念上の想定にすぎ」ないから合理性がなく，また刑罰や行政的監督のもと警備業者が雇用する者の能力を見定めそれに応じた警備業務に従事させるなど「より緩やかな規制」でも目的は十分達成可能であるから必要性もないとして，違憲と判断した。

なお，本件規定は，2016（平成 28）年の成年後見制度利用促進法に基づいて制定された，成年被後見人等の欠格条項等を適正化する一括整備法により，2019（令和元）年に削除されている。

とから，22 条 1 項に「公共の福祉」という文言が規定されている。

⒝ 規制の合憲性に関する判断枠組み

職業の自由に対する規制の合憲性判断基準として，判例は上記 2 つの判決により規制目的によって審査の厳格度を決定する規制目的二分論をとるものとかつての学説は考えていたが，現在では次のように理解されている。判例はまず総論として，職業，規制目的，規制態様の多様性から，規制の合憲性については一律に論じられないため比較考量によるものとし，それは「第一次的には立法府の権限と責務であり，裁判所としては，規制の目的が公共の福祉に合致するものと認められる以上，そのための規制措置の具体的内容及び必要性と合理性については，立法府の判断がその合理的裁量の範囲にとどまるかぎり，立法政策上の問題としてその判断を尊重すべき」であるが，その「合理的裁量の範囲については，事の性質上おのずから広狭がありうる」とする（上記薬局距離制限違憲判決)。

こうした「事の性質」として判例は，職業の自由に対する制約の強度や，規制目的等を考慮している。

まず，職業の内容および態様に対する規制にとどまる場合で，消極目的の場合は，原則どおり「規制の目的が公共の福祉に合致するものと認められる以上，そのための規制措置の具体的内容及び必要性と合理性については，立法府の判断がその合理的裁量の範囲にとどまる限り」立法裁量が尊重される（最判令和3・3・18民集75巻3号552頁〔要指導医薬品ネット販売規制訴訟〕)。

これに対し，職業の許可制など，職業選択の自由そのものに対する制約で，強力な制限である場合は，「重要な公共の利益のために必要かつ合理的な措置であることを要」（圏点筆者）する（上記薬局距離制限違憲判決)。そのうえで，消極目的の場合は，比較的厳格な中間審査基準が適用され，立法事実に立ち入った審査が行われる（上記薬局距離制限違憲判決）のに対し，財政目的（租税の適正かつ確実な賦課徴収を図る）や積極目的の場合には政策的・技術的な裁量が尊重され，審査は緩やかになる。すなわち，財政目的については立法府の判断が「著しく不合理なものでない限り」合憲（最判平成4・12・15民集46巻9号2829頁〔酒類販売免許制訴訟〕)，積極目的についてはより緩やかに「著しく不合理であることの明白である場合に限つて」違憲（明白の原則）との審査基準が示されている（上記小売市場判決および最判令和4・2・7民集76巻2号101頁〔あん摩師等養成施設設置不認定訴訟〕)。

消極目的の規制は弊害の除去や予防であり裁判所の法的判断になじみやすいのに対し，積極目的は未来志向的な政策的判断や専門的技術的な判断であるため，政治的責任を負わず専門的な判断能力のない裁判所としては立法裁量を尊重せざるをえないと考えられる。

(2) 財産権（29条）

(a) 保障の意義と判例

財産権は，ジョン・ロックが主張したように近代では自然権の典型と考えられ，絶対不可侵とされた。財産は一般に自己の労働等の成果であり，また財産の安定的な保障は，経済的依存に伴いがちな諸自由の実質的な侵害のおそれを回避し，さらに財産の経済的利用価値を高め公益も促進する。したがって，財産権を憲法上の権利として安定的に保障することは意義がある。

しかし，現代になると社会国家思想のもと，財産権は他者の権利や公益との調整のための内在的制約に服するだけでなく，社会経済政策実施のための政策的制約にも服すると解されるようになる。また，そもそも財産権は民法や商法等の法制度を前提とする自由で，その内容の具体化は立法裁量に委ねられると考えられるようになった。もっとも，全面的に立法裁量に委ねられるとすると，憲法で財産権を保障した意味がなくなる。そこで，学説は，財産権を憲法上保障する（29条1項）意味として，具体的な既得権の保障，および財産権保障の前提となる私有財産制度の保障を示してきた。そして，後者につき，社会主義体制への移行には，憲法改正が必要であるとした。

これに対し最高裁は，共有森林につき持分価額2分の1以下の者に民法256条1項の共有物分割請求権を制限する旧森林法186条の合憲性が争われた事件で，財産権の憲法上の保障内容として，新たに単独所有を示唆した。そして，単独所有への移行を可能にする共有物分割請求権を制限する同条の合憲性について，規制目的は「森林経営の安定」や「国民経済の発展」といった積極目的であるとする一方，単独所有から乖離する合理性・必要性について上記の明白の原則（→(1)(b)）より若干厳格な審査を行い，憲法29条2項の「公共の福祉」に反し違憲と判断した（最大判昭和62・4・22民集41巻3号408頁〔森林法違憲判決〕）。

また，憲法29条2項は，財産権の内容は「法律でこれを定める」と規定しているため，条例での財産権規制が憲法上許されるかが問題となる。最高裁はこれを肯定するものと解されているが（最大判昭和38・6・26刑集17巻5号521頁〔奈良県ため池条例事件〕），環境保護規制等，地域の実情に応じた規制の必要性や，条例制定手続の民主性から妥当といえる。

(b) 損 失 補 償

道路や公園を設置するなど特定の公共事業のために私人の土地の所有権などの財産権を公権力が強制的に取得することは，公用収用と呼ばれる。このように財産権を「公共のために用ひる」場合には，損失補償として「正当な補償」をしなければならない（29条3項)。「正当な補償」について最高裁は，市場価格に基づき合理的に算出された相当な額でよいとする相当補償説を採用した（最大判昭和28・12・23民集7巻13号1523頁〔農地改革事件〕）。しかし，同判決の取り扱った農地改革は，既存の財産法秩序を構成する特定の財産に対する社会的評価の変化に基づき権利関係の変革を目的とする超憲法的な例外的な事案であったとして，学説は完全補償を主張している。

損失補償の対象としては公用収用が想定されていたが，財産権の規制であっても「特別の犠牲」にあたる場合（積極目的による財産権の実質的剥奪にあたるような場合）は，社会全体の負担の公平の見地から補償が必要であると考えられるようになった。もっとも，「特別の犠牲」への該当性の判断は実際には難しいため，損失補償規定が本当は必要なのに設けられていない場合もあり，そのような場合，財産権を規制する規定自体が違憲無効となるかが問題となる。この点，最高裁は，憲法 29 条 3 項を直接の根拠として損失補償を請求できるとし，それゆえ損失補償規定を伴わない財産権規制の規定も違憲無効にはならないとした（最大判昭和 43・11・27 刑集 22 巻 12 号 1402 頁〔河川附近地制限令事件〕）。

5. 自由権③：人身の自由と刑事手続上の権利

⑴ 人身の自由（18 条）

憲法 18 条は，意に反する苦役を禁止しているが，絶対的な禁止ではなく，議院や裁判で証言する義務や，裁判員になる義務，災害時の応急的な労役を提供する義務などは同条に反しない。これに対し徴兵制は政府見解および通説によれば同条に反するものと解されている。

⑵ 刑事の手続・実体の法定・適正（31 条）

⒜ 憲法 31 条の解釈

憲法 31 条は，明文上は刑事手続の法定を定めている。もっとも，同条は，アメリカ合衆国憲法のデュープロセス条項に依拠したものと解されていることから，刑事の適正手続も保障したものと解されている。適正手続の保障内容として最高裁は，告知聴聞の権利を認めた（最大判昭和 37・11・28 刑集 16 巻 11 号 1593 頁〔第三者所有物没収事件〕）。

また，憲法 31 条は，刑事の実体の法定，すなわち罪刑法定主義を定め，さらに，刑事の実体の適正として，刑罰法規の文言の明確性および罪刑の均衡を要求するものと解されている。最高裁は，行為者の予測可能性を確保するとともに法執行者の恣意的な適用を排除するために，刑罰法規の文言の明確性が要求され，不明確な場合には違憲無効になるとした（最大判昭和 50・9・10 刑集 29 巻 8 号 489 頁〔徳島市公安条例事件〕）。なお，法令の文言の明確性は，表現の自由の規制についても，萎縮効果除去のために要求される。

(b) 行政手続の適正

憲法31条は既述のとおり刑事手続の適正も要求するが，同条は行政手続の適正をも要求するか議論されてきた。行政手続法の制定により，不利益処分を行う場合には原則として意見陳述のための手続（聴聞または弁明の機会の付与）をとらなければならない（行手法13条1項）が，適用除外があるため，今なお憲法論として論じる意義がある。この点，最高裁は，行政手続について刑事手続でないとの理由のみで憲法31条の保障の枠外にあるわけではないが，「行政手続は……行政目的に応じて多種多様である」から，行政処分の相手方に事前の告知，弁解，防御の機会を与えるかどうかは，総合較量により決定すべきとした（最大判平成4・7・1民集46巻5号437頁〔成田新法事件〕）。

(3) 刑事手続に関する諸権利

憲法33条以下では，被疑者の権利として不当な逮捕・抑留・拘禁からの自由（33・34条），不当な捜索・押収からの自由（35条）が規定され，また被告人の権利として公平な裁判所の迅速な公開裁判を受ける権利（37条）や不利益供述強要の禁止（38条）などが規定され，刑事訴訟法で具体化されている。

さらに憲法36条は拷問および残虐な刑罰を禁止している。死刑の合憲性が争われた事件で最高裁は，火あぶりなど死刑の執行方法によっては残虐な刑罰にあたるが，現行の絞首刑はそれにはあたらず，合憲とした（最大判昭和23・3・12刑集2巻3号191頁〔死刑合憲性訴訟〕）。

また憲法39条は事後法および「二重の危険」（二重処罰）の禁止を規定している。

6. 国務請求権

国務請求権は，国家の介入を禁止する自由権とは異なり，国家に積極的な行為を請求する権利で，その意味では，後述の社会権と同じであるが，承認される時代や背景となる思想の違いにより，社会権と区別される。

(1) 国家賠償請求権（17条）

明治憲法下では，公権力は国民に損害を与えた場合でも損害賠償責任を負わないとする「国家無答責の原則」が妥当するとされた。これに対し，日本国憲法 17 条は公権力に対する損害賠償請求権を憲法上の権利として保障し，これを具体化する一般法として，国家賠償法が制定された。

書留郵便物の一種である特別送達について過失がある場合に損害賠償責任を免除する等の郵便法の規定の合憲性が争われた事件で最高裁は，憲法 17 条に反し違憲と判断した（最大判平成 14・9・11 民集 56 巻 7 号 1439 頁〔郵便法責任免除制限規定違憲判決〕）。最高裁は同条をプログラム規定（政治的指針を示すにすぎないもの）（→7(1)）ではなく，法的な効力をもつものと解しているのである。

(2) 裁判を受ける権利（32 条）

裁判を受ける権利は，「基本権（憲法上の権利）を確保するための基本権」（括弧内は筆者）と称され，憲法上の権利はもちろん，法律上の権利を確保するためにも重要な権利である。

難民不認定処分の異議申立てにつき棄却決定を受けた者に対し，入国管理局の職員が同決定の告知を遅らせ，告知翌日に集団送還の方法で本国に強制送還した措置に関して東京高裁は，難民不認定処分について取消訴訟等の提起により司法審査を受ける機会を実質的に奪ったもので，裁判を受ける権利（32 条）や適正手続の保障（31 条）を侵害し，違憲であるとした（東京高判令和 3・9・22 判タ 1502 号 55 頁）（→ **Column3**-⑥）。

Column3-⑥　**難民認定申請中の強制送還**

これまでは難民認定申請中の強制送還は認められなかったが，2023 年の出入国管理法改正により，難民設定申請が 3 回目以降の者につき「相当な理由」を示さない限り送還可能となった。

7. 社　会　権

社会権は国家に積極的行為を請求する権利で，国務請求権と同じ法的性格をもつが，国務請求権は請願権（16 条）のように近代前から認められていたものもあるのに対し，社会権は社会国家思想を背景に現代において認められるようになったものであることから，両者は区別されている。

(1) 生存権（25 条）

憲法 25 条の生存権は，脆弱性をもつ人間の尊厳を確保し，自律の基盤を提供するものである。

生存権を具体化する法律が不十分である場合，あるいはそもそも具体化する法律がない場合，どのように対応するか，生存権の法的性格として議論されてきた。初期の学説として，憲法25条は政府の政治的道徳的指針を定めたもので法的効力はないとするプログラム規定説がある。これに対し通説は，憲法25条は政府に生存権を具体化する法的義務を課したものであるとして法的効力を認める一方，具体化立法があってはじめて裁判規範性をもつ抽象的権利であると解する（抽象的権利説）。

障害福祉年金と児童扶養手当の併給を禁止する児童扶養手当法の規定の合憲性が争われた事件で最高裁は，生存権具体化立法につき，「健康で文化的な最低限度の生活」という概念の抽象性・相対性，財政事情の考慮の必要性，高度の専門技術的・政策的判断の必要性から，広い立法裁量を認め，「著しく合理性を欠き明らかに裁量の逸脱・濫用と見ざるをえないような場合を除き」司法審査に服さないとした。そのうえで，児童扶養手当は所得保障という点で障害福祉年金と基本的に同一の性格であり，稼得能力の喪失等の程度は必ずしも事故の数に比例して増加するといえないことは明らかであるから，全般的公平を図るため併給調整を行うかどうかは立法裁量の範囲内で合憲とした（最大判昭和57・7・7民集36巻7号1235頁〔堀木訴訟〕）。

以上のように最高裁は生存権の具体化について広範な立法裁量を認めたが，とはいえ司法審査の余地を認めていることから，憲法25条の法的効力を認めており，既述の抽象的権利説に依拠したものと解されている。これに対し有力説は，少なくとも最低限度の生活に関わるものについては，生活実態に着目して厳格に審査すべきであると主張している。また上記事件で最高裁は，生存権の具体化立法において，受給者の範囲や支給要件等につき，25条とは別に13条や14条1項違反が問題になりうるとした。

高度経済成長が終わり，財政も悪化していることから，近年では，給付の切下げや廃止等，社会保障制度の後退が見られる。これに対する処方箋として，制度後退禁止の原則を主張し，制度の新設と異なり制度後退に対しては厳格な裁量統制を主張する見解も有力である。この点，生活保護基準改定による老齢加算の廃止の合憲性・適法性が争われた事件で最高裁は，制度後退禁止の原則は認めなかったものの，厚生労働大臣の専門的技術的・政策的裁量を前提に判断過程統制を行い，結論として合憲・適法とした（最判平成24・2・28民集66巻

3号1240頁)。

また生存権具体化の立法裁量に対する憲法上の効果的な統制方法として，平等原則がある。遺族補償年金の受給要件として夫にのみ課された年齢要件につき性別に基づく差別であるとして争われた事件で最高裁は，一般に男性は就労しているが女性はそうとは限らないという立法当時の実態を反映したもので，合理的な区別で合憲であるとした(最判平成29・3・21判例集未搭載〔遺族補償年金訴訟〕)。しかし，こうした実態は変化しているし，上記要件は性別に関するステレオタイプを再生産する女性差別であることから，性中立的な要件にすべきである。

(2) 教育を受ける権利(26条)

憲法26条1項が定める教育を受ける権利は，自律的な判断能力および社会的共生能力の育成，基本的知識の提供等，自律に向けた基盤を提供するものと考えられる。同権利につき最高裁は，学習権を保障したものと解している(最大判昭和51・5・21刑集30巻5号615頁〔旭川学テ事件〕)。

また憲法26条2項後段は義務教育の無償について定めている。無償の範囲について最高裁は，就学に必要な一切の費用ではなく，教育の対価としての授業料と判示した(最大判昭和39・2・26民集18巻2号343頁〔義務教育費負担請求訴訟〕)。なお，教科書の無償配布は憲法上の要請ではなく，法律に基づいて行われている。

公教育の内容を誰が決定する権限をもつかについては，教科書検定制度の合憲性等をめぐる訴訟で争われ，国家教育権説と国民教育権説が対立していた。前者は法律に基づき文部科学省等の教育行政機関が，後者は国民たる親の信託を受けて教師が，教育内容を決定するとする見解である。これに対し，全国一斉学力テストの合憲性・適法性が争われた事件で最高裁は，上記の両説はいずれも「極端かつ一方的」であるとして，子どもの教育に関心をもつ，親，私学(私立学校)，教師それぞれに一定の憲法上の権利や権限を認め，国家にも「必要かつ相当と認められる範囲」で教育内容決定権があるとした。留意すべきことは，国家の決定権に憲法上の限界を示したことで，「子どもが自由かつ独立の人格として成長することを妨げるような国家的介入」は，憲法26条および13条に反するとした(上記旭川学テ事件)。

⑶ 勤労の権利（27条）

勤労の権利（27条1項）とは，労働の意思と能力のある者が私企業において労働の機会を得られない場合に，国家に対し労働の機会の提供を要求し，それが不可能な場合はそれに代わる保護を要求しうる権利である。この権利を具体化するものとして，職業安定法，雇用対策法，雇用保険法等がある。

⑷ 労働基本権（28条）

憲法28条の労働基本権は，社会経済的弱者である労働者が労働条件の交渉にあたり使用者と実質的に対等な立場を確保するために保障されたもので，団結権（労働組合を結成する権利），団体交渉権，団体行動権（争議行為などを行う権利）をその内容としている。

正当な争議行為は，民事・刑事ともに免責される。政治ストについて最高裁は，使用者が解決しえないことを目的とするものであることから，正当な争議行為ではないと判示している（最大判昭和41・10・26刑集20巻8号901頁〔全逓東京中郵判決〕）。

公務員は職務内容の権力性の程度に応じて，上記権利が制限されており，争議行為は一律禁止されている。これに対し最高裁は，公務員の地位の特殊性・職務の公共性，勤務条件法定主義および議会制民主主義，私企業と異なりロックアウト（事業所から労働者を締め出し，賃金支払義務を免れること）や市場の抑制力等といった歯止めの欠如，人事院勧告等の代償措置の存在を理由に，争議行為を禁止する国家公務員法の規定を合憲と判断している（最大判昭和48・4・25刑集27巻4号547頁〔全農林警職法事件〕）。

8. 参 政 権

参政権は国政に参加する権利で，国民主権（→第3節1⑶）に由来する。

⑴ 選 挙 権

⒜ 法的性格，選挙権の制限に関する判例

選挙権は15条1項の公務員選定罷免権により保障されるものと解されている。選挙権の性格について，権利のほかに公務としての側面があるとする二元説と，権利としてのみとらえる権利一元説がある。

在外国民が選挙権を行使する制度が設けられていなかったこと，制度ができ

てからも比例代表選挙でしか選挙権を行使できなかったことが選挙権の侵害として争われた事件で最高裁は，当該制限なしには「選挙の公正を確保しつつ選挙権の行使を認めることが事実上不能ないし著しく困難」という「やむを得ない」事情を要求する厳格な判断枠組みを用いて，違憲と判断した（最大判平成17・9・14民集59巻7号2087頁〔在外国民選挙権訴訟〕）。

また成年被後見人であることを選挙権の欠格事由とする公職選挙法の規定の合憲性が争われた事件で東京地裁は，上記在外国民選挙権訴訟判決の厳格な判断枠組みを用いて，選挙の公正が害されるおそれはないため選挙権制限に「やむを得ない」事情はなく，また選挙権を行使する能力は財産管理・処分に関する能力とは異なるから，成年後見制度を借用して成年被後見人の選挙権を一律に制限することは許容できないとして違憲と判断した（東京地判平成25・3・14判時2178号3頁〔成年被後見人選挙権訴訟〕）。同判決を受けて，2013年に当該欠格事由を削除する法改正が行われた。

(b) 投票価値の平等

1票の価値の較差について，最近では国政選挙があるたびに争われている。最高裁は，投票価値の平等は憲法14条1項等により要求されるとしながら，選挙制度の構築に関する広範な立法裁量を認めた（最大判昭和51・4・14民集30巻3号223頁〔衆議院議員定数不均衡判決〕）。しかしそれでも，これまで2件の違憲判決や多数の違憲状態判決が出されている。

最高裁の判断枠組みは，①投票価値が平等に反する状態にあるか，②是正に必要な合理的期間を経過しているか，③選挙が違憲であるとして無効とするかの3段階からなっている。その理由は，「憲法の予定している司法権と立法権との関係に由来」し，裁判所が自らこれに代わる具体的な選挙制度を定めることができないことにあるとされた。①だけしか充たしていない場合は「違憲状態」（あくまで合憲）にとどまり，①だけでなく②を充たしてはじめて「違憲」になる。そして③では選挙の違法のみを宣言して選挙自体は無効とはしない事情判決の法理がとられている。

1票の価値に較差があっても選挙権は行使できることから，(a)の選挙権行使の制限の場合より合憲性審査の厳格度が緩和されていると考えられる。なお，衆議院議員選挙では，かつての中選挙区制（1選挙区から3，4人当選）時代には最大較差が1対3を超えた場合に，現在の小選挙区制（1選挙区から1人のみ当選）では1対2を超えると少なくとも違憲状態と判断されている。

⑵ 国民審査権

在外国民が最高裁の裁判官に対する国民審査権（79条2項）を行使する制度が設けられていないことの合憲性が争われた事件で最高裁判決は，最高裁は違憲審査権など重要な権限をもっていること，また国民審査権は国民主権に由来する権利で選挙権と同じ性質であることから，在外国民選挙権に関する厳格な判断枠組みを用いて，違憲と判断した（最大判令和4・5・25民集76巻4号711頁〔在外国民審査権訴訟〕）。

⑶ 被選挙権

被選挙権を保障する憲法上の明文はないが，最高裁は被選挙権を「立候補の自由」と解し，「選挙権の自由な行使と表裏の関係」にあるとして，選挙権の保障根拠である憲法15条1項で保障される「基本的人権」であるとした（最大判昭和43・12・4刑集22巻13号1425頁〔三井美唄事件〕）。

第3節　統治機構

第1節の憲法総論で述べたとおり，憲法は人権と統治機構で構成されている。人権の概要を説明したので，次に統治機構の概要について説明する。

1．統治の基本原理

⑴ 法の支配

法の支配とは，人の恣意的な支配に対置されるもので，立法府をも拘束する高次法の支配を意味し，人権保障のための手段と位置づけられている。

⑵ 権力分立

権力分立とは，国家権力の集中による権力の濫用を防止するために，国家作用を立法，行政，司法の作用に分離し，それぞれを異なる国家機関に担当させることをいう。権力分立もまた人権保障のための手段と解されている。

⑶ 国民主権（前文・1条）

憲法学では，比較法的にみても，その国・時代の問題意識に応じて，主権論争がたびたび起きた。

通説は，国民が国家権力の究極的な根拠であるとする正当性をベースに，憲法改正における国民投票（96条）のように国民が国家の意思決定に直接参加する権力性を含むものと解している。

2. 国会（第4章）

(1) 国会の地位と権能

国会は国民「代表」（43条）機関であり，それゆえ「国権の最高機関」（41条）で，「唯一の立法機関」（41条）とされている。

(a) 国民の「代表」（43条）の意味

近代以前の身分代表は選出母体の意思に法的に拘束され，統一的国家意思の形成は，各身分の意思をふまえて国王が担った。これに対し，近代以降の代表は，選出母体の意思に法的に拘束されない純粋代表で，統一的国家意思形成は，代表の自由な討論により行うものとされた。もっとも，その後，民主化の進展により普通選挙制が導入されると，議会内での階級対立が激しくなり，自由な討論による統一的国家意思の形成が困難になってきたことから，純粋代表に加えて，民意に事実上拘束されるとする半代表の考えもとり入れるべきと考えられるようになった。

(b) 「国権の最高機関」（41条）の意味

「最高機関」の意味として，国会が他の国家機関を統括するものとして法的意味を認める説もある（統括機関説）が，このような理解は権力分立に反する。そこで通説は，国会議員が国民から直接選ばれることから国会は主権者たる国民に最も近く，また国会は立法権や憲法改正の発議権など重要な権限をもっていることから，国会が国政において重要な機関であることを政治的に宣言したものと解している（政治的美称説）。

(c) 「唯一の立法機関」（41条）の意味

「立法」とは実質的意味の立法，すなわち国会が制定すべき法規範である。実務では，それは，国民の権利を制限し義務を課する法規範（法規）で，国民に権利を付与する場合は，法律の制定は不要であるとされる。これに対し，有力説は，本質的に重要な事柄には国民代表であり公開性が担保される国会の同意と規律が必要であるとする（本質性理論）。

また「唯一の」とは，2つの原則，すなわち国会中心立法の原則と国会単独立法の原則を意味する。

国会中心立法の原則とは，国会だけが，実質的意味の立法を行うことができるとするものである。明治憲法が天皇の独立命令や緊急命令を認め，天皇に独自の立法権を認めていたことに対するアンチテーゼである。上記原則の憲法上の例外として，議院の規則制定権（58条2項），最高裁判所の規則制定権（77条1項）がある。

国会中心立法の原則との関係で，法律の命令への委任が許されるかが問題となる。命令とは行政機関が制定する法規範であり，執行命令と委任命令に区別される。執行命令は法律を執行するための手続などを定めるもので，行政機関が実体的な判断を行うものではないため許される。これに対し，委任命令は行政機関が実体的な判断を行うものであり，そもそも法律の命令への委任が国会中心立法の原則に反しないかが問われる。たしかに，本質的に重要な事柄については国民代表たる国会が決めるべきであるが，専門的・技術的な事柄は専門性のある行政機関に委ねたほうがよりよいであろうし，また公正性が強く要求される事柄は内閣から独立した行政委員会（→3⑶）にむしろ委ねるべきであろう。そして人権侵害の危険性の大きい罰則についてさえ，法律の委任があれば政令で定めうると解されている（73条6号ただし書）のだから，法律の命令への委任は，基本的な方針等を示さない一般的・包括的な白紙委任は違憲となるが，基本的な政策決定は国会自身が行う個別的・具体的委任であれば憲法上許されると解されている。他方，受任する命令の側では，委任する法律の枠内にとどまらなければならず，枠を超えた場合は違法となる（→ **Column3**-⑦）。

国会単独立法の原則とは，国会だけで法律を制定することができるとするものである。明治憲法が法律の制定には天皇の裁可を必要としていたことに対するアンチテーゼである。上記原則の憲法上の例外として，特定の地方公共団体にのみ適用される特別法制定における住民投票（95条）がある。

⑵ 議院とその権能：二院制と衆議院の優越

日本国憲法は衆議院と参議院の二院制を採用している。二院制の類型として，民選議員に加えて，州の代表である議院（アメリカでは上院がこれにあたる）がおかれている連邦制型や，明治憲法のように貴族の代表である貴族院がおかれている貴族院型がある。これらに対し，日本国憲法の二院制は，どちらも民選議院であることから，それらの存在意義が問題となる。この点，審議の慎重性の確保や，民意の多角的な反映などの意義が指摘されている。

Column3-⑦ 行政立法

行政機関が行う立法作用を行政立法という。また行政機関が制定する法を総称して命令という。行政命令はその制定機関により名称が異なる。内閣府が制定する政令（憲法 73 条 6 号，内閣法 11 条），各省大臣が制定する省令（行組 12 条），各外局の長や行政委員会が発する規則（国家行政組織法 13 条）等の形式がある。これに対し，行政規則とは，通達等，行政内部に向け，行政組織のために定められる規範のことで，国民に対する拘束力はない。

受任された命令が委任する法律の趣旨に反するとして，最高裁により違法とされた例は複数ある。たとえば，児童扶養手当法の委任に基づき制定された同法施行令旧 1 条の 2 第 3 号が，児童扶養手当の支給対象として婚姻外懐胎児童を規定したうえで，「(父から認知された児童を除く。)」としていたことにつき，かっこ部分は法の趣旨に反するものとして違法とされた（最判平成 14・1・31 民集 56 巻 1 号 246 頁〔児童扶養手当法施行令違法判決〕）。

衆議院は参議院より任期が短く（45 条・46 条），解散もあるため，民意をより反映しやすいことから，衆議院の優越が認められている。衆議院は予算について先議権をもち（60 条），また予算，条約承認，内閣総理大臣の指名について意見が対立した場合は，衆議院の議決が優先する（60 条 2 項・61 条・67 条 2 項）。もっとも，法律の制定については，衆議院の優越は認められるものの，その程度は弱い。すなわち，参議院で否決された場合，衆議院で特別多数決の 3 分の 2 以上で可決されない限り，法律は制定されない（59 条 2 項）。

(3) 国会議員の特権

国会議員には，会期中の不逮捕特権（50 条），免責特権（51 条），歳費請求権（49 条）といった特権が認められているが，それぞれ議会制の歴史を背景とした正当な理由によるもので，比較法的にみても認められている。会期中の不逮捕特権の趣旨は，不当逮捕の禁止による国会議員の職務遂行の確保とする見解と，議院の審議権の確保とする見解で分かれている。また免責特権は，議院での発言や表決につき刑事・民事の責任を問われないとするもので，国会議員の職務遂行確保の趣旨と解されている。さらに歳費請求権は，普通選挙制の導入を受けて財産をもたない者も議員になれるように配慮したものである。

3. 内閣（第５章）

⑴ 議院内閣制

議会と行政府の関係については，①大統領制，②議院内閣制などがある。大統領制は行政府の長が国民から直接選挙されるもので，議会と行政府は厳格に分立している。他方，議院内閣制は，行政の長が議会の多数派から選ばれるもので，議会と行政府は一応分離しているものの，内閣は議会に対し政治責任を負い協働関係にある。議院内閣制は，イギリスにおける民主化の進展のなかで，予算などについて議会の協力を得るために自然発生的に生まれたものである。日本国憲法は，内閣の国会に対する連帯責任（66条3項）などを規定しており，議院内閣制を採用している。

⑵ 「行政権」（65条）の意味

憲法65条は，行政権は内閣に属するとしており，行政権の意味が問題となる。この点，すべての国家作用から立法作用と司法作用を除いた残りのすべてとする控除説が通説となっている。その理由としては，歴史的経緯に適合していること，多様な行政活動を余すことなく説明しうることがあげられる。

⑶ 行政委員会の合憲性

（独立）行政委員会とは，法律により内閣から独立して職権行使することが認められている合議制の行政機関で，人事院や公正取引委員会などがある。また最近では，番号法（通称マイナンバー法）の制定を受け，2014年に特定個人情報保護委員会が設置され，2016年に個人情報保護法も所管とする個人情報保護委員会に改組されている。

こうした行政委員会が，憲法65条により行政権を内閣に集中させ，憲法66条3項により行政権の行使につき内閣を通じて国会による民主的コントロールを及ぼそうとした憲法の趣旨に反しないかが問題となる。専門的技術性や，特に政治的中立性が求められる事柄については，むしろ民主的コントロールになじまないことから，また上記以外の事柄については，国会が直接コントロールを及ぼせばよいことから，合憲と解されている。

⑷ 衆議院の解散権

衆議院の解散について言及する規定として憲法7条や69条があるが，解散権をどの国家機関がもつかを明示する規定はない。学説のほとんどや実務は内閣に解散権があると解しているが，その根拠や説明の仕方について議論がある。

通説・実務は，衆議院の解散を天皇の国事行為として定める憲法7条に根拠を求めている。天皇は政治的権能を一切有しない（4条）ことから，国事行為に対する助言と承認を通じて，内閣が解散を実質的に決定するものと解している。

それ以外の学説は，天皇の国事行為はもともと形式的・儀礼的なものであるから，それに対する助言と承認を通じて内閣が決定することはできないとして，7条以外に，内閣に解散権がある根拠を求めている。内閣不信任案が可決された場合に衆議院が解散されない限り内閣は総辞職しなければならないと規定する69条から推測して決定権は内閣に帰属するとする説，権力分立や議院内閣制に内閣の決定権の根拠を求める説などがある。

4. 司法（第6章）

⑴ 英米型の司法権へ

明治憲法下では，大陸型（フランス・ドイツ）の司法権がとられ，行政事件については，通常の裁判所の系列にない行政裁判所で審理され，しかも，訴えることができる事項もきわめて限定されていた。

これに対し日本国憲法は，民事・刑事事件に限らず，行政事件も通常の裁判所で扱う英米型の司法権を採用した。憲法76条2項後段は，行政機関が「終審として」裁判を行うことを禁止している。もっとも，事後に通常の裁判所で争う道が残されている前審としてであれば，行政機関が裁判を行うことも許される。人事院による公務員の懲戒処分の裁定や，公正取引委員会による独占禁止法に関する審決など，既述の行政委員会（→3⑶）は準司法的作用も行っている。

なお，家庭裁判所は家庭事件等を，知的財産高等裁判所（東京高等裁判所の特別支部として設置）は知的財産権に関する事件を専門としているが，これらは最高裁判所のもと，通常の裁判所の系列にあり，76条2項前段で設置が禁止されている「特別裁判所」ではない。

⑵ 「司法権」（76条1項）の意味

司法権の伝統的な定義によれば，司法権とは「具体的な争訟について，法を

Column3-⑧　部分社会の法理

最高裁によれば，一般市民社会とは異なる独自の規範をもつ団体は特殊な部分社会として，団体内部の紛争について司法審査は及ばないとされている。部分社会論が妥当するものとして最高裁は，地方議会の議員の出席停止処分，大学の単位認定処分などを示していた。これに対し，学説は，団体の自治を尊重する憲法上の根拠は団体ごとに異なること，裁判を受ける権利（32条）を侵害することを理由に批判してきた。地方議会での議員の出席停止処分について最高裁は判例変更を行い，議員としての中核的な活動ができなくなることから議員の権利行使の一時的制限にすぎないとはいえないと述べ，「法律上の争訟」として司法審査の対象になるとした（最大判令和2・11・25民集74巻8号2229頁〔市議会議員出席停止処分取消請求事件〕）。

適用し，宣言することによって，これを裁定する国家の作用」とされている。この伝統的な定義は，歴史をふまえ民事事件をモデルに定義されたものであり，「具体的な争訟」とは，裁判所法3条1項の「法律上の争訟」と同義とされ，それは判例によれば，①「当事者間の具体的な権利義務ないし法律関係の存否に関する紛争」で，②「法令の適用により最終的に解決することができるもの」とされている（最判昭和56・4・7民集35巻3号443頁〔板まんだら事件〕）。

もっとも，上記の定義によれば，個人の具体的な権利義務などに関わらないが行政活動の適法性を審査するための客観訴訟（行訴法42条），たとえば地方自治法の住民訴訟（242条の2）や公職選挙法の選挙無効訴訟（204条）などが司法権に含まれないことから，学説では，司法権の再定義が議論されている。

(3) 司法権の限界

そもそもの「法律上の争訟」の要件を充たさないものとしては，学問や宗教教義の真理性，自衛隊の合憲性それ自体などの抽象的な法的問題がある。

また司法権の限界，すなわち「法律上の争訟」の要件を充たしているが，他の理由により司法審査の対象とならないものがある。このような限界として，憲法の明文によるもの，国際条約によるもの，議院の自律権や内閣の内部事項を理由とするものなどがある。

特に問題となるのが，統治行為論（英米法では「政治問題の法理」と呼ばれる）である。統治行為論とは，憲法上の明文はないものの，国家行為の高度の政治性を理由に，司法審査を排除するものである。日本の最高裁でも，衆議院の解散の合憲性を争うため解散が無効であるとして任期満了までの議員歳費が請求された事件で，最高裁は統治行為論を，権力分立に由来し「司法権の憲法上の本質に内在する制約」であるとして認めた（最大判昭和35・6・8民集14巻7号1206頁〔苫米地事件〕)。また旧日米安保条約が憲法9条に反しないか争われた事件で最高裁は，裁量論が混在した変形型の統治行為論を採用し，上記条約が「一見明白に違憲無効」でない限り審査しないとし，政治部門，最終的には主権者たる国民の判断に委ねられるとした（最大判昭和34・12・16刑集13巻13号3225頁〔砂川事件〕)。

(4) 司法権の独立（76条3項）

法の支配を確保するためには，裁判所が国会・内閣といった政治部門から独立していなければならない（広義の司法権の独立)。そのために，最高裁判所には規則制定権（憲法77条）や司法行政事務（裁判所法12条）が認められている。法の支配を確保するためには，さらに，裁判所内部での裁判官の独立が保障されなければならず，これこそが司法権の独立の核心である。そのために，憲法は76条3項で裁判官の職権行使の独立性を保障するとともに，裁判官の身分保障を厚く規定している（78条・80条2項)。

5. 財政（第7章）

アメリカ独立戦争は，本国イギリスが植民地アメリカに一方的に課税したことに対し，「代表なくして課税なし」のスローガンを掲げ抗議したことから始まった。フランス革命もまた，増税をするために国王が身分代表の三部会を招集したことを契機とした。このように，財政に対する民主的コントロールの確保こそが，近代立憲主義の始まりであった。

(1) 財政民主主義（83条）と租税法律主義（84条）

憲法83条は，財政は国民代表たる国会が中心となって処理を行うとする，財政民主主義を定めている。

また憲法84条は，租税法律主義を定めている。租税賦課という国民に義務を課すものの典型について，上記の法規説（→2(1)(c)）を厳格化・明文化したものとされる。課税要件および賦課徴収手続の法定とともに明確性が要求される。

最高裁は，「租税」とは反対給付なく強制的に賦課されるものであるとして，国民健康保険料は反対給付（保険給付）があるため租税には当たらないとしたが，その場合でも，賦課徴収の強制の度合い等の総合考慮により，租税法律主義の趣旨が妥当しうるとした（最大判平成18・3・1民集60巻2号587頁〔旭川市国民健康保険条例事件〕）。

⑵ 公金支出の禁止（89条後段）

「公の支配に属しない慈善，教育若しくは博愛の事業」に対し公金を支出することは禁止されており（89条後段），とりわけ私学助成等の合憲性が議論されてきた。禁止の趣旨を，団体の自主性の確保と解する見解は，「公の支配」を厳格に解し，公権力が団体の人事に関与するなど強い権限をもつ場合に限定することから，私学助成は違憲となる。これに対し，禁止の趣旨を濫費の防止と解する多数説は，「公の支配」について会計などの報告を求める程度の監督権で足りるとして，私学助成を合憲と解している。

Column3-⑨ 社会福祉法人の設立

社会福祉法人は，社会福祉事業に対する社会的信用や事業の健全性を維持するとともに，上記の89条後段の問題を回避するために公的規制のもと助成を受けられる，公益法人に代わる特別法人としてつくられた。もっとも，89条後段の趣旨を濫費の防止ではなく団体の自主性の確保に求める場合，現行の社会福祉法58条の規制では弱く，違憲の疑いがあると指摘されている。

6. 地方自治（第8章）

⑴ 地方自治の根拠

明治憲法には，地方自治に関する規定はなく，都道府県の長は中央から派遣された官僚で，自治は不十分であった。これに対し日本国憲法は地方自治について1章を設けて規定している。

地方自治の根拠として，自然権のような固有権と解する説がある一方，国家の承認すなわち法律に由来するものと解する説がある。通説は，地方自治制度の本質は憲法によって保障されているとする制度的保障と解している。

憲法92条は，地方自治の組織は「地方自治の本旨」にかなうよう法律で定めるとしている。「地方自治の本旨」として，団体自治と住民自治が挙げられる。団体自治とは，自治が国から独立した団体に委ねられ，団体自らの責任で行われることをいう。また住民自治とは，住民が地方自治に参加し，自治が住民の意思に基づいて行われることをいう。地方自治は「民主主義の学校」といわれるように，地方の政治で扱う事柄は身近なものであるため考えたり討論したりしやすく，住民参加に適している。制度的保障説によれば，制度の本質とは，「地方自治の本旨」としての団体自治と住民自治のこととされる。

(2) 地方公共団体の事務

地方自治法は地方公共団体の事務を，自治事務と法定受託事務に分類している。法定受託事務は本来，国が果たすべき役割に関する事務で，「国においてその適正な処理を確保する必要がある」と考えられるものであり，生活保護の受給決定に関する事務や選挙事務などがある（改正前の機関委任事務について→第**4**章第**1**節**4**）。

(3) 条例制定権とその限界

憲法94条は，自治体に条例制定権を認めている。条例は自主立法であり，命令と異なり法律の委任がなくても制定できるが，94条は「法律の範囲内」で制定することを求めている。この点，法律より規制の程度を強くする上乗せ条例や，法律が規制しない事柄を規制する横出し条例の合憲性が問題となる。かつては，法律が規定した事項について条例では制定できないとする国法先占論が主張された。これに対し，最高裁は国法先占論を緩和し，法令の趣旨・目的が，条例の当該規制を許す趣旨かどうかで判断するとした（最大判昭和50・9・10刑集29巻8号489頁〔徳島市公安条例事件〕）。

(4) 自治体の課税権

地方公共団体には自治財政権が認められ（92・94条），また地方公共団体の自主財源の中心は住民の租税であるから，自主課税権も認められなければならない。地方税法の規定に反した条例による租税賦課の合憲性が争われた事件で最高裁は，自治体は抽象的な課税権の主体であるが，租税法律主義（84条）によりその具体化は法律によって行われる必要があるとし，上記の合憲性を条例制定権の限界の問題として，自治体は課税にあたり「法律の範囲内」（94条），すなわち地方税法の範囲内で条例を定めうるにすぎないとした（最判平成 25・3・21 民集 67 巻 3 号 438 頁〔神奈川県臨時特例企業税事件〕）。

7. 条　　約

(1) 条約の意味と効力

ソーシャルワーカーの業務にも関係する障害者差別解消法や児童虐待防止法などの個別法は，2014 年に批准した障害者権利条約や 1994 年に批准した子どもの権利条約などを国内において実施すべく，具体化されたものである。

条約は国家間の合意に関する文書である。条約を締結するのは内閣である（憲法 73 条 3 号）が，事前に，時宜によっては事後に国会の承認を必要としている（同号ただし書）ことから，条約締結は内閣と国会との協働行為と解する説が有力である。国会の承認の対象となるのは，すべての条約ではなく，国民の権利義務に関わるものや，当事国の基本的関係を法的に規定するものなど重要事項に限られている。

条約の締結手続は憲法に定められ，また憲法の改正手続より簡易なため，条約の効力は憲法のそれより下位にあると解されている。他方，条約の締結手続の難易度は法律の制定手続とほぼ同じであるが，憲法は条約の遵守などを規定し（98 条 2 項）条約を特別に扱っていることから，条約の効力は法律のそれより上位にあると解されている。

(2) 違憲審査の対象

違憲審査権を定めた 81 条は違憲審査の対象として条約を明記していないこと，また憲法の最高法規性について定めた 98 条 1 項は憲法違反により無効になるものとして条約を明記していないこと，同 2 項は国際法などの遵守を定める国際協調主義を規定し，憲法は条約を特別扱いしていることから，条約が違憲審査の対象となるか問題となる。

まず前提として，憲法の効力が条約のそれより優位することが必要になるが，上記のとおり，憲法の効力のほうが優位する。次に，条約が違憲審査の対象になるかについて旧日米安保条約の合憲性が争われた事件で最高裁は，既述の統治行為論（→ 4 (3)）を用いて，上記条約は司法審査の対象とならないとしたが，それは条約が一般に違憲審査の対象となることを前提としている（上記砂川事件）。

第4章
行 政 法

第1節　行政法概説

1. 行政法とは何か

(1) ソーシャルワークと行政法

六法を開いても，行政法という名前の法律はない。これは，たとえば「民法」という科目の対象が民法という単一法典であるのとは異なる点である。

では，「行政法」は何を対象とするのか。行政活動に関わる内容を有する，ほとんど無数ともいえる法令はすべて，行政法学の対象となる。社会保障に関わる行政関係法律だけでも，社会福祉法，児童福祉法，各種虐待防止法，生活保護法，介護保険法，国民年金法，国民健康保険法など，たくさんのものが存在している。ソーシャルワークの現場においては，児童虐待問題への対応で児童相談所とやりとりをしたり，生活保護の受給関係で自治体とやりとりをしたりと，行政とのやりとりが求められる場面はたくさん存在している。行政に関する法や仕組みを理解することは，ソーシャルワークに携わる者にとってきわめて重要である。

(2) 行政法の存在理由

行政法の存在理由は，公益（社会全体の利益）の実現にあり，市民と市民の間の関係を規律する民法や，国家が市民に対して制裁を科す刑法を通じては確保することのできない保護法益が念頭に置かれている。

行政法の特色の1つに，国や地方公共団体は，法によって，市民には認められていない力を付与される場合があるということがある。たとえば，市民に対して，税金の賦課をしたり，特定の活動をするために必要な許可を出したり取り消したりというようなことは，通常の市民間の法律関係では出てこない話である。法律によって行政機関に付与された権限が恣意的に用いられて市民の権利利益を侵害することのないよう，行政の活動をいかに統制していくかが行政法学の課題である。

⑶ 行政法の3分野

先述のとおり，数多くの法律が行政法領域を構成している。これらの法律は，3つの分野に分けて把握されてきた。3つの分野とは，行政の組織・権限に関する「行政組織法」，行政が市民に対して行うさまざまな活動に関する「行政作用法」，行政活動に対する救済に関わる「行政救済法」である。最も多くの行政関係法律が属するのは「行政作用法」の分野である。

2. 行政法の最重要原理：法律による行政の原理

⑴ 法律による行政の原理とは

行政法学における最重要原理の1つが「法律による行政の原理」である。法律による行政の原理とは，行政は，法律の定めるところにより，法律に従って行われなければならないとするものであり，その目的は，行政の活動を民主的にコントロールして，国民の権利と自由を擁護することにある。

法律による行政の原理に基づけば，行政活動は法律に違反してはならず（法律の優位の原則），また，行政活動には法律の根拠（授権）が必要ということになる（法律の留保の原則）。

⑵ 法律の留保が要請される行政活動の範囲

法律の優位の原則はあらゆる行政活動に妥当するが，法律の留保の原則については，あらゆる行政活動について法律の根拠が必要となるのかどうか，そうではないとすると，法律の根拠が必要な行政活動の範囲はどのようなものかという問題がある（なお，法律の留保の原則は，議会制定法による授権を要請するものであるから，「法律」には，地方議会の制定する条例も含まれる）。

法律の根拠が必要な行政活動の範囲のあり方についてはいくつもの学説が存在するが，伝統的な通説である侵害留保説は，児童福祉施設の設置者に対する事業停止命令のように，市民の自由と財産を侵害する行政作用（侵害的行政活動）については法律の根拠が必要であるとしている。

侵害留保説に基づくと，国民に利益を付与する行政活動については，法律上の根拠は不要だ，ということになる。福祉行政は，もっぱら国民に利益を付与するものであって，給付行政・非権力行政に属する類の行政活動である。そのため，法律を制定しなくても，福祉サービスを提供することは可能である（たとえば，自治体の内部ルールである要綱に基づく給付金・補助金の支給など）。一方，法律の制定によって給付を求める権利が定められることは，福祉サービスを受ける権利が明文で保障されることを意味する。そのようなことから，福祉行政の分野については，恣意的な行政活動から国民の自由と財産を守るためという文脈で法律の制定が求められるわけではないものの，法律が制定され，明文の根拠が置かれることに重要な意義が認められる点に留意が必要である。

3. 行政法の法源

行政法の法源（行政法において，法として認識すべき規範の形式，もしくは，市民に対して法的拘束力を有するルールの形式）には，大きく分けて，成文法源と不文法源がある（→第 **2** 章第 1 節 3）。

⑴ 成 文 法 源

日本は成文法中心主義を採用しているため，成文化し制定された法源である成文法が第一義的な法源となる。

成文法には，憲法，条約，法律（国会により制定される成文法），命令（行政機関により制定される成文法。例として，内閣が制定する政令や各省が制定する省令），地方公共団体の自主法（地方公共団体が制定する条例・規則）がある。

⑵ 不 文 法 源

⒜ 不文法源とは

不文法源とは，成文化し制定されていない法源のことをいう。行政法の法源となる不文法源には，慣習法，判例法，法の一般原則がある（判例法については，判例法主義を採用する英米法諸国と異なり，日本では判決に先例拘束力が認められないので，これを法源と位置づけることができるかについては議論がある。もっとも，現実には，行政法分野では明文の定めが存在しないことが少なからずあるため，判例法は大きな役割を果たしている）。

法の一般原則とは，別名を条理ともいい，必ずしも法令上に明示されているわけではないが，一般に正義に適う普遍的原理と認められる諸原則をいう。基本法典が存在しない行政法では，重要な法源となっている。行政法事案に適用される法の一般原則の例としては，信義誠実の原則（信義則ともいわれる），比例原則，平等原則などがある。

(b) 行政法事案における信義則の適用

一般原則のうち行政法事案において特に問題となる場面が多い信義則を取り上げ，これが行政法事案に適用される場合の注意点等について検討してみたい。次のようなAさんの主張は認められるだろうか。

Case4–①

Aさんは，複数の事業所に勤務し，記号・番号の異なる3冊の年金手帳を保有していた。Aさんは，1972（昭和47）年に事故で障害を負ったため，1977（昭和52）年5月に厚生年金保険法33条（昭和60年改正前のもの）に基づいて，受給権の発生を1975年（昭和50）年10月とする障害厚生年金の支給裁定（前裁定）を受けた。その際，Aさんは，裁定請求書に年金手帳の記号・番号を1冊分しか記載しなかったため，厚生年金加入期間中の平均標準報酬月額に誤りが生じることとなり，結果として本来よりも高い額の障害厚生年金が支給されることになった。その後，2001（平成13）年8月にAさんが社会保険事務所に相談に訪れた際に，前裁定の誤りが発覚したため，社会保険庁長官は，同年9月に，前裁定を職権で取り消して1975（昭和50）年11月に遡って年金額を減額する旨の再裁定を行ったうえ，Aさんに対し，時効にかかっていない過去5年分の年金の過払い分を返済するように求めた。長年，行政による年金支給を信頼し，安心して年金を受け取り続けてきたAさんにとっては青天の霹靂のできごとであったため，Aさんは，社会保険庁長官による再裁定は，信義則に反して違法だと主張した。

信義則は，社会共同生活において，権利の行使や義務の履行は，互いに相手の信頼や期待を裏切らないように誠実に行わなければならないとする法理である。民法1条2項に明文の規定がある一方，法律関係全般に妥当性を有する一般原則として，行政上の法律関係にも適用されると解されている。行政法事案においては，行政が相容れない矛盾する行為をした場合における私人の行政に対する信頼の要保護性が問題となるため，信頼保護の原則という形で議論されることも多い。

ここで，行政法事案に対する信義則の適用に関して留意する必要のあるポイントとして，法律による行政の原理との関係がある。行政法事案において信義則の適用により私人の救済を図るということは，本来適法な処分を，信義則の適用により当該私人との関係では違法と扱う，ということを意味する（法律による行政の原理の修正を図る必要が生じる）ため，法律による行政の原理との関係でより慎重な検討が必要になるのである。

この点，社会保障給付の分野については，どうなのだろうか。

Case4–①は，実際に起きた事案をもとにしているが，まさに，処分の法適合性維持の要請と，行政活動に対する私人の信頼の保護との間でのバランスが問題となった事案である。この点，東京高裁は，過誤給付が原告の誤った申告に基づくこと，および申請主義をとる裁定において，原告が再裁定の申請を怠っていたことを理由に，信義則違反を否定した（東京高判平成16・9・7判時1905号68頁）。過払い年金事案においては，処分の法適合性の要請に加え，他の受給者との平等・公平，公的年金の原資なども考慮して，遡及的な支給取消しが適法とされるのが判例の傾向のようである（参照：片桐由喜「本件判批（過払いの年金給付の返還請求事件）」『社会保障判例百選〔第4版〕』有斐閣，2008年：97頁）。

一方，社会保障に係る給付行政の分野では，他の分野に比して，信義則の尊重がより強く要請されるとの指摘もある（原田尚彦『行政法要論〔全訂第7版（補訂2版）〕』学陽書房，2012年：35頁）。そこでは，そのような見解を裏づける例として，国籍要件に欠ける者が勧誘されて国民年金に加入し，保険料を払い続けていた場合には，信義衡平の原則上，年金裁定を拒むことはできないとした東京高裁判決（東京高判昭和58・10・20行集34巻10号1777頁）や，地方公共団体が被爆手当の申請を違法な通達に基づいて妨げておきながら当該手当の申請に対し時効を援用するのは信義則に反し許されないとした最高裁判決（最判平成19・2・6民集61巻1号122頁〔在ブラジル被爆者健康管理手当等請求事件〕）が挙げられている。

4. 行政の組織

行政の組織に関わる用語には,「行政主体」「行政機関」「行政庁」など,似ているように見えるさまざまな表現がある。これらの違いは,どのようなものなのだろうか。また,「○県知事」や「△大臣」という表現もよく出てくるが,これらは行政組織の中でどのような位置づけになるのだろうか。そして,「○県知事」と「○○県」,「△大臣」と「国」とは,それぞれどのような関係になるのだろうか。

⑴ 行 政 主 体

行政主体とは,行政上の権利義務を負い,自己の名と責任において行政活動を行う法人(自然人以外で,法律によって「人」として定められているもの)をいう。行政主体は,行政活動をめぐる法的効果の帰属先なのである。

行政主体の中でも,国と地方公共団体は,統治団体として,行政主体の典型をなしている。国(日本国)は,統治団体として最も重要な行政主体であり,また,地方公共団体は,国から独立した統治団体たる行政主体として,地方行政を担っている。

⑵ 行 政 機 関

国や地方公共団体といった行政主体は,抽象的な概念であり,現実の行政活動を実施することはできない。そのため,行政主体の頭となり手足となって実際の行政活動に従事する存在が必要になる。それが,行政機関である。行政機関は,一定の権限を割り当てられ,権限の範囲内で行政機関が行う行為の法的効果は,行政主体に帰属する。なお,ここでいう「行政機関」は,行政作用法上の権限行使に着目した概念(これを作用法的機関概念という)である。たとえば,「国土交通大臣」などという場合が該当する。一方,行政事務の配分単位に着目した「行政機関」概念もあり,その場合,「国土交通省」となる。内閣府設置法や国家行政組織法にいう「行政機関」はこちらの意味となる。

作用法的機関概念にいう行政機関は,行政庁,補助機関,諮問機関・参与機関,執行機関に分類される。

行政庁とは,行政機関のうち,行政主体のために意思を決定し,それを外部に表示する権限を有する機関である。行政主体のために法律行為をなすという,重要な役割を担う行政機関である。行政庁の典型は,各省大臣,知事,市町村長などである。

補助機関とは，行政機関のうち，行政庁の意思決定の補助をする任務を担う機関である。中央省庁や県庁，市役所などで働く職員（いわゆる「公務員」）の多くは，補助機関に該当する。

諮問機関とは，審議会・調査会など，行政庁からの諮問に対して意見を述べる機関である。諮問機関の意見は，行政庁を拘束しない。社会保障審議会や労働政策審議会などは，諮問機関としての行政機関であり，厚生労働大臣からの諮問を受けて，答申の形で意見を述べる役割を担っている。また，介護保険法に基づいて市町村が設置する介護認定審査会，同法に基づいて都道府県が設置する介護保険審査会なども，諮問機関の一種である（審議会，審査会，調査会など，第三者機関の名称には多様なものがあり，設置根拠についても，法律に基づくもの，条例に基づくもののほか，行政の内部規範に基づくものなど，多様である。当該第三者機関の法的位置づけについては，根拠法令等に照らして判断する必要がある）。一方，その意見が行政庁を法的に拘束する機関は参与機関と呼ばれる。例として，電波監理審議会などが挙げられる。

執行機関とは，行政目的を実現するために，私人の身体や財産に対して実力行使をすることができる行政機関のことをいう（地方公共団体の「執行機関」とは別の概念であることに注意が必要である）。国民に行政上の義務を強制的に履行させたり，違法な状況を排除するために，即時強制を行ったりする。警察官や消防官，自衛官等が例として挙げられる。

⑶ 行政機関の階層性

行政機関は，原則として上級・下級のピラミッド構造を成しており，これを行政機関の階層性と呼ぶ。上級行政機関は，下級行政機関に対して指揮監督権を有する（上命・下服の関係）。そのため，上級行政機関が下級行政機関に対して発する通達（大臣，庁の長，各委員会の長から所管の諸機関や職員に対して，その所掌事務に関して示達される形式の1つ。法令の解釈や運用方針に関するものが多い）は，職務命令としての位置づけを有しており，下級行政機関が通達に反して職務を行うと，職務命令違反となり，懲戒の対象となる。通達が，行政実務においてきわめて重要とされるゆえんである。

ここで注意を要するのが，国と地方の関係である。1990年代後半以降に展開された地方分権改革以前の日本においては，地方公共団体の長等を国の事務

Column4-① 「政府」という言葉の意味

本文中では，行政組織に関わる用語として「行政主体」や「行政機関」などを紹介した。これらの概念以外に，たとえば，障害者基本法などでは，「政府」という表現が出てくる。この場合の「政府」とは，どのような意味の概念なのだろうか。

政府には，広義の意味と狭義の意味があるとされる。広義では，立法・司法・行政の3つの機能を含む国家の統治機構の総称であり，狭義の意味では，日本の内閣と中央省庁をまとめたもの，ということになる（なお，内閣とは，内閣総理大臣と国務大臣からなる国の行政機関であり，中央省庁とは，1府12省庁〔1府11省1庁，1府11省2庁とされる場合あり〕からなる，内閣が統括する行政機関である）。障害者基本法における「政府」については，その文意をふまえると，狭義の意味で用いられていると解される。

を行う出先機関として扱う機関委任事務が存在し，機関委任事務に関しては，国が地方公共団体の機関に対して，拘束力のある通達を発出していた。もっとも，地方分権改革の結果，国と地方は対等となり，機関委任事務は廃止された。国については，従前の機関委任事務について認められたような自由な関与は認められなくなり，法定された形での関与しか認められなくなっている。現行制度のもとでは，法定受託事務（機関委任事務が廃止されたことに伴い，本来は国が果たすべき役割に係る事務のうちで，適正な処理を確保するため例外的に，法律またはこれに基づく政令により，国に代わって地方公共団体が処理することとされている事務。地方自治法2条9項参照）については，その事務の性質上，地方公共団体に対して「処理基準」を設けることができることになっているが（地方自治法245条の9），法定受託事務以外の自治事務については，地方公共団体を拘束するような通達を出すことはできない（自治事務について出せるのは，拘束力のない「技術的助言」にとどまる〔地方自治法245条の4〕）。たとえば，生活保護に関わる事務は法定受託事務とされているので，厚生労働大臣が生活保護に関して発出する「処理基準」は，事務を取り扱う地方公共団体の意思決定を拘束する（地方自治について→第3章第3節6）。

第2節　行政行為

生活保護を例にとると，生活保護の受給が認められる場合，行政庁により「受給の決定」が行われる。また，行政庁がもはや生活保護は不要だと判断した場合，「生活保護の廃止決定」が行われる。「受給の決定」や「生活保護の廃止決定」はいずれも，行政法学において「行政行為」と呼ばれる行為形式の行政活動である。この「行政行為」は，どのような特質を有する行政活動なのだろうか。

1．行政行為と（行政）処分

行政機関が行う行政活動にはさまざまな種類のものが存在する。これらの行政活動の法的な性質を検討する際に，1つの目安となるのが，その行政活動が「権力的な行政活動」なのか，「非権力的な行政活動」なのかという視点である。

非権力的な行政活動の例としては，相手方に対して拘束力を有さず，あくまで相手方の任意の協力を前提とする「行政指導」や，相手方の同意をもって成立する「行政契約」などがある。

権力的な行政活動は，一方的に権利義務関係を形成（設定・変更・廃止）する行為や，相手方の同意なしに国民の身体や財産に対して強制力を行使する行為をいう。そして，そのような行政活動の代表例が「行政行為」である。

行政行為は，学問上の概念であり，制定法上用いられる概念ではないため，行政行為の定義は学説により必ずしも一致しないが，一般的には，行政庁が，法律に基づき，公権力の行使として，直接・具体的に国民の権利義務を規律する行為をいうとされている。行政行為概念の特質としては，一般的に，次の点が挙がることが多い。すなわち，①行政行為を行う権限は法律に定められている必要があること，②行政指導などとは異なり，国民の権利義務を決定する法的効果があること，③行政庁による一方的判断によって行われるので，相手方の同意が必要な行政契約などとは異なり，相手方の同意は不要であること，④抽象的・一般的な行政立法などとは異なり，その効果が国民の権利義務に個別具体的に及ぶこと，である。

ここで，行政行為と似た概念として「（行政）処分」がある。行政行為は学問上の概念で，あくまで理論的見地から，一定の特質を有する行政活動を他から区別するために設定されたものである一方で，（行政）処分は，法令上用いられている概念である。このように，両概念の位置づけは異なっているものの，その内容については重なっている部分が大きいため，ほぼ同義と考えてもよいだろう。

2. 行政行為の種類

(1) 行政行為の種類

行政行為については，伝統的に，民法における意思表示理論を参考とした分類が行われてきた（行政行為を，大きく「法律行為的行政行為」〔行政庁に効果意思があることにより法的効果が発生する場合〕と「準法律行為的行政行為」〔効果意思は存在しないが法律がある事実行為をとらえて特に法的効果を与える場合〕に分け，さらに，それぞれを細分類する）。

しかし，このような伝統的な分類論に対しては学説上厳しい批判がなされていることもあり，ここでは，分類の中でも重要な意義を有するものについて理解をすれば十分であると考えられる。そこで，以下では，ソーシャルワークの実務においても特に重要な意味を有すると思われる，許可・特許・認可の３つの分類について取り上げる。

(a) 許　可

許可は，本来誰でも享受できる個人の自由を，公共の福祉の観点からあらかじめ一般的に禁止しておき，個別の申請に基づいて禁止を解除する行政行為であり，各種営業許可のように，営業規制の多くはこれに該当する。社会福祉分野でいうと，たとえば，国・都道府県・市町村および社会福祉法人以外の者が施設を設置して営む第１種社会福祉事業の許可（社会福祉法 62 条 2 項）は，この許可に該当する行政行為である（参考までに，国・都道府県・市町村および社会福祉法人が施設を設置して第１種社会福祉事業を営む場合は，都道府県知事に対して「届出」をすればよいとされている〔社会福祉法 62 条 1 項〕。許可の場合は，行政庁による許可の判断が出されない限り，当該行為をすることはできないが，届出の場合は，要件を満たした届出〔行政手続法 2 条 7 号参照〕がなされれば，当該行為をすることができる）。

許可については，本来個人が有する自由を，法令によって制限をかけているので，許可を与えるか否かについての行政庁の裁量の幅は狭いと解されており（裁量について→第 6 節 3），法定された要件を満たすならば，許可は与えられなければならないという方向で解釈される。また，許可は，害悪の発生防止という目的に基づく規制であり，許可を受けずに行った行為（たとえば，無許可者が締結した契約など）を法律上無効と扱う必然性はないと考えられている。

(b) 特　許

許可が市民の本来的自由に対する規制であるのに対し，特許は，本来的自由に属さない特権ないし特別の能力を行政庁が付与する行為になる（特許法上の特許とは異なる概念である点に注意が必要である）。法文上は，許可と表現される場合も多い（道路法に基づく道路占用許可などは，「許可」の表現が用いられているが，学問上の分類では特許に位置づけられる）。

特許については，市民の本来的自由に関わる話ではないので，その付与について行政庁に広い裁量が認められるとされている。また，特許を受けずに行った行為については，それを行う権能がないのであるから，法的に無効と解釈されるのが原則となっている。

(c) 認　可

認可は，私人相互間の法律効果を補充して完成させる行政行為である。認可が必要な行為が無認可である場合，原則として当該行為は無効とされるものの，許可と異なり，処罰や強制措置の対象とはならないのが一般的である。たとえば，農地を売買する場合，農業委員会の許可が必要とされる（農地法3条1項）。この許可がないと，売買契約の効力は生じないので，この農地法上の許可は，学問上の認可に該当するとされている。

(2) 法令用語と分類論の関係

ここまで述べてきた分類は，あくまで理論的（学問的）な視点からの分類であり，法令上の表現とは必ずしも一致しない点に注意が必要である（先の農地法3条1項の許可について，法文上は「許可」という表現が採用されているが，学問上の分類では「認可」に該当する，といったように）（→ **Column4**-②）。たとえば，ある仕組みが理論上の許可制に該当するのか，認可制に該当するのかといった判断に際して，法律上の用語は決め手にならない（たとえば，法文上では「認可」とされているが，理論的には「許可」に該当する，など）。

そのため，各行政行為の法的性質を決するにあたっては，根拠法律の趣旨を探るほかないとされているが，先の「許可」「認可」に関する説明をふまえれば，たとえば，行政規制違反について罰則規定があれば，「許可」であるとい

Column4-②　保育所の設立「認可」の法的性質

国・自治体以外の者が認可保育所（児童福祉施設）を設立するにあたっては，都道府県知事による「認可」が必要とされている（児童福祉法 35 条 4 項）。ここでいう「認可」は，法的にはどのような性質を有するのだろうか。

この点，児童福祉法上には，違反について民事法上の効力を否定する条文は見られない。そうすると，児童福祉法 35 条 4 項に基づく認可は，講学上の「認可」とは異なるということになりそうである。一方，児童福祉法 35 条 4 項が定めている「認可」の内容を考えると，当該認可については，一般市民が有しない地位を特別に付与する内容も見られることから，「特許」的な性質を有するものとして解することができそうである。

先に本文で言及したとおり，行政行為の法的性質は，法文上の表現にかかわらず，根拠法に基づく規制の趣旨や仕組みをふまえて判断する必要がある。法文上「認可」という表現が採用されていたとしても，必ずしも講学上の「認可」に該当するわけではないのである。

うことになり，他方，行政規制違反について民事法上の効力を否定する条文があれば，「認可」ということがいえよう。

3. 行政行為の効力

行政行為はどのような効力を有するのだろうか。行政行為には，一般的に，私人間における法律行為にはない特別な効力が認められている。その代表的なものが公定力であり，そのほか，不可争力，執行力，不可変更力等を挙げることができる。

Case4-②をベースに，行政行為の効力について考えてみたい。B さんは，示された期間を過ぎると，通知内容に不満でも，不服を申し立てることはできないのだろうか。

Case4-②

生活に困窮していた B さんが，生活保護の申請を行ったところ，しばらく経った後で，生活保護申請却下処分の通知書が郵送されてきた。通知書の最後には，次のような注意書きが記載されていた。

「この処分に不服があるときは，この通知書を受け取った翌日から起算して

3カ月以内に，○県知事に対して審査請求ができます。」

(1) 公　定　力

公定力とは，行政行為が重大かつ明白な瑕疵により当然に無効である場合を除き，権限ある行政庁により取り消されるか，司法手続により違法の確認等がなされない限りは，有効な行政処分として相手方や第三者を拘束する効力のことをいう。したがって，行政行為に該当する行為については，当該行為が無効である場合を除き（行政行為の無効について→4），私人の側からその効力の取消しを求めるためには，①行政不服審査の仕組みを利用して不服申立てをし，行政庁に当該行為を取り消してもらうか，②行政行為の取消しを求めて取消訴訟（行政訴訟の一種）を提起し，裁判所に取り消してもらわない限り，当該行政行為は，たとえ違法であっても，有効なまま当事者を拘束することになる。

Case4-②のBさんについて，生活保護申請の却下処分は行政行為に該当するため，公定力が問題となりうる。さらに，生活保護法に基づく処分については，生活保護法69条において不服申立前置主義が採用されており，行政不服申立てを経てからでないと取消訴訟を提起することはできないとされている（→第5節1）。したがって，Bさんは，不服申立期間内に不服申立てを行わないと，Bさんの側から生活保護決定の違法を争うことは原則できないことになる。

ここで，公定力に関する論点として，国家賠償請求訴訟との関係がある。これはすなわち，ある違法な行政行為について，国家賠償請求をしようとする際に，あらかじめ取消訴訟を提起して当該行政行為の効力を否定しておく必要はあるか（取消訴訟を経ていないと，国家賠償請求をすることはできないのか）という問題である。これについて，最高裁は，行政処分（行政行為）が違法であることを理由として国家賠償請求をするにあたり，あらかじめ当該行政処分について取消しまたは無効確認の判決を得なければならないものではないとしている（最判昭和36・4・21民集15巻4号850頁。学説も同様）。

なお，従前は，課税処分のように金銭の支払いに関わる行政行為については，課税処分の違法性を主張内容とする国家賠償をただちに認めると，税法上用意された特別な不服申立てや行政事件訴訟の仕組みが実質的に無意味になりかねないとして，このような場合には国家賠償請求を認めるべきではないとする見解もあった。しかし，最高裁は，租税事件についても，あらかじめ取消訴訟を提起しなくても国家賠償請求訴訟が可能だとする判断を示したほか（最判平成22・6・3民集64巻4号1010頁〔冷凍倉庫事件〕），生活保護の廃止決定の違法性を抗告訴訟で争うことなく国家賠償請求が可能なことを前提とした判断を示すに至っており（最判平成26・10・23判時2245号10頁），判例上は，金銭給付を内容とする行政行為についても，抗告訴訟を経ることなく国家賠償請求をすることができるとする考えが定着している。したがって，たとえば，**Case4**–②のBさんが，自分に対して行われた生活保護申請却下処分が違法だと思う一方で，不服申立期間を過ぎて当該決定の効力を取り消すことは原則できなくなったとしても，国家賠償請求をして金銭的賠償を求めることはできる，ということになる。

(2) 不 可 争 力

不可争力は，公定力とセットの関係にある効力である。すなわち，公定力のところで述べたとおり，行政行為については，不服申立期間もしくは出訴期間を過ぎてしまった場合，もはや国民の側からは，原則として，当該行政行為の効力の取消しを求めることができなくなる。このように，一定期間を経過すると，私人の側から行政行為の効力を争うことができなくなる効力を，不可争力という。

(3) 不可変更力

不可変更力は，行政庁がいったん下した判断については，その判断を下した行政庁自身は（職権）取消しや撤回（→5），変更ができなくなる力のことをいう。この効力は，行政行為一般について認められるものではなく，審査請求に対する裁決など，争訟裁断的な（紛争に対して判断を下し，その紛争を終わらせる）性質を有する行政行為についてのみ認められる。

(4) 執 行 力

行政行為の内容を行政庁が自力で実現することができる効力を執行力（もしくは自力執行力）という。詳しくは，後の行政上の強制執行のところで述べるが（→第4節1），私人には自力救済が禁止されているので，行政にこの効力が認められると，非常に大きな特権となる。もっとも，法律の留保の原則により，たとえば，私人が命令に従わない場合，行政自身がこれを強制的に実現するには，命令を根拠づける規定のほかに，別途法律の根拠が必要となる。したがって，現代の日本においては，執行力は，行政行為についてあまねく認められる効力ではなく，当該行政行為が私人に法的義務を課し，法律により行政的執行が認められる場合にのみ当てはまるということになる。

4. 行政行為の瑕疵

行政行為については，取消訴訟の出訴期間（不服申立前置の場合には不服申立期間）を過ぎてしまった場合，もはや国民の側からは，原則として，当該行政行為の効力の取消しを求めることができなくなるというのは，すでに述べた。しかし，このような扱いを正当化するにはあまりにも重大な瑕疵（違法原因）が行政行為にある場合には，私人の救済との関係で，例外的扱いが認められる必要がある。そこで，判例・学説は，行政行為の瑕疵を，「取り消しうべき瑕疵」（原則）と「無効の瑕疵」（例外）とに分け，「無効の瑕疵」が認められる行政行為については，取消訴訟の出訴期間が過ぎた後でも，取消訴訟以外の訴訟（→第 6 節 4）で争うことができるとするようになった。

たとえば，**Case4**–②の B さんが，処分通知書を見て自分に対して行われた処分が違法だとは思ったものの，どう行動すべきかわからないうちに不服申立期間が過ぎてしまった，というような場合，もし処分の違法が「無効の瑕疵」であると認められれば，処分の効力を（取消訴訟以外の訴訟手段で）争う余地が出てくる。違法な行政行為に対する私人の救済という意味では，「取り消しうべき瑕疵」と「無効の瑕疵」の区別の基準は非常に重要なのである。

図 4–1　取り消しうべき瑕疵と無効の瑕疵の訴訟手段の違い

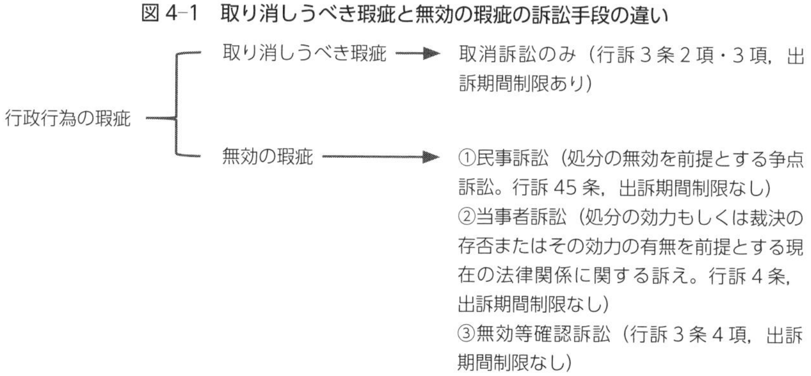

この点について，通説的見解は，無効の瑕疵とは，①瑕疵が重要な法規違反であること（瑕疵の重大性），②当該瑕疵の存在が明白であること（瑕疵の明白性），の2要件を満たすものであるとする（重大明白説）。一方で，著しく重大な瑕疵が一見して明白とまではいえない場合に，基本的には重大明白説によりつつも，具体的な利益状況を考慮し，場合によっては明白性の要件は不要とする立場も有力になってきている（明白性補充要件説，最判昭和48・4・26民集27巻3号629頁〔譲渡所得誤認課税事件〕参照）。

5. 行政行為の職権取消し・撤回

行政行為を決定した行政庁は，決定後に，それが違法であったこと等を発見し，あるいは事情の変更等に照らして公益的な見地からそれを維持していくことが適当ではないと認めるときは，法治主義の要請により，行政庁自ら有する職務上の権限（職権）によって，行政行為の効力を失わせることが求められる。そのための手段が，「職権取消し」と「撤回」である。

職権取消しは，行政行為に当初からある瑕疵を理由に，行政庁がその効力を失わせることをいう。一方，撤回とは，成立当初は適法であった行政行為の効力を，事後的な事情の変化を理由に失わせることをいう。職権取消しと撤回は，あくまで学問上（理論上）の区別に基づく概念であるから，法律の条文では，いずれも単に「取消し」と表現されることが一般的である。

職権取消しの場合は，当初からある瑕疵を理由としているので，取消しの効果は，原則として，処分時に遡るとされている。一方，撤回については，処分時には瑕疵がなく，その後の事情変化によって公益上，効力を維持することが適当でなくなったときに行われる処分であるから，原則として遡及効はない（撤回の時点から効力を発揮する）とされている。

瑕疵ある行政行為は維持されるべきではないので，行政庁は速やかに職権に基づき取消しないし撤回をすべきだ，ということになるわけであるが，ここで問題となるのが，授益的行政行為（相手方に利益を付与する内容の行政行為）については行政庁による自由な取消しや撤回が認められるのかどうか，という点である。これはすなわち，授益的行政行為については，職権取消し（もしくは撤回）によって相手方が不利益を受けることになるから，職権取消し（もしくは撤回）の是非を考える際には，その点をふまえる必要があるのではないか，という論点である。最高裁は，職権取消しの是非について，「処分の取消によつて生ずる不利益と，取消をしないことによつてかかる処分に基づきすでに生じた効果をそのまま維持することの不利益とを比較考量し，しかも該処分を放置することが公共の福祉の要請に照らし著しく不当であると認められるときに限り，これを取り消すことができる」という一般的判断枠組みを提示している（最判昭和 43・11・7 民集 22 巻 12 号 2421 頁。なお，〔授益的〕行政行為の撤回については，最判昭和 63・6・17 判時 1289 号 39 頁〔菊田医師事件〕を参照）。

また，特に社会保障給付に関わる処分については，職権取消しが認められるとして，当該処分が遡及的に効果を失った場合，過去に受けた給付分を返還する義務が生じるのかどうかという点も問題となる。

この点，先に信義則に関わる事案として挙げた **Case4**–①は，授益的行政行為の職権取消しについて問題になったものと見ることもできる事案である。先述のとおり，これは，実在の事案をモデルとしている。東京高裁平成 16 年判決は，社会保険庁長官による前裁定の職権取消しおよび再裁定につき，厚生年金保険法の趣旨に鑑みると，法は，年金の過誤払いがあった場合には，年金財源確保の見地から，可及的に返還を求めるべきことを公益上の必要としていることが明らかであり，違法な裁定の効力をそのまま維持することは，公益に著しく反するものとした。そのうえで，本件における前裁定を取り消さない場合の公益上の不利益と，取消しによって処分の相手方（1 審原告）が被る不利益を比較考量すれば，「前裁定を取り消すことなく放置することは，公共の福祉の要請に照らし著しく不当である」と判断した。さらに，東京高裁平成 16 年判決の事案では，1 審原告により，社会保険庁長官は 21 年間も前裁定を放置したのであるから，前裁定の取消しは信義則違反だとする主張もされたが，認められなかった。結論として，国は，処分の相手方に対して過払いの年金額について不当利得返還請求権を有し，1 審原告は，過払いを受けたことについて悪意であったとは認められないから，利益の現存する限度においてこれを返還する義務を負うとした（過去の支給分については，当該者に帰責性がないことや信義則違反を理由に遡及的取消しを否定した下級審判決もある。東京地判平成 9・2・27 判時 1607 号 30 頁）。

なお，東京高裁平成 16 年判決は，基本的視点として，限られた年金財源を効率的に利用するという制度趣旨，受給者間の公平・平等の確保，原告が申告時に不正確な申告をしていたこと，過払い分を将来の年金から少しずつ減額する分割延納方式の存在等をふまえての判断であった点に留意が必要である。

第3節　行政手続

1．行政手続法の概要

(1) 行政手続法の目的と対象

行政手続法1条1項は，同法の目的として，①行政運営における公正の確保と透明性の向上を図り，②もって国民の権利利益の保護に資することを定めている。この目的規定からは，行政手続法の主目的が，国民の個人的権利利益の保護にあることがわかる。

また，行政手続法1条1項は，同法の規律対象が，①処分，②行政指導，③届出，④命令等の制定，であるとしている。したがって，行政手続法は，これら以外の行政の行為形式（行政計画，行政調査，義務履行確保等）については規律していない。

(2) 行政手続法の適用関係

行政手続法は一般法としての位置づけを有する法律であり，処分・行政指導・届出・命令等の制定について一般的規律を定めている。一方で，処分・行政指導・届出・命令等に該当する行為であっても，国会が行う処分など，一定の類型については，行政手続法の適用が一部または全部除外されている（行手3条）。また，地方公共団体の処分・届出について，条例および規則に根拠がある場合，行政手続法は適用されない。また，地方公共団体が行うすべての行政指導および命令等にも行政手続法の適用はない（行手3条3項。これはあくまで「行政手続法」の適用はないということであって，地方公共団体が行う行政指導や命令等についても，各地方公共団体が制定する行政手続条例の適用はある）。国または地方公共団体の機関に対する処分等についても，行政手続法の適用が除外されている（行手4条）。

このように，行政手続法は，一般法としての位置づけを有しながらも，その定めが（一部を含め）適用除外されるケースは，実際には相当多い。さらに，行政手続法1条2項は，個別法において別途手続が定められている場合には，個別法における手続が優先適用されることとしている。そのため，行政手続法がストレートに適用されるケースというのは，そこまで多くない。

特に，社会保障分野は，個別法において行政手続法の適用除外を定めていたり，独自の手続規定を置いていたりするケースが多いので，注意が必要である。たとえば，社会福祉分野における措置処分に関しては，（行政手続法3条1項によってではなく）個別の法律で一部適用除外とする等の定めが置かれている。福祉の措置は，行政機関と被措置者との間で継続的に密接に意見を交換しながら行われるべきものであり，福祉固有の手続的な考え方がありうるとされているのである（秋元美世・本沢巳代子編『ソーシャルワーカーのための法学〔第2版〕』有斐閣，2008年：174頁）。したがって，児童福祉法に基づく措置解除や生活保護の変更・停止・廃止処分などは，個々の法律に行政手続法の手続とは異なった手続規定が置かれている。

2. （行政）処分手続

(1) 行政手続法における処分手続の特徴

行政手続法は，処分を「申請に対する処分」と「不利益処分」とに分け，それぞれについて手続を定めている（申請に対する処分については行政手続法第2章の各手続，不利益処分については行政手続法第3章の各手続）。このように処分手続を二分する考えは，1993年の行政手続法制定時にすでに存在した一般法理を確認したものではなく，同法を契機に新しく登場したものであり，日本の行政手続法独自の類型論である。ここでは，国民からの「申請」を経た処分であるか否かで，当該処分に適用される手続が異なっている。

(2) 申請に対する処分に係る手続

(a) 申請に対する処分とは

ここで改めて，「申請」とは何かについて確認しておくと，行政手続法は「申請」を「法令に基づき，行政庁の許可，認可，免許その他の自己に対し何らかの利益を付与する処分（以下「許認可等」という。）を求める行為であって，当該行為に対して行政庁が諾否の応答をすべきこととされているものをいう」（行手2条3号）と定義している。行政手続法上の「申請」概念のポイントは，①「法令に基づき」行われる行為であることと，②当該行為に対して行政庁が諾否の応答をすべきこととされていること，の2点になる。このような申請の例としては，各種社会保障給付の申請を挙げることができる。

なお，行政手続法第2章の手続は，「申請」を経る必要があるので，「職権」による処分は第2章の適用を受けない。たとえば，生活保護は，要保護者からの申請に基づいて開始されることが原則とされるが，要保護者が急迫した状況にあるときは申請がなくとも保護を開始することができることになっている。申請保護手続は「申請」を経るので行政手続法第2章の適用対象となるが，職権保護手続は「申請」を経ていないので適用対象とならない。

(b) **審査基準の設定・公表（行手5条）**

審査基準とは，申請により求められた許認可等をするかどうかをその法令の定めに従って判断するために必要とされる基準である（行手2条8号ロ）。行政手続法5条は，申請に対する処分につき，①審査基準をあらかじめ定めて（行手5条1項），②行政上特別の支障があるときを除き，公にしておかなければならない（同条3項），とする。そのうえで，③行政庁が審査基準を定めるにあたっては，許認可等の性質に照らしてできる限り具体的なものとしなければならない（同条2項），とする。

審査基準が事前に設定・公表されることによって，申請者は，自らの申請に対して行政庁がどのように判断するかを予測することができる。また，行政庁も，審査基準に従って申請に対する処分を行うことで，恣意的・独断的な判断を回避することができる。

なお，審査基準は，行政裁量の統制にあたっても問題となる。この点については，改めて後述する。

(c) **標準処理期間（行手6条），情報の提供（行手9条）**

行政庁は，申請がその事務所に到達してから当該申請に対する処分をするまでに通常要すべき標準的な期間（審査に要する期間）を標準処理期間としてあらかじめ定めるよう求められている（行手6条）。また，行政庁は，申請者の求めに応じ，審査の進行状況および処分の時期の見通しを示すよう努めなければならないとされている（行手9条）。

(d) **審査の開始（行手7条）**

行政庁は，申請がその事務所に到達したときは遅滞なく審査を開始しなければならない（行手7条）。したがって，窓口で申請書の受取り（受理）を拒否することは違法となる。問題となる典型的場面としては，行政指導に従わないことを理由に，窓口で申請書の受理を拒否することなどが挙げられる（→ **Column4-③**）。

Column4-③ 自治体による，生活保護の申請者に対する「水際作戦」はどう評価される？

いわゆる「水際作戦」とは，困窮状態で福祉事務所に来た人に対し，保護の申請をさせずに追い返してしまう対応のことをいう。生活保護法に基づく保護の申請には行政手続法７条が適用されるので，このような扱いは本来行政手続法に反する違法な扱いであり，許されない。もっとも，実際は，行政手続法の制定後もこのような取扱いは多くの自治体において継続されていたとされ，たとえば，日本弁護士連合会は，2019年に，こうした実務的取扱いが行われないように制度的な手当てをする必要があるとして，「生活保護法改正要綱案」（日本弁護士連合会ウェブサイト参照）を公表するなどしている。

一方，自治体実務において広く採用されている生活保護申請前の「相談」については，生活保護実務固有の必要性（保護の緊急性の判断，様式の充足性の判断等）を指摘して，これを「行政指導」と位置づけ，行政手続法上の手続的統制を及ぼすことで，その適正化を図ろうとする見解もある（長谷川健「生活保護における窓口問題の法的分析」『自治体学』33巻2号，2020年：37頁）。

(e) 理由の提示（行手８条）

Case4-③

実は，前出 **Case4-②**のBさんに送られてきた生活保護申請却下処分の通知書には，当該処分理由として，処分の根拠規定しか挙げられておらず，Bさんは，なぜ自分の申請が却下されたのか，記載された処分理由からは具体的に知ることができなかった。

このような処分をどのように評価すべきだろうか。行政手続法8条は，申請により求められた許認可等を拒否する処分をする場合は，行政庁は，申請者に対して，原則として，当該処分の理由を示さなければならないとしている（法令上の要件や審査基準に示された客観的指標から申請拒否理由が明らかであるときは理由の提示がなくてもよいが，申請者の求めがあれば理由を提示しなければならない。行手8条1項ただし書）。

判例では，理由の提示（理由の付記ともいう）の意義は，①拒否理由を付すこととすることで，行政庁の判断の慎重と公正妥当を担保して，恣意的な判断がされることを防ぐことと，②拒否の理由を申請者に知らせることによって，後に申請者が拒否処分を争う際に便宜を与えることにあるとされてきた（たとえば，最判昭和 60・1・22 民集 39 巻 1 号 1 頁〔旅券法事件〕)。

理由の提示に関して問題となるのは，理由の提示自体はあったものの，その理由が不十分である場合である。法律上理由の提示が要求されている場合に，どの程度の理由の提示があれば十分とされるのかという点については，個別事例ごとに判断する必要があるが，最高裁は，前述の旅券法事件において，理由付記の程度は，処分の性質と理由付記を命じた法律の規定の趣旨・目的に照らして決定すべきであるとしたうえで，「一般旅券発給拒否通知書に付記すべき理由としては，いかなる事実関係に基づきいかなる法規を適用して一般旅券の発給が拒否されたかを，申請者においてその記載自体から了知しうるものでなければならず，単に発給拒否の根拠規定を示すだけでは，それによって当該規定の適用の基礎となった事実関係をも当然知りうるような場合を別として，旅券法の要求する理由付記として十分でない」とする基準を示した。旅券法事件最高裁判決は，行政手続法制定前の事案であるが，行政手続法制定後にも理由の提示の程度の指針として妥当すると考えられている。

Case4–③の生活保護申請却下処分については，生活保護法 24 条 4 項によって処分理由の付記が求められているが，その趣旨については，一般的な理由付記法理が妥当するものと思われる。そこで，前出の旅券法事件最高裁判決の示した枠組みをふまえて考えてみると，B さんの処分通知書に付されていた理由は，いかなる事実関係に基づきいかなる法規を適用して当該処分がされたかを，申請者においてその記載自体から了知しうるものとはいいがたいといえる。したがって，B さんに対してなされた処分については，理由の提示の程度が不十分で，手続的に違法な処分であるといわざるをえないであろう。

行政手続法は，申請拒否処分の場合以外に，後述する不利益処分についても処分理由の提示を求めている（行手 14 条)。不利益処分に対する理由の提示については，一級建築士免許取消処分が争われた事例の最高裁判決がある（最判平成 23・6・7 民集 65 巻 4 号 2081 頁〔一級建築士免許取消事件〕)。この最高裁判決についてのより詳細は，この次の不利益処分の項で改めて取り上げるが，この最高裁判決の判断の射程は，申請に対する処分についても及びうると解されているので，そちらも参照されたい。

(3) 不利益処分に係る手続

(a) 不利益処分とは

行政手続法は，「不利益処分」を「行政庁が，法令に基づき，特定の者を名あて人として，直接に，これに義務を課し，又はその権利を制限する処分をいう」と定義している（行手2条4号）。一方で，同法は，不利益処分手続の適用対象から，①事実上の行為および事実上の行為をするにあたりその範囲，時期等を明らかにするために法令上必要とされている手続としての処分（行手2条4号イ），②申請により求められた許認可等を拒否する処分その他申請に基づき当該申請をした者を名宛人としてされる処分（行手2条4号ロ），③名宛人となるべき者の同意のもとにすることとされている処分（行手2条4号ハ），④許認可等の効力を失わせる処分であって，当該許認可等の基礎となった事実が消滅した旨の届出があったことを理由としてされるもの（行手2条4号ニ），を除外することとしている（行手2条4号イ～ニの具体例については，たとえば，室井力ほか編著『コンメンタール行政法Ⅰ 行政手続法・行政不服審査法〔第3版〕』日本評論社，2018年：32頁以下を参照）。

上記で特に注意が必要なのは，行政手続法においては，「申請に対する拒否処分」が（不利益処分ではなく）申請に対する処分として位置づけられた点である。申請に対する拒否処分は，相手方の権利を制限する（相手方に不利益を生じさせる）内容の処分であるが，これに適用されるのは「申請に対する処分」に係る手続であって，「不利益処分」に係る手続ではない。

(b) 申請に対する処分と共通の手続規定

不利益処分に関する行政手続法第3章には，申請に対する処分と共通する手続についても規定が置かれている。行政手続法12条（処分基準）と同14条（理由の提示）であり，その趣旨は，行政手続法5条（審査基準）・8条（理由の提示）と同様である。ただし，行政手続法5条に基づく申請に対する処分の審査基準については，その設定が義務づけられている一方，行政手続法14条の処分基準については，設定が努力義務とされている。

不利益処分の理由の提示に関する近年の注目判例としては，先にも言及した一級建築士免許取消事件最高裁判決がある。一級建築士免許取消事件最高裁判決は，行政手続法14条1項に基づいて求められる理由の提示の程度について，①処分の根拠法令の規定内容，②処分基準の存否・内容，公表の有無，③処分の性質・内容，④処分の原因となる事実関係の内容等を総合考慮して決定すべきとした。ここでは，処分の根拠法令・処分の根拠となる事実のみならず，処分基準（行手 12 条）があれば，その適用関係についても理由の中に示されなければならないとした点が重要である（もっとも，同最高裁判決は，どのような場合にも処分基準の適用関係が示される必要があるとしたわけではなく，本件においては，資格を剝奪する重大な不利益処分が問題となっており，内容が複雑で，処分基準がどのように適用されたかを相手方が知ることができないような理由提示は不十分である，としたにすぎない点に注意が必要である）。

(c) 告知・聴聞の機会の確保

行政手続法第 3 章が定める不利益処分に関する諸手続の中心となるのは，いわゆる「告知・聴聞」の機会の確保に関わる手続である。

告知・聴聞とは，処分をする前に，処分の相手方に処分内容および理由を知らせ，相手方自らの意見を提出する機会を与えることにより，処分の適法性・妥当性および公権力による侵害から国民の権利利益を守ることを趣旨としている。不利益処分は，申請に対する処分とは異なり，行政庁から一方的に不利益な処分が行われるため，相手方に不意打ちにならないような配慮が必要なのである。

行政手続法第 3 章は，不利益処分の相手方からの意見聴取を行う手続として，「聴聞」と「弁明の機会の付与」の 2 種類を設けている。聴聞（行手 15 条以下）は，許可や認可の取消し，資格や地位の剝奪など，不利益の度合いが強い処分（行手 13 条 1 項 1 号参照）について実施される手厚い手続である。一方，弁明の機会の付与は，聴聞以外の場合に実施される手続で，書面による意見聴取など，聴聞に比べて簡便な手続内容となっている。

聴聞手続は，刑事裁判手続をモデルに，事実認定の適正と判断の慎重さを確保するための手続として構成されており，処分の名宛人に対する口頭意見陳述の機会の保障や，処分を行った行政庁からの一定の独立性を有した聴聞主宰者による公正な手続進行が保障されているのが特徴的である。また，処分の当事者および参加人には，文書閲覧請求権（行手 18 条）など一定の手続的権利も保障されている。

弁明の機会の付与の趣旨は，不意打ちの防止と最低限の反論機会の付与にあるので，原則として口頭意見陳述は行われず，処分の名宛人は，弁明を記載した書面の提出のみを行うこととされている（行手 29 条）。

3. 行政指導に対する手続

行政手続法は，行政指導を，「行政機関がその任務又は所掌事務の範囲内において一定の行政目的を実現するため特定の者に一定の作為又は不作為を求める指導，勧告，助言その他の行為であって処分に該当しないものをいう」（行手2条6号）と定義する。その特徴は，①命令ではなく，相手方の任意の（自発的な）協力を前提としていること，②命令ではないため，法律の根拠は不要であると一般的には解されること，である。

行政指導は，日本の行政実務において，さまざまな場面において多用されており，ソーシャルワークの現場でも，たとえば，許認可の申請に先行する事前相談において，行政側が申請の取下げや申請内容の変更を求めて行政指導を行う，というように，行政指導を通じた関与は多く行われている。

行政指導の長所としては，①先述のとおり，法律の根拠が不要であると解されているため，法制度の整備が不十分であるような場合にも，臨機応変に行政需要に応じることができること，②相手方の任意の協力を前提とするソフトな行政手法であるため，相手方との対立を回避して円滑な行政運営を可能にすること，といった点が挙げられる。その一方で，問題点としては，①行政指導は，口頭で行われて，証拠も残らないことが多く，不透明であり，恣意的に行われやすいこと，②相手方の任意の協力を前提としているにもかかわらず，事実上の強制が働いて，私人の意に反して行政指導に従わざるをえない場面もあること，といった点が挙げられる。

行政指導に認められる上記のような問題点を解消し，その透明化・適正化を目指す試みの1つとして，行政手続法における行政指導に対する規律の導入が挙げられる。

行政手続法32条は，行政指導の一般原則として，当該行政機関の任務または所掌事務の範囲を逸脱してはならないこと，行政指導の内容があくまで「相手方の任意の協力」によってのみ実現するものであることを確認している。

行政手続法33条は，相手方が行政指導に従う意思がないことを表明した後に継続して行政指導を行うことは，申請者の権利の行使を妨げるものであることにつき定めている。

行政手続法34条は，行政機関が許認可等の権限を有している場合には，行政指導に従わせる目的で，権限を行使する意思がないにもかかわらず権限を行使できることをことさらに示すことによって，行政指導に従わざるをえないような状況をつくり出してはならないとしている。

行政手続法35条は，行政指導の趣旨，内容，責任者を明確に示すこと（行手35条1項）や，相手方が書面でこれを示すことを求めたときには，行政上特別の支障がない限り，これを交付しなければならないとしている（書面交付請求権。同条3項）。

4. 届　出

従来，適法に提出された書類等については，行政機関の「受理」があってはじめて届出の効力が発生するものとされていたが，行政手続法は，行政機関の受理を必要とせず，当該届出の提出先とされている機関の事務所に「到達」したときに届出の効力が発生することとした（行手37条）。

5. 意見公募手続

1993年の行政手続法制定時には，行政立法手続に関する規定は，時期尚早として置かれなかったが，行政立法の手続強化の要請にそう形で，2005年の行政手続法改正により行政手続法第6章（38条～45条）が新設され，行政立法に関する手続（命令等の制定手続）の整備が行われることとなった。

行政手続法は，命令等に関する一般原則と，命令等の制定手続として「意見公募手続」を規定する。

行政手続法上の意見公募手続の対象となるのは「命令等」である。行政手続法2条8号は，「命令等」の具体的内容につき，「内閣又は行政機関が定める次に掲げるものをいう」としたうえで，「イ　法律に基づく命令……又は規則」「ロ　審査基準」「ハ　処分基準」「ニ　行政指導指針」の4つを挙げている。このうち，8号イにいう「法律に基づく命令」とは，政令・府省令・外局規則等をいい，処分要件を定める告示を含む。また，同じくイにいう「規則」とは，地方公共団体の定める規則を意味する。また，8号ロ・ハ・ニは，学説上行政規則に分類される（なお，行政立法をめぐる各論点については，**第3章 Column3-⑦**も参照）。

行政手続法38条は，命令等の制定に関する2つの一般原則を示している。すなわち，38条1項は，命令等を定める機関は，命令等を定めるにあたって，当該命令等が根拠法令の趣旨に適合するものとなるようにしなければならないことを定めている。また，38条2項は，命令等を定める機関は，命令等を制定した後，その実施状況や社会経済情勢の変化等を勘案し，必要に応じて，その内容の検討・見直しをする努力義務があるとする。

命令等に係る意見公募手続は，①命令等の案・関連資料の公示，②一般の意見・情報の公募，③意見・情報の提出，③提出された意見・情報の考慮，④命令等の制定・結果の公示，というような流れで実施される（行手39条以下）。

6. 手続的瑕疵の効果

行政庁が履践すべき手続を実施していなかった場合，その処分については手続的瑕疵があるとして，処分の違法事由となりうる。もっとも，手続的違法が処分の取消原因となりうるのかという点について，判例の立場は必ずしも明らかではない。履践すべき手続を実施していなかったとしても，同じ結論に至るのであれば，処分を取り消して手続をやり直させるまでの必要はないとも考えられるためである。

この点，最高裁は，個人タクシー事件（最判昭和46・10・28民集25巻7号1037頁）で許可の申請者に対する意見聴取の手続の瑕疵について，また，群馬中央バス事件（最判昭和50・5・29民集29巻5号662頁）で審議会手続の瑕疵について，いずれも，結果に影響を及ぼす可能性がある場合は，処分の取消原因になるとしている。

一方，理由の提示の不備については，判例は一貫して，結論への影響いかんを問わずに単独で処分の取消原因になるという厳しい立場をとっている。

第4節　行政の実効性確保

法令や行政行為（行政処分）に基づいて私人に一定の作為・不作為の義務が課せられたとしても，私人がおとなしく義務を履行するとは限らない。そこで，行政上の義務の遵守を確保するための各種仕組みが必要となる。行政の実効性を確保するための仕組みにはいろいろなものが存在するが，大きく分けて図4-2のように把握することが可能である。

1. 行政上の強制執行

民事法では，権利を侵害された者が実力で自らの権利の内容を実現することは原則的に許されず（これを自力救済の禁止という），権利者が自らの権利内容を

図 4-2　行政の実効性確保の仕組み

①義務履行強制のための仕組み	→行政上の強制執行（代執行，強制徴収，直接強制，執行罰） （→民事手続による執行〔利用可能範囲について議論あり［後述］〕）
②義務違反に対する制裁	→行政罰（行政刑罰，行政上の秩序罰） →その他の制裁
③即時強制	

実現しようとする際には，裁判所を通じてこれを行う必要があるとされている（具体的には，民事上の債権債務関係の場合，権利者が勝訴判決を得て，その勝訴判決を債務名義として民事執行法の定めるところに従い，裁判所の執行官などが差押えなどを行う）。

一方，行政上の法律関係では，裁判所を介在させず，行政権が自ら実力を行使して行政上の義務の内容を実現することが認められる場合がある。もっとも，行政権による実力行使は，私人の権利侵害のおそれが大きい行政活動となるので，日本国憲法下の日本においては，法律に根拠がある場合にのみ許されることとされている。

⑴ 代　執　行

他人が代わってなしうる義務（代替的作為義務）を，行政ないし行政が指定する第三者が，義務者の代わりに果たすことを，（行政）代執行という（違法建築物の除却〔取り壊し〕など）。

代執行に関する一般法である行政代執行法２条は，代執行が認められるための要件として，①その対象となる義務が，法律（法律の委任に基づく命令，規則，および条例を含む）により直接に命じられ，または法律に基づいて行政庁によって命じられたものであること，②それが代替的作為義務であること，③その義務が履行されていないこと，④他の手段によってその履行を確保することが困難であること，⑤不履行を放置することが著しく公益に反すると認められること，を挙げている。また，代執行に要した費用は，行政代執行法が国税滞納処分の例によると定めていることから，義務者から強制的に徴収することが可能となっている（代執６条１項–5 項）。

⑵ 強制徴収，直接強制等

（行政上の）強制徴収は，金銭納付義務を強制的に履行させる作用のことをいい，代表例が，国税滞納に関わる仕組みである。強制徴収に関する一般法はないが，国税以外の金銭納付義務に関しても，国税徴収法の定める手続を基本として，各個別法に「国税徴収法に規定する滞納処分の例により」と明記されることが多く，事実上，国税徴収法が強制徴収に関する一般法の機能を果たしている。

直接強制は，義務者の身体または財産に直接実力を加えて，義務を履行させる作用をいう。行政代執行法1条が「行政上の義務の履行確保に関しては，別に法律で定めるものを除いては，この法律の定めるところによる」と定めているため，直接強制についても，これについて定める個別法が必要となるが，そのような個別法は，いわゆる成田新法など，きわめてわずかの例しか存在しない。

執行罰は，義務の履行を強制するために科す罰であるが，次項の行政罰と異なるのは，行政罰は過去の義務違反に対する制裁であるのに対し，執行罰は，将来の履行を促すための手段であるという点である。したがって，執行罰は，義務が履行されるまで何度も科すことができる。執行罰について定める個別法は砂防法のみとなっているが，学説では，行政上の義務履行確保向上に向けてその有効活用を説く見解も有力である。

2. 行 政 罰

行政罰とは，行政上の義務違反に対して科される制裁であり，①刑法上の刑罰を科す行政刑罰（たとえば，道路交通法違反に対する罰金など）と，②過料を科す行政上の秩序罰（こちらは刑法上の刑罰ではない。たとえば，引っ越しをしたにもかかわらず，住民票の変更届を提出しないまま，一定期間過ぎた場合に住民基本台帳法52条2項に基づき科される，5万円以下の過料）に分けられる。

3. 即時強制

即時強制は，あらかじめ義務を課することなく，直接私人の身体または財産に強制を加える作用をいう。即時強制は，法律に基づいて行われる必要がある。この点，個別法の仕組みが数少ない直接強制や執行罰とは異なり，即時強制について定める個別法は非常に多い。また，即時強制は「行政上の義務の履行確保」に当たらない（義務の賦課を介さない）ので行政代執行法1条の反対解釈により，法律だけでなく条例で定めることも可能とされている。

即時強制は，行政機関が義務を課す行為が前置されないため，手続的保障という面で大きな問題がある（即時強制は事実上の行為であるので，行政手続法の不利益処分の定義に該当せず，行政手続法第3章の不利益処分手続も適用されない）。ソーシャルワーカーの実務においても，「感染症の予防及び感染症の患者に対する医療に関する法律」に基づく強制入院の仕組みや「精神保健及び精神障害者福祉に関する法律」が定める措置入院の仕組み，児童福祉法に基づく児童相談所長による一時保護の仕組みなど，いくつか関係しうる即時強制の仕組みがあるが，上記各仕組みはいずれも，違法に行われた場合の人権侵害が重大であることとの関係から，事前手続に対する一定の配慮が行われている（なお，感染症の予防及び感染症の患者に対する医療に関する法律に基づく強制入院の仕組みについては，2021年同法改正により，入院に応じないものに対する過料賦課の仕組みが導入されたことにより，その仕組みの法的位置づけに関する解釈が変わる可能性がある）。

第5節　行政上の救済制度

違法・不当な行政作用が行われ，それによって国民の権利利益が侵害された場合，そのような行政作用を是正し，また，当該国民の救済を図ることが必要になる。ここではまず，そのような救済を実現するための，行政上の各種仕組み（行政不服申立て，行政指導の中止等の求め・処分等の求め，行政苦情処理）についてみていくこととしよう。

1．行政不服申立て

(1) 行政不服申立て（行政不服審査）とは

Case4-④

Case4-②のBさんは，自分に対して行われた生活保護申請却下処分は違法だと考え，行政訴訟を提起して争っていきたいと考えた。そこで，ソーシャルワーカーのCさんに相談したところ，生活保護申請却下処分については，いきなり取消訴訟を提起することはできず，まずは行政不服申立てを行う必要があるという。Bさんは行政不信に陥っているので，即座に裁判所で争いたいと思っていて，納得することができない。

行政不服申立て（「行政不服申立て」と「行政不服審査」は同義である。行政不服

図 4-3　行政不服申立てと行政訴訟の違い

行政不服申立て	行政訴訟
行政権に属する機関が審理	憲法上独立を保障された裁判所による審理
国民の権利救済と行政の自己監督のための制度	司法権が違法な行政活動をチェックするための制度
簡易迅速な審理手続	法定された慎重な審理手続
低廉な費用	訴訟費用がかさむ場合あり

申立ては国民から見た場合の表現，行政不服審査は行政側から見た場合の表現になる）は，私人が，違法・不当な処分について行政機関に対して不服を申し立てる仕組みである。他の行政上の救済の仕組みとの違いは，行政不服申立ては，正式な争訟の仕組みだという点である（行政不服審査と行政訴訟をあわせて「行政争訟」という。行政不服審査と行政訴訟の違いについては，図 4-3 を参照）。正式な争訟の仕組みであり，権利に基づく制度であるので，私人が不服申立てを行った場合には，行政庁はこれに応答する義務を負う。また，不服申立てに対する行政判断に不服がある場合は，さらに，裁判所に対して行政訴訟を提起することができる。

社会保障の領域においては，処分を争う場合に不服申立前置（取消訴訟を提起する前に，必ず不服申立てを経なければいけないとすること。審査請求前置ともいう→**第 2 章**第 3 節）が法律上義務づけられている場合が多く（生活保護法 69 条，介護保険法 196 条，国民年金法 101 条の 2 など），また，訴訟は時間と費用がかかるため（訴訟は，代理人〔弁護士〕をつける必要がある場合が多いが，不服申立ての場合は本人が提起することが多い），第一次的には，不服申立てを通じた解決が目指される場面が多いと考えられる。ソーシャルワーカーにとって，行政不服申立てに関する知識は必須なのである。

Case4-④の B さんについては，生活保護法に基づく処分については不服申立前置が採用されているので，まずは不服申立てを行う必要があるということになる。たとえ B さんが不満に思ったとしても，現行の法制度が不服申立前置を採用している以上，いきなり取消訴訟を提起することはできないのである。

(2) 行政不服審査法に基づく仕組みの概要

行政不服審査法（以下，「行審法」という）は，制定以来半世紀ほど，実質的な改正を経ないままとされてきたが，2014 年に，手続の公正性向上を主眼に，抜本改正が行われることになった。

(a) 行審法の目的・一般法としての性格

行審法1条1項は，「簡易迅速かつ公正な手続の下で……国民の権利利益の救済を図るとともに，行政の適正な運営を確保すること」を目的とする旨を定めている。ここから，行審法に基づく制度は，①国民の権利利益の救済と同時に，②行政の適正な運営の確保をも目的としていることがわかる。また，先の傍点部分は，2014年法改正で新たに挿入された文言であり，2014年法改正が手続の公正性の向上を主眼として行われたものであることがうかがわれる。

行審法1条2項は，同法が行政上の不服申立てに関する一般法である旨を規定している。ただし，国会による処分等（行審7条1項），国の機関や地方公共団体等に対する一定の処分（行審7条2項）については，適用が除外されているほか，個別法で適用除外とされる場合もある。

(b) 不服申立ての種類

行審法上の不服申立ては，原則としてすべて「審査請求」という形で行われる。審査請求先（審査庁）は，個別法に特別の定めがある場合を除き，処分庁の最上級行政庁である（行審4条参照。たとえば，新潟市保健所長名でされた処分については，新潟市長が最上級行政庁となる。なお，処分庁に上級行政庁がない場合は処分庁，処分庁の上級行政庁が主任の大臣や外局として置かれる庁の長等である場合はその大臣や庁の長となる。たとえば，処分庁が財務省の外局である国税庁長官の場合，最上級行政庁は，財務大臣となるが，この場合，処分庁である国税庁長官に対して審査請求を行うこととされている）。

なお，個別法に特別の定めがある場合に限り，審査請求の前に処分庁に対してする「再調査の請求」（行審5条）や，審査請求の裁決後に当該個別法に定める行政庁に対してする「再審査請求」（行審6条）をすることができる。

(c) 不服申立ての対象・不服申立適格・不服申立期間・教示制度

行審法は，「行政庁の違法又は不当な処分その他公権力の行使に当たる行為」について不服申立てをすることを認めている（行審1条1項）。ここで，法のいう「行政庁の処分」とは，取消訴訟の対象となる行政処分とほぼ同義であると解されており，処分のほか，権力的事実行為（公権力の行使にあたる事実行為で，継続的性質をもつもの。事実行為とは，行政機関の行為であって，法律上の効果を有しないもののこと），不作為も含まれる。

また，行政不服申立てにおいては，違法な処分のみならず，不当な処分をも不服申立ての対象とすることができる。

不服申立適格については，判例上，取消訴訟の原告適格（→第6節2(2)参照）と同様に解されている（最判昭和53・3・14民集32巻2号211頁〔主婦連ジュース事件〕。なお，不作為に対する審査請求の適格者は，法令に基づいて行政庁に対して処分の申請をした者である〔行審3条〕）。

審査請求（および再調査請求）をすることができる期間は，原則として，処分があったことを知った日の翌日から起算して3カ月以内である（行審18条1項）。審査請求期間は，改正前は原則60日以内とされていたのが，2014年法改正で3カ月に延長された。なお，不作為に対する審査請求については，申請から相当の期間が経過しないでされた場合，不適法として却下される（行審49条1項）。

不服申立てを適法にするための要件は，一般市民にとって決してわかりやすいものではない。そこで，行審法においては，教示制度が設けられている（行審82条）。また，教示がされなかった場合の不服申立て（行審83条）や誤った教示がなされた場合の救済（行審22条）等についても規定されている。

(d) 行審法に基づく審査請求の審理手続の特徴：書面審理の原則・職権審理主義

行審法は，書面による審理を原則としている。また，行審法は，職権審理主義を採用している（通説は，職権証拠調べ〔行審33条以下で規定される，行政庁の職権による証拠調べ〕にとどまらず，職権探知〔当事者の主張による拘束を受けることなく，行政庁がその判断の基礎となる資料を積極的に収集すること〕も認められると解している）。

(e) 行審法に基づく審査請求の審理手続の内容

(i) 2014年改正法で定められた2段階の審理手続の趣旨――審理員による審理手続と第三者機関への諮問　2014年改正法は，不服申立ての審理の中立・公正性を高めるための方策として，処分に関与していない者が審理手続を主宰する審理員の仕組みを新たに導入した。審理員は，審査庁に所属する職員ではあるが，独立した立場で審理を行い，審査庁に対して意見書を提出することとされている。

審理員は審理手続の主宰に関わる各種権限を有しており，主体的に手続の審理を進めることが期待されるが，裁決権限を有するのはあくまでも審査庁であり，審理員が審理手続を終結した際に作成する審理員意見書には審査庁を拘束する法的効力はない。

一方，審理員には，審査庁の職員であることに由来する制約が存在することは否定できない。そのため，行審法は，審理員制度の設置に加えて，外部有識者からなる第三者機関（国レベルでは，総務大臣の諮問機関として行政不服審査会が設置されている）を審査庁の判断に関与させることで，審理手続の中立公正性の向上を図ることとした。なお，ソーシャルワーカーの実務との関係では，社会保険など社会保障領域における既存の第三者機関（介護保険審査会や社会保険審査会など）は存置されることとなったため，これらの分野の不服申立ては行政不服審査会等の管轄外となる点に留意が必要である。

(ii)審理手続の大まかな流れ　①審査請求の提起：審査請求の手続は，審査請求書の提出によって開始される（他の法律〔条例に基づく処分の場合は条例〕に口頭ですることができる旨の定めがある場合を除く。行審 19 条 1 項）。

審査請求がされたときは，審査庁は，審査庁に所属する職員のうちから審理員を指名し，審査請求人および処分庁等に通知しなければならない（行審 9 条 1 項本文。なお，審理員を指名しなくてもよい場合については，同項ただし書参照）。

利害関係人は，審理員の許可を得て当該審査請求に参加できる（参加人，行審 13 条 1 項）。審理員は，必要があると認める場合，利害関係人に参加を求めることができる（同条 2 項）。

②審理員による審理：審査庁より指名された審理員は，ただちに，審査請求書等を処分庁等に送付し，弁明書の提出を求めなければならない（行審 29 条 1 項・2 項）。弁明書が提出された際には，審査請求人および参加人に送付しなければならない（行審 29 条 5 項）。審査請求人は弁明書に対する反論書を，参加人は意見書を提出できる（行審 30 条 1 項・2 項）。

審査請求人または参加人が申立てをした場合，審理員は申立人に口頭意見陳述の機会を与える必要がある（行審 31 条 1 項本文）。口頭意見陳述は，審理員が期日および場所を指定し，すべての審理関係人を招集してさせる（行審 31 条 2 項）。口頭意見陳述において，申立人は，審理員の許可を得て，処分庁等に質問を発することができる（行審 31 条 5 項）。2014 年改正前の行審法下の口頭意見陳述では，審理関係人を一堂に集める必要はなく，また，処分庁に対する質問権も保障されていなかった。2014 年改正では，申立人の手続的権利向上の一環として，口頭意見陳述についても見直しがされることになった。

審査請求人または参加人は，証拠書類または証拠物を提出でき（行審 32 条 1 項），処分庁等も，当該処分等の理由となる事実を証する書類その他の物件の提出をすることができる（行審32条2項）。審査請求人または参加人は，審理手続の終了まで，審理員に対し，提出書類等の閲覧等を求めることもできる（行審38条1項本文）。

一方，審理員は，審査請求人もしくは参加人の申立てによりまたは職権で，物件の提出要求（行審33条），参考人陳述・鑑定の要求（行審34条），必要な場所の検証（行審35条），審理関係人への質問（行審36条）をすることができる。

審理員は，審理すべき事項が多数でありまたは錯綜しているなど事件が複雑であることその他の事情により，口頭意見陳述をはじめとする審理手続を計画的に遂行する必要があると認める場合には，期日・場所を指定して，審理関係人を招集し，これらの審理手続の申立てに関する意見の聴取を行うことができる（行審37条1項）。なお，簡易迅速かつ公正な審理の実現のため，行審法28条は，審理関係人および審理員の，審理手続の計画的な進行を図る義務について規定するほか，行審法16条は標準審理期間について定めている。

審理員は，必要な審理を終えたと認めるときは審理手続を終結し（行審41条1項），審査庁がすべき裁決に関する意見書（審理員意見書）を遅滞なく作成し（行審42条1項），審査庁に対して速やかに事件記録とともに提出する必要がある（行審42条2項）。

③第三者機関（行政不服審査会等）への諮問：審理員から審理員意見書の提出を受けた審査庁は，一定の場合を除き（行審43条1項各号），行政不服審査会等への諮問を行う必要がある（行審43条1項柱書）。

行政不服審査会等による審理手続の基本的特徴は，審理員による審理手続と同様であり，書面審理（審理員意見書および事件記録）が中心となる（なお，行審法74条以下〔行審第5章第1節第2款〕の各規定は，国の行政不服審査会の手続について定めているが，これらの規定は，地方公共団体に設置される機関についても適用される〔行審81条3項〕）。

審査関係人から申立てがあった場合には，口頭で意見を述べる機会を付与する必要があるが，行政不服審査会が口頭意見陳述を不要と考えた場合には，口頭意見陳述を実施する必要はない（行審75条1項）。行政不服審査会には，審理に必要な調査権限が付与されている（行審74条等）。一方，審査関係人には，行政不服審査会に対し，主張書面または資料を提出すること（行審76条），行政不服審査会に提出された主張書面・資料の閲覧を求めること（行審78条1項）が認められている。

そして，行政不服審査会は，諮問に対する答申をしたときは，答申書の写しを審査請求人および参加人に送付するとともに，答申の内容を公表することとされている（行審79条）。

④審査庁による裁決：審査庁は，行政不服審査会等から答申を受けたときは，遅滞なく，裁決をしなければならない（行審44条）。

審査庁には，審理員意見書および行政不服審査会等の答申に従う義務はない。もっとも，裁決の主文がこれらと異なる内容である場合は，その理由を示す必要があるため（行審50条1項4号かっこ書参照），事実上の拘束は受けるものと考えられる。

(f) 審査請求に対する裁決

審査請求および再審査請求に対する決定を「裁決」，再調査の請求に対する決定を「決定」という。以下においては，審査請求に対する裁決について取り上げることとする。

(i)処分についての審査請求に対する裁決　審査請求が形式的要件を満たさず，不適法である場合には却下裁決（行審45条1項），適法ではあるが，当該審査請求に理由がない場合には棄却裁決（行審45条2項）がなされる。処分が違法・不当であるが，公の利益に著しい障害を生ずる場合において，当該処分を維持するため棄却裁決をする「事情裁決」もある（行審45条3項）。処分が違法・不当である（審査請求に理由がある）とされた場合には，認容裁決がなされる。

事実行為を除く処分が違法・不当である場合，審査庁は当該処分の全部もしくは一部を取り消し，または変更する（行審46条1項本文）。ただし，審査庁が処分庁の上級行政庁または処分庁のいずれでもない場合，変更することはできない（行審46条1項ただし書）。

法令に基づく申請を却下または棄却する処分の全部または一部を取り消す場合であって，一定の処分をすべきものと認めるときは，処分庁の上級行政庁である審査庁は当該処分庁に対して当該処分をすべき旨を命じ，処分庁である審査庁は当該処分をする（行審46条2項）。

事実行為が違法・不当である場合，審査庁は，その旨を宣言したうえで，処分庁以外の審査庁は，処分庁に対し，当該行為の全部・一部の撤廃または変更を命じ，処分庁である審査庁は，当該行為の全部・一部を撤廃し，またはこれを変更する（行審47条本文）。ただし，審査庁が処分庁の上級行政庁以外の審査庁である場合には，当該行為の変更命令をすることはできない（行審47条ただし書）。

なお，審査庁は，係争処分・事実行為について，審査請求人の不利益に変更等をすることはできないとされている（不利益変更の禁止，行審48条）。

(ii)不作為についての審査請求に対する裁決　審査庁は，不作為についての審査請求が不適法である場合には却下裁決を，適法であるが請求に理由がない場合には棄却裁決をする（行審49条1項・2項）。請求に理由がある場合，審査庁は，認容裁決により当該不作為が違法・不当である旨を宣言するとともに，当該申請に対して一定の処分をすべきものと認めるときは，審査庁が不作為庁の上級行政庁である場合は，不作為庁に対し，当該処分をすべき旨を命ずる措置をとり，審査庁が不作為庁である場合は，当該処分をする措置をとる（行審49条3項）。

(iii)裁決の効力　裁決は，審査請求人に送達された時に，その効力を生ずる（行審51条1項）。

取消判決の拘束力と同様に，裁決も関係行政庁を拘束する（行審52条1項）。また，裁決には，公定力など行政行為としての効力があるほか，争訟手続の裁断行為であることから不可変更力が認められる。

(g) 仮の救済

行審法は，取消訴訟と同様に，行政不服審査においても執行不停止原則を採用している（行審25条1項）（→第6節3(3)）。

一方，仮の救済の仕組みとして，取消訴訟における執行停止に対応する義務的執行停止（行審25条4項）のほか，裁量的な執行停止も認められている（同条2項・3項）。

執行停止は審査庁がするが，審理員は，必要があると認めるときは，執行停止をすべき旨の意見書を審査庁に提出することができる（行審40条）。

2. 行政指導の中止等の求め・処分等の求め

2014年の行政不服審査法改正にあわせて行政手続法の改正が行われ，行政上の救済の仕組みの一種として，①法律の要件に適合しない行政指導を受けたと思う場合に，その指導の中止を当該行政機関に求めることができる仕組み（行政指導の中止等の求め，行手36条の2）と，②何人も，法令違反の事実を発見すれば，行政庁等に対して是正のための処分または行政指導を求めることができる仕組み（行手36条の3）が導入された。

これら2つの仕組みの法的位置づけについては，行政不服申立てのような権利に基づく争訟の仕組みではない（行政庁に応答義務はない）と解されている。

3. 行政苦情処理

行政争訟制度を通じた紛争処理は，一定の争訟手続を踏むため，その結果には強い法的効果が認められる一方で，私人がこれを利用するにあたっては一定の制限が課せられている。また，私人が行政過程に関して抱く不服のなかには，既存の行政争訟制度にうまく乗らないものも存在する。そうしたなかで存在意義を有するのが，より簡易で柔軟な救済制度である行政苦情処理（行政苦情申立て）である。

行政苦情処理には，①苦情等の原因となった行政活動の担当部署による日常的な苦情処理，②市民からの苦情を受け付けるために行政機関内に設けられた窓口による初動・橋渡し的対応，③第三者的な立場で苦情を処理するために行政機関内に設けられた機関による紛争処理活動というように，多様な内容のものが含まれうる。社会福祉の分野でも，分野ごとに，さまざまな苦情処理の仕組みが設けられている。

また，第三者的な立場による苦情処理のための仕組みの一種としてオンブズマンの仕組みもある。オンブズマンには，スウェーデンのそれのように，議会によって任命される「議会（任命）型」のオンブズマン以外に，行政によって任命される「行政（任命）型」のオンブズマンが存在する。日本の自治体において普及しているのは，行政任命型であり，社会福祉の分野に特化したオンブズマンを設置する自治体も多い。

いずれにしろ，行政上のトラブルで，行政争訟（行政不服申立て・行政訴訟）の仕組みの対象となるケースは必ずしも多くないことをふまえると，苦情処理をうまく活用し，必要な行政対応を引き出していくことも，ソーシャルワーカーにとって必要な能力ということになろう。

第６節　行政訴訟

1．行政事件訴訟の類型と要件審理・本案審理

(1) 行政訴訟の類型

行政事件訴訟法（以下，「行訴法」という）は，行政訴訟（行政事件訴訟）の類型として，「抗告訴訟」「当事者訴訟」「民衆訴訟」および「機関訴訟」の４つを規定している（「行政訴訟」はあくまで学問上の概念であり，行政事件訴訟法が規定するのは「行政事件訴訟」についてである。以下において行政訴訟という場合には，行政事件訴訟と同義とする）。

前２者を主観訴訟（国民の個人的な権利利益の保護を目的とする訴訟），後２者を客観訴訟（原告の個人的な権利利益とは関係なく，行政の適正な運営の確保を目的とするもので，特別の法律の定めがある場合のみ裁判所の取扱い対象となる）ということがある。客観訴訟は例外的な訴訟類型であるので，行政事件訴訟法における中心的な訴訟類型は主観訴訟である抗告訴訟と当事者訴訟，ということになる。

(2) 抗告訴訟

先述の通り，行政訴訟の４類型うち，中心となるのは主観訴訟である抗告訴訟と当事者訴訟であり，そのなかでも特に，抗告訴訟が重要である。

抗告訴訟とは，「行政庁の公権力の行使に関する不服の訴訟」（行訴３条１項）である。抗告訴訟の種類については，行訴法３条２項以下で，①処分取消訴訟，②裁決取消訴訟，③無効等確認訴訟，④不作為の違法確認訴訟，⑤義務付け訴訟，⑥差止訴訟の６つが挙げられている。もっとも，これらはあくまで例示であり，行訴法はこれら以外にも，無名抗告訴訟（行訴法３条で挙げられている抗告訴訟以外の抗告訴訟）を許容する趣旨であると解されている。

処分取消訴訟とは，行政庁の処分その他公権力の行使に当たる行為の取消しを求める訴訟である（行訴３条２項）。これは，抗告訴訟にとどまらず，行政訴訟全体のなかで中心的位置づけを占める訴訟類型であり，件数も他の類型に比べて圧倒的に多い。例としては，課税処分の取消訴訟や生活保護申請却下処分の取消訴訟といったものがある。

裁決取消訴訟とは，行政不服申立て（審査請求）に対する行政庁の裁決の取消しを求める訴訟である（行訴３条３項）。なお，行訴法は原処分主義を採用し

ているので（行訴10条2項），審査請求に対する裁決を経たケースでも，裁決固有の瑕疵を争うのではない場合には，元の処分の取消訴訟を提起することになる。なお，以後「取消訴訟」という場合には，処分取消訴訟と裁決取消訴訟をあわせた意味で用いる。

無効等確認訴訟とは，行政処分または裁決・決定の存否または効力の有無の確認を求める訴訟である（行訴3条4項）。無効な行政行為には公定力や不可争力が生じないため（→第2節3），無効等確認訴訟には出訴期間制限がない。

不作為の違法確認訴訟は，行政庁が法令に基づく申請に対し，相当の期間内に何らかの処分または裁決をすべきであるにもかかわらず，これをしないときに，その違法性の確認を求める訴訟である（行訴3条5項）。

義務付け訴訟は，行政庁が一定の処分をすべきであるにもかかわらず，これがされないとき等において，裁判所が行政庁に対してその処分や裁決をすべき旨を命じることを求める訴訟である（行訴3条6項）。

差止訴訟は，行政庁が一定の処分または裁決をすべきでないにもかかわらずこれがされようとしている場合に，裁判所が行政庁に対してそのような処分または裁決をしてはならない旨を命じることを求める訴訟である（行訴3条7項）。

(3) 要件審理・本案審理

行政訴訟に限らず，訴訟が提起されると，裁判所はまず，当該訴えが訴訟要件（民事訴訟〔あるいは行政訴訟〕において原告がその訴えについて実質的な審判を受けるための要件）を満たしているか否かを審査する（要件審理。訴訟要件の充足の是非に関する要件審理は，裁判所が職権で行う）。訴訟要件を満たしていない場合，当該訴えは不適法として却下される。取消訴訟では訴訟要件が厳しく審査される傾向にあり，要件審理の段階で訴えが却下されて，本案審理に入らないことも多い。訴訟要件を満たしていれば，訴えの内容に関する審査が行われる（本案審理）。

行訴法は取消訴訟中心主義を採用しており，その他の抗告訴訟については，取消訴訟に関する規定の準用が広く行われている。そこで，以下においては，取消訴訟について，要件審理，本案審理の順で各論点をひととおり紹介し，その後，適宜他の種類の抗告訴訟についても言及することとする。

2. 取消訴訟における要件審理：各種訴訟要件について

⑴ 処分性（取消訴訟の対象性）

行訴法3条2項は，取消訴訟は「行政庁の処分その他公権力の行使に当たる行為……の取消しを求める訴訟」であるとしている。もっとも，行訴法は，「行政庁の処分その他公権力の行使に当たる行為」とは具体的にどのような行為を指すのかにつき定めていない。そのため，どのような行政庁の行為が「行政庁の処分その他公権力の行使に当たる行為」に該当するのか否かという点は，判例が示す解釈に委ねられている。行政庁の行為が取消訴訟（さらには抗告訴訟。抗告訴訟の対象性と取消訴訟の対象性は重なると考えられている）の対象となる「処分」に該当するのか否か，という問題が「処分性の有無」に関わる論点であり，問題となる行政庁の行為に処分性がないと，当該行為を対象に取消訴訟を提起することはできないということになる。

この点，最高裁は，「処分」とは「公権力の主体たる国または公共団体が行う行為のうち，その行為によつて，直接国民の権利義務を形成しまたはその範囲を確定することが法律上認められているもの」であると定義している（最判昭和39・10・29民集18巻8号1809頁〔大田区ごみ焼却場設置事件〕）。ここでのポイントは，①当該行為に権力性が認められるかどうか，②当該行為が国民に対して直接的な法的効果を発生させるかどうか，③当該行為をめぐる問題（紛争）が裁判で争うだけの成熟性を有しているかどうか，という点になる。

たとえば，成立にあたって相手方の同意が前提となる「行政契約」は権力性を有しないため，上記の定式に照らすと処分性を有しない，ということになるし，事実行為である「行政指導」も，相手方の法的地位に変動を生じさせないので，処分性を有しないということになる。

もっとも，現実には，特定の行政庁の行為が「処分」に該当するか否かという判断は，当該行為をめぐる法律上の仕組み等をふまえて総合的に判断される必要があるため，容易でない場合が多い。たとえば，生活保護法27条は，被保護者の生活の維持，向上その他保護の目的達成に必要な指導または指示について定めている。「指導」とあると，一見，それは行政指導であって，命令ではなく，法的効果がないから処分性はない，というふうに見える。もっとも，生活保護法62条1項は，同法27条の指導・指示に従う義務を被保護者に課しており，同法62条3項は，そのような義務に違反した場合，保護の変更，停止または廃止処分をすることができると規定している。私人に「義務」が課せ

Column4-④ ソーシャルワーカー tips：現場での「処分性」の判断の仕方

ここまで見てきたとおり，処分性判断の枠組みは複雑であり，実際に自分でこれを判断することはなかなか難しい。一方，処分性があることが確立しているケースでは，そのような処分の通知書には，必ず，教示事項として，審査請求をすることができる旨が記載されている（行審 50 条 3 項，60 条 2 項，82 条）。したがって，現場での実際の判断では，処分通知書に，教示事項として，審査請求をすることができる旨が記載されているか否かが 1 つの基準となる。

られ，義務に違反した場合は不利益処分が行われるという仕組みになっているのであれば，ここでいう指導・指示は法的効果を有し，処分性を有するということになる（下級審判断ではあるが，生活保護法 27 条 1 項に基づく指導・指示に処分性を認めた裁判例がある〔秋田地判平成 5・4・23 判時 1459 号 48 頁〕〔加藤訴訟〕）。

このように，法の仕組み等をふまえた処分性判断は複雑であり，必ずしも容易ではないが，1 つ参考となるのは，処分性を有することが法制上確立している場合，当該行政庁の行為についての根拠法には，一般的に，当該行為について審査請求をすることができる旨の規定が置かれているという点である。ソーシャルワークの実務においては，問題となっている行為について審査請求をすることが法律上認められているか，という点を参考にするのがよいと思われる（審査請求の対象となる行政庁の行為はすなわち取消訴訟の対象となる行政庁の行為，と考えられている→ **Column4-④**）。

(2) 原 告 適 格

原告適格とは，当該訴えを提起することができる者の資格ないし適格のことをいう。取消訴訟については，行訴法 9 条 1 項が「当該処分又は裁決の取消しを求めるにつき法律上の利益を有する者」と規定しているので，処分または裁決の取消しを求めるにつき「法律上の利益を有する者」が，原告適格を有するということになる。

そのような「法律上の利益を有する者」としてまず挙げられるのは，処分または裁決を受けた相手方（処分の名宛人）である。生活保護申請却下処分，年金不支給決定など，自己の権利利益にとって不利益な内容の処分であれば，その処分の名宛人には当然に原告適格が認められる。

難しいのは，処分の名宛人ではない第三者が他人に対する処分によって自己の権利利益を侵害されたと考える場合である。たとえば，児童福祉施設の建設に反対する周辺住民が，当該施設の認可の取消しを求めて出訴するケースなどが想定されるが，周辺住民といっても，当該施設の建設予定地に隣接した土地の住人もいれば，数百メートル離れた土地に住んでいる者などもいる。

それでは，どのような第三者であれば，行訴法9条1項にいう「法律上の利益を有する者」に該当するのだろうか。この点については，「法律上の利益」の具体的内容をどのように解するかによるが，行訴法9条2項は，「法律上の利益」の解釈方法について指針を示している。具体的には，同項は，法律上の利益の有無について判断するにあたっては，「当該処分又は裁決の根拠となる法令の規定の文言のみによることなく」という全体の解釈指針を明示したうえで，考慮要素として，①「当該法令の趣旨及び目的」と②「当該処分において考慮されるべき利益の内容及び性質」を挙げ，①「当該法令の趣旨及び目的」を考慮する際には，③「当該法令と目的を共通にする関係法令があるときはその趣旨及び目的」をも参酌することとする。また，②「当該処分において考慮されるべき利益の内容及び性質」を考慮する際には，④「当該処分又は裁決がその根拠となる法令に違反してなされた場合に害されることとなる利益の内容及び性質並びにこれが害される態様及び程度」をも勘案する，としている。

(3) 訴えの利益

行訴法9条1項の原告適格が肯定されても，適法な訴えと認められるためには，原告が取消訴訟で勝訴することによって現実に救済される法的利益が認められることが求められる。取消訴訟を利用するためには，原告の請求が認容された場合に，原告の具体的な権利利益が客観的に見て回復可能でなければいけないのである。これが訴えの利益と呼ばれる問題である（狭義の訴えの利益とも呼ばれる）。

たとえば，再入国許可申請に対する不許可処分を受けた在日外国人が，許可を得ないまま本邦を出国した場合，その者が有していた在留資格は消滅し，不許可処分が取り消されても当該在留資格による再入国を認める余地がなくなり，不許可処分を争う訴えの利益は失われたとする裁判例がある（最判平成10・4・10民集52巻3号677頁）。

また，行訴法9条1項かっこ書の問題，というのがある。これは，行訴法9条1項かっこ書が，処分の効果が消滅しても処分の取消しを求める法律上の利益があると考えられる場合に，効果が消滅した処分の取消訴訟を提起することを認めているというものである。

たとえば，運転免許の取消処分に対する取消訴訟が係属中に，免許の有効期間が経過してしまった例などが考えられる。すなわち，都道府県公安委員会は，運転免許の取消処分がされた場合には，1年以上5年を超えない範囲で免許を受けることができない期間を指定することとなっているので（道路交通法103条7項），たとえ有効期間経過後であっても，取消処分が判決によって取り消されれば，ただちに新規免許申請が可能となる。この場合，新規免許申請が可能となる利益が，行訴法9条1項かっこ書にいう，派生的な利益である「法律上の利益」となる。

(4) その他の訴訟要件：被告適格・管轄裁判所・出訴期間

取消訴訟における被告は，原則として国または公共団体（たとえば，東京都や川崎市など）である（行訴11条1項）。

取消訴訟は，処分または裁決があったことを知った日から6カ月を経過したときは提起することができない（行訴14条1項。主観的出訴期間）。また，処分または裁決の日から1年を経過したときは，提起することができない（行訴14条2項。客観的出訴期間）。ただし，主観的出訴期間・客観的出訴期間のいずれについても，「正当な理由」があれば，延長される可能性がある（行訴14条1項ただし書・2項ただし書）。

取消訴訟における原則的な管轄裁判所は，被告の普通裁判籍の所在地を管轄する裁判所または処分・裁決をした行政庁の所在地を管轄する裁判所である（行訴12条1項）。これに加え，2004年行訴法改正により，国や独立行政法人等を被告とする場合には，原告の普通裁判籍の所在地を管轄する高等裁判所の所在地を管轄する地方裁判所（これを特定管轄裁判所という）にも提起できるようになった（行訴12条4項）。

3. 取消訴訟における本案審理その他

本案審理の手続について，行訴法に定めのない部分は民事訴訟法が適用されることになっている（行訴7条）。

⑴ 取消訴訟における審理の特徴

通常の民事訴訟では，裁判所は当事者間の弁論に表れる主張・証拠に基づいてのみ判断を行う。これを弁論主義という。一方，行訴法は，弁論主義を基本としつつ，裁判所が必要と認めるときは，一定の職権主義的審理（例として，職権による証拠調べ〔行訴 24 条〕，職権による第三者・被告行政庁以外の行政庁の訴訟参加〔行訴 22 条・23 条〕）を認めている。

また，行訴法 23 条の 2 が民事訴訟法上の釈明処分の特則について定めており，裁判所は，訴訟関係を明瞭にして，審理を迅速にするために，行政庁に対して処分に関する書類や事件記録などの資料の提出を求めることができることとしている。

⑵ 行政裁量に対する裁判所の審査

行政処分（行政行為）には，根拠法令の規定が一義的・明確であって行政庁がこれを機械的に執行するにすぎないもの（羈束(きそく)行為）と，法令が「処分をするか否か」「いかなる処分をするか」について行政庁の政治的・専門的判断（このような，行政庁に認められた自由な判断余地のことを「(行政）裁量」という）に委ねているもの（裁量行為）とがある。羈束行為については，判断代置型審査（行政庁の判断を裁判所自身の判断に置き換える審査）が行われるが，裁量行為については，法令が認めた裁量の範囲内で行われた行政庁の判断を裁判所は尊重する必要がある（なお，裁量自体は行政処分以外の行為類型においても問題となりうる。後述の厚生労働大臣の保護基準設定行為も，それ自体は行政処分ではない）。

伝統的見解は，裁量を法規裁量（法規の解釈適用に関する裁量で，行政庁に判断の余地・裁量の余地が与えられているように見えるが，客観的な経験法則により確定することができる場合）と自由裁量（目的または公益に適するかの裁量）に分け，法規裁量については羈束行為と同様の司法審査が行われるが，自由裁量については行政庁の判断が尊重され，司法審査が及ばないとしてきた。もっとも，現代では，自由裁量とされる行政判断でも一定の司法審査は及ぶとされており（行訴法 30 条は，あらゆる裁量処分について「行政庁の裁量処分については，裁量権の範囲をこえ又はその濫用があつた場合に限り，裁判所は，その処分を取り消すことができる」としている），その意味で，法規裁量と自由裁量の区別を論じる実質的意義はなくなっている。

そこで問題となるのは，自由裁量にしろ法規裁量にしろ，裁量が認められる行政処分について，どのような場合だと行訴法30条がいう「裁量権の範囲をこえ又はその濫用があった場合」に該当し，裁判所による違法取消しの対象となるのか，という点である。

この点，従来は，裁量処分の結果に着目した審査が展開されてきた。具体的には，たとえば，裁量処分に事実誤認があるか，目的違反・動機違反が認められるか，信義則違反があるか，平等原則や比例原則違反が認められるか，といった点からの審査が行われてきた。

一方，近年，判例法理の特段の進化が見られるのが，「判断過程審査」と呼ばれる審査方式である。判断過程審査においては，裁量処分の結果ではなく，裁量処分に至るまでの行政庁の判断形成過程に合理性があるか否か，という点からの審査が行われる。社会保障分野においても，生活保護の給付に関わる処分の前提となる厚生労働大臣の保護基準設定行為（最大判昭和42・5・24民集21巻5号1043頁〔朝日訴訟〕において，裁量性が認められている）につき，裁判所は判断過程審査を用いて判断を行っている。たとえば，老齢加算を廃止する保護基準の改定に基づいて行われた保護不利益変更処分の取消訴訟において，最高裁は，上記保護基準の改定を行った厚生労働大臣の判断の違法性に関する審査方法について，「主として老齢加算の廃止に至る判断の過程及び手続に過誤，欠落があるか否か等の観点から，統計等の客観的な数値等との合理的関連性や専門的知見との整合性の有無等について審査されるべきもの」としている（最判平成24・4・2民集66巻6号2367頁〔生活保護基準改定訴訟〕）。

さらに，まったく別の視点からの審査方法として，手続的審査方式というものもある。これは，裁量処分につき法令で事前の行政手続が義務付けられている場合に，正しく行政手続がなされたか否かという点からチェックをする，というものである。裁量処分については，その実体に踏み込んだ審査を行うことが難しいことをふまえると，手続的審査方式を通じ，必要な行政手続がきちんと行われたのか否かという視点から裁量統制を実施していくことは，とても重要になる。

(3) 仮の救済

処分の取消しの訴えは，処分の効力，処分の執行または手続の続行を妨げない（執行不停止原則，行訴25条1項）。ただし，例外的に，仮の救済のための制度として，執行停止の申立てがある（行訴25条2項以下）。

抗告訴訟においては民事訴訟で用いられる仮処分の適用が排除されているため，民事保全法上の仮の救済の仕組みを使用することはできない（行訴 44 条）。抗告訴訟で使用することのできる仮の救済の仕組みが執行停止である。執行停止の手続的な要件は，①取消訴訟が提起されていることと，②原告から執行停止の申立てがあること，の 2 点である。

次に，執行停止が認められるためには，①本案訴訟が係属していること，および②重大な損害を避けるため緊急の必要があることが求められる（執行停止の積極要件，行訴 25 条 2 項）。

一方，①公共の福祉に重大な影響を及ぼすおそれがあるときや，②本案について理由がないと見えるときには，執行停止は認められない（執行停止の消極要件，行訴 25 条 4 項）。

⑷ 教　　示

行政庁は，処分を行うに際し，処分の相手方に対して，①取消訴訟の被告とすべき者，②出訴期間，および③審査請求前置主義の定めがある処分である場合にはその旨の 3 点を書面により教示しなければならない（行訴 46 条 1 項）。ただし，誤った教示がなされた場合についての救済的規定は存在しない（この点は行政不服申立てにおける扱いと異なる点である。行政不服申立てにおける誤った教示に対する救済について→第 5 節 1 ⑵）。

⑸ 判　　決

取消訴訟に対する裁判所の判断は判決によって示される。判決は，その内容によって 3 種類に分けられ，①訴訟要件を満たさず，本案審理に入らずに請求が退けられる請求却下判決，②訴訟要件を満たしているが，本案審理の結果，処分の取消請求に理由がないとして原告の請求を退ける請求棄却判決，③本案審理の結果，処分の取消請求に理由があると認めて原告の請求を認める請求認容判決である。

請求認容判決によって処分が違法であると認められれば，判決によって処分時に遡って効力は消滅し（取消判決の形成力という），取消判決の効果は第三者に対しても及ぶ（取消判決の第三者効，行訴 32 条 1 項）。また，取消判決の拘束力によって，行政庁は再度同一の処分をすることができない（行訴 33 条 1 項）。

行訴法 31 条は，請求棄却判決の一種として，事情判決について定めている。

これは，本案審理の結果，処分が違法であると認められた場合には，請求認容判決が下されるべきであるが，処分を取り消すことによって「公の利益に著しい障害を生ずる場合」に，一切の事情を考慮したうえで，処分の取消しが「公共の福祉に適合しない」と認められるときは，処分が違法であることを宣言しつつ取消請求を棄却することができるという仕組みである。事情判決は，救済されるべき個人の利益と処分によってつくり上げられた公共の利益が比較衡量され，限定的な状況で用いられる例外的な制度であるといえる（たとえば，公共事業の認可処分に対する取消訴訟が提起されたものの，取消訴訟では執行不停止原則が適用されるので，事業が進行してしまい，当該取消訴訟が係属中に公共事業が完了してしまったような場合などに検討される）。

4．その他の抗告訴訟：無効等確認訴訟・義務付け訴訟・差止訴訟

(1) 無効等確認訴訟

無効等確認訴訟は，処分が無効である場合に用いることができる抗告訴訟の一類型である。無効の処分を対象とするものなので，取消訴訟の出訴期間制限がかかってこないのが特徴である。

行訴法36条は，現在の法律関係に関する訴え（たとえば，処分の無効を前提とする民事訴訟〔争点訴訟：処分の効力等を争点とする民事訴訟，行訴45条〕）によって目的を達成することができる場合には，無効等確認訴訟を提起することはできないと定めている。

(2) 義務付け訴訟

義務付け訴訟には，2種類のものがある。法令に基づく申請を行ったにもかかわらず，当該申請が放置されたり，拒否されたりした場合に提起する義務付け訴訟（申請型義務付け訴訟，行訴3条6項2号）と，申請を前提とせずに一定の処分を求めて提起する義務付け訴訟（非申請型義務付け訴訟，行訴3条6項1号）の2つである。いずれの義務付け訴訟を提起するかについては，原告が法令に基づく申請を行ったか否かによって決することになる（「申請」概念については，行政手続法2条3号を参照）。

申請型義務付け訴訟と非申請型義務付け訴訟では，訴訟要件が異なっている。

申請型義務付け訴訟については，法令に基づく申請が放置もしくは拒否された場合において当該申請を行った者が提起すること（行訴37条の3第1項）に

加え，一定の抗告訴訟を併合提起することが求められている（行訴 37 条の 3 第 3 項）。

一方，非申請型義務付け訴訟については，一定の処分がされないことにより重大な損害を生ずるおそれがあり，かつ，その損害を避けるため他に適当な方法がないときに限り提起することができるとされている（行訴 37 条の 2 第 1 項）。

(3) 差 止 訴 訟

差止訴訟については，一定の処分がされることにより重大な損害を生ずるおそれがあり，かつ，その損害を避けるため他に適当な方法がないときに限り提起することができるとされている（行訴 37 条の 4 第 1 項）。

行訴法 3 条 7 項は，差止訴訟の定義として，一定の処分・裁決が「されようとしている場合」という文言を使っている。これにより，行政庁が一定の処分・裁決をする蓋然性があることが，差止訴訟を適法に提起するためには必要となる。

(4) 義務付け訴訟・差止訴訟に対する仮の救済の仕組み：仮の義務付け・仮の差止め

Case4–⑤

Dさんは，娘のEちゃんを保育所に入園させるためにA認可保育園の入園申請をしたが，娘のEちゃんの障害を理由に入園を拒否されてしまった。Dさんは，Eちゃんは十分通常の保育所での保育を受けることのできる状態にあると考えているので，入園許可の義務付け訴訟を提起して争いたいと考えているが，春の入園の時期が迫っているなかで，訴訟が終結するまで待っていることはできない状況にある。

取消訴訟における執行停止の仕組みは，処分がなされた「後」になされるものなので，処分がまだされていない段階における救済手段である義務付け訴訟や差止訴訟に適用することはできない。そこで，義務付け訴訟・差止訴訟に対しては独自の仮の救済の仕組みを用意する必要が生じる。それが仮の義務付けであり，仮の差止めである。

仮の義務付けについては行訴法 37 条の 5 第 1 項に，仮の差止めについては同第 2 項に規定が置かれている。執行停止同様，仮の義務付け・仮の差止めについても，その根拠条文で「～の訴えの提起があった場合において」という文言があるため，仮の救済手段を利用する際には必ず一定の抗告訴訟を適法に提起しなければならない。

仮の義務付けについては，積極要件として，①「その義務付けの訴えに係る処分又は裁決がされないことにより生ずる償うことのできない損害を避けるため緊急の必要があ」ること，および②「本案について理由があるとみえる」こと，という2要件が設定されている（行訴37条の5第1項）。また，消極要件としては，「公共の福祉に重大な影響を及ぼすおそれがあるとき」は仮の義務付けをすることができない旨が規定されている（同第3項）。

上記で問題となるのは，「償うことのできない損害」の具体的内容である。仮の義務付けは，暫定的ながら，本案判決で義務付けを命じるのと同等の法的地位を積極的に認めるものであるので，行訴法25条2項の定める執行停止の要件よりも加重されている。

「償うことのできない損害」要件をクリアする具体例としては，障害年金の請求や生活保護の申請が拒否されたが，これらの給付が本案判決までの原告の生活の維持に必要不可欠である場合が考えられる。また，保育所の入所処分・通学校の指定処分など，即時に仮の義務付けをしないと，当該児童が必要な時に入所・通学ができなくなる場合もこれに該当するとされている。

さて，**Case4–⑤**のDさんのとりうる手段としては，どのようなものがあるだろうか。**Case4–⑤**は，実際の事案をモデルとしている（東京地決平成18・1・25判タ1218号95頁〔保育園入園承諾に関する仮の義務付け事件〕）。当該事案において，東京地裁は，償うことのできない損害とは，「原状回復ないし金銭賠償による塡補が不能であるか，又は社会通念上相当に困難であるとみられる程度に達していて，そのような損害の発生が切迫しており，社会通念上，これを避けなければならない緊急の必要性が存在することをいう」としたうえで，当該事案においては，保育所に入所して保育を受ける機会を喪失するという損害は，その性質上，原状回復ないし金銭賠償による塡補が不能な損害であると判断し，仮の義務付けを認めた。

仮の義務付けの仕組みは，ソーシャルワーカーが関わりうる各種局面において有益な救済手段となりうるため，ソーシャルワーカーが当該制度を詳しく知っておくことは重要である。

なお，仮の義務付けの認容例としては，上記の保育所入所のケースのほか，特別支援学校への通学指定の事案（大阪地決平成19・8・10賃社1451号38頁），生活保護支給決定の事案（福岡高那覇支決平成22・3・19判タ1324号84頁），障害者自立支援法に基づく介護給付費支給決定の事案（和歌山地決平成23・9・26判タ1372号92頁）などがある。

差止訴訟における仮の救済手段である仮の差止めの要件についても，内容は仮の義務付けの場合と同様である（行訴37条の5第2項・第3項）。仮の差止めの認容例としては，市立保育所の廃止条例の制定をもってする市立保育所廃止処分の事案（神戸地決平成19・2・27賃社1442号57頁）や区長による住民票職権消除の事案（大阪高決平成19・3・1賃社1448号58頁）などがある。

5. 当事者訴訟

行訴法4条が定める当事者訴訟には，4条前段に定めがある形式的当事者訴訟と，4条後段に定めがある実質的当事者訴訟の2種類がある。当事者訴訟における中心的類型は，4条後段の実質的当事者訴訟である。

2004年の行訴法改正では，実質的当事者訴訟の中に「公法上の法律関係に関する確認の訴え」が新たに例示され，抗告訴訟の直接の対象とならない行政の行為を契機に国民と行政主体との間で紛争が生じた場合を想定し，その法律関係・権利義務関係についての確認の利益（後述）が認められるなら，当事者訴訟を活用すべきであるという立法者意思が示された。したがって，たとえば，直接には取消訴訟の対象とされがたい行政基準の制定行為の違法性を裁判で争いたい場合などに，「公法上の法律関係に関する確認の訴え」を利用することも選択肢としてある（実際に，最判平成25・1・11民集67巻1号1頁〔ケンコーコム事件〕では，薬事法施行規則の違法性について，公法上の法律関係に関する確認の訴えの形で争われた）。

行訴法は，公法上の法律関係に関する確認の訴えの対象や確認の利益について，特段の定めを設けていない。したがって，その適法性は，民事訴訟に準じて検討されることになる（行訴7条）。確認訴訟を適法に提起するためには，「確認の利益」が認められる必要があるが，民事訴訟において「確認の利益」は，原告の権利または法律的地位に係る不安が現にあり，かつ，その不安を取り除く方法として，原告被告間でその訴訟物たる権利または法律関係の存否についての判決をすることが有効かつ適切である場合に認められるとされている。確認の利益の有無の判断要素としては，①即時確定の現実的必要（紛争の成熟性），②対象選択の適切性，③方法選択の適切性（確認訴訟の補充性），が挙げられる（なお，本案審理や判決についても民事訴訟に準じて扱われるが，一部取消訴訟に関する規定が準用されている。行訴41条1項参照）。

第7節　国家賠償請求訴訟

1．国家補償法の体系

国家補償法は，行政活動によって生じた損害・損失を事後的に金銭によって償うための各種仕組みからなり，国家賠償と損失補償からなる。

国家賠償は，違法な行政活動に起因する損害に対する賠償請求の仕組みであり，損失補償は，適法な行政活動によって私人に損失が生じた場合に，それを塡補するための仕組みである。国家賠償については，憲法17条を具体化した国家賠償に関する一般法としての国家賠償法（以下「国賠法」という）が存在するが，損失補償については，憲法29条3項が根拠となるものの，一般法としての損失補償法は存在していない（損失補償について→第3章第2節Ⅱ4）。

2．国賠法1条責任

国賠法1条1項は，「国又は公共団体の公権力の行使に当る公務員が，その職務を行うについて，故意又は過失によつて違法に他人に損害を加えたときは，国又は公共団体が，これを賠償する責に任ずる」と規定している。そこで，国賠法1条責任の成立の是非を検討するにあたっては，①「公権力の行使」とはどのような行政活動のことを指すか，②「公務員」は公務員の身分をもつ者に限定されるのか，③「故意又は過失」はどのように判断されるのか，④国賠法1条における「違法」とは何か，といった点が問題となる。

(1) 公権力の行使

「公権力の行使」の範囲について，通説・判例は，これを広くとらえる傾向にある。すなわち，国または公共団体の作用のうち，純粋な私経済作用（私人の活動とまったく同じ性質の活動）と国賠法2条にいう営造物の管理作用を除くすべての作用を「公権力の行使」に含める，とする。これは，国家賠償法の制度趣旨が，国民に対して手厚い救済を提供するものだという理解に基づいており，抗告訴訟の要件となる「公権力の行使」（行訴3条1項・2項）よりもかなり広い意味で「公権力の行使」を理解していることになる。したがって，抗告訴訟の対象とはならない非権力的な性質の行政活動でも，国賠法に基づく救済の対象にはなる場合があり，たとえば，学校事故や社会福祉事業・福祉サービスで生じた事故なども，国賠法1条1項にいう「公権力の行使」に含まれうるとされている。

(2) 公　務　員

> **Case4-⑥**
> ○県は，虐待の通報のあったF子さんにつき，児童福祉法27条1項3号に基づいて，社会福祉法人が設置運営する児童養護施設Gに入所させる措置を行った。Gに入所したF子さんは，Gの職員による虐待を受け，全治1カ月の大けがを負うことになった。

この場合，Gは民間の法人であるが，F子さんは国賠法に基づいて○県に対して損害賠償を請求することはできるだろうか。それとも，Gは民間の法人であるので，虐待を行ったGの職員も国賠法上の「公務員」には該当しないということになるのだろうか。

国賠法上の「公務員」については，必ずしも公務員としての身分を有する者に限定されず，民間機関の職員であっても，実質的に公務を執行している場合にはこれに含まれるとされている。したがって，非常勤，短期アルバイト，業務委託先職員，嘱託職員，委嘱を受けた者等も，国賠法上の「公務員」に該当する。

近年，社会福祉領域では，業務委託や指定管理者制度などの形式をとって公務の「民営化」が行われるケースが多く見られ，そのようなケースにおいては，当該事務に起因して損害が生じた場合に，国賠法の適用があるのか否かが争われている。

Case4-⑥は，実際にあった事案をモデルとしている（最判平成19・1・25民集61巻1号1頁〔児童養護施設暴行事件〕）。当該事案では，児童福祉法27条1項3号に基づいて県が行った入所措置により，社会福祉法人が設置運営する児童養護施設に入所した児童が当該施設において暴行を受けて負傷した事件について，施設の長は本来都道府県が有する公的な権限を委譲されてこれを都道府県のために行使するものと解され，施設職員等による養育看護行為は都道府県の公権力の行使に当たる公務員の職務行為であるとして，国賠法1条1項の適用が認められた。当該社会福祉法人の使用者責任（民法715条）についても言及がなされ，当該被用者の行為が公権力の行使にあたるとして国または公共団体が国賠法1条1項に基づく損害賠償責任を負うときは，使用者は民法715条に基づく損害賠償責任を負わないとしている。

また，「世田谷保育ママ幼児虐待事件」において，東京地裁は，家庭福祉員（保育ママ）は特別区の公務員・被用者ではないとしつつ，区長・担当職員は家庭福祉員の調査を怠り，虐待が続発するのを放置し，制度運営要綱所定の権限を行使しなかった点に過失を認め，その権限不行使が著しく合理性を欠く違法なものであるとして，国賠法1条1項の責任を認めている（東京地判平成19・11・17判時1996号16頁）。

(3) 過　　失

国賠法1条1項は，責任成立にあたって「故意又は過失」が必要であるとしている。ここで，故意とは，その行為によって被害が引き起こされることを知りつつその行為を行うこと，あるいは，被害を生じさせるべく意図してその行為を行うことをいう。もっとも，公務員がその職務を行うにあたって，故意に相手方に被害を生じさせようと行動することはあまり想定しがたい。そこで，実際に問題となるのは，公務員に「過失」があったか否か，という点になる。

ここで，近時の判例・学説は，個々の行為者の心理的状態を問わずに，公務員に要求される標準的な能力を基準としている（これを「過失の客観化」という）。すなわち，事故発生・被害発生について予見可能性があり，行為者である公務員には事故発生・被害発生を回避すべき義務（結果回避義務）があるにもかかわらず，事故・被害が発生したのは，公務員がそのような結果回避義務を怠った結果であり，あるいは公務員に要求される注意義務を怠った結果であると解されている。

(4) 違　　法

国賠法1条責任が成立するためには，問題となった活動が「違法」であることが要求されている。国賠法1条における「違法」につき，最高裁は，国賠法で問題となるのは公務員の違法な「行為」であり，結果として特定の規定違反になったとしても，行為当時の状況を基準として当該公務員がなすべきことをしていた場合には国賠法上は適法であるということがありうるとする立場（職務行為基準説）を採用してきた（たとえば，最判平成5・3・11民集47巻4号2863頁〔所得税更正処分賠償請求事件〕）。すなわち，「過失」と「違法」を別個に判断せず，結果回避義務違反ないし注意義務違反により違法とする判断枠組みを採用している。

3. 国賠法2条責任

国賠法2条1項は，「道路，河川その他の公の営造物の設置又は管理に瑕疵があつたために他人に損害を生じたときは，国又は公共団体は，これを賠償する責に任ずる」としている。すでに検討した国賠法1条は，公務員の活動に起因する損害の賠償に関する制度であったが，国賠法2条は，「公の営造物」の設置管理の瑕疵に起因する損害の賠償に関する制度になっている。

本条は民法の工作物責任（民法717条1項）にならった規定であるが，同項における「土地の工作物」が「公の営造物」とされ，占有者の免責（同項ただし書）は認められていない。

本条は，国賠法1条1項とは違い，過失を要件としていない。そこで，本条の適用範囲は広く解される傾向にある。

国賠法2条責任の成立の是非を検討するにあたっては，①「公の営造物」に係る損害か否か，②国賠法2条1項にいう「設置管理の瑕疵」とは何か，といった点がポイントになる。

⑴ 「公の営造物」

「公の営造物」とは，国または公共団体によって設置管理され，公の用に供されている有体物（形があるもの）を意味している。国賠法2条1項の条文に，公の営造物の例として「河川」が挙げられているように，公の営造物には，人工的に作られた人工公物（道路・学校・病院・保育所など）のほか，自然に存在する自然公物（海浜など）も含まれる。

⑵ 設置・管理の瑕疵

国賠法2条1項にいう「設置管理の瑕疵」とは，「営造物が通常有すべき安全性を欠いていること」であると解されている（最判昭和45・8・20民集24巻9号1268頁〔高知落石事件〕）。そして，そのような設置管理の瑕疵の有無の判断基準について，判例は，「当該営造物の構造，用法，場所的環境及び利用状況等諸般の事情を総合考慮して具体的個別的に判断すべき」としている（最判昭和53・7・4民集32巻5号809頁〔ガードレール転落事故事件〕）。

社会福祉施設の物的設備の安全性に関していえば，社会福祉施設の性格や利用者を基準として考えられるべきであろう。この点，旧国鉄（現JR）の駅のプラットフォームから視力障害者が転落した事故につき，点字ブロックなどが設置されていなかったことが駅プラットフォームの設置管理の瑕疵であるとの主張に対して，事故当時点字ブロックの普及度が低く，素材・形状・敷設方法などに関しても標準化されていなかった点を考慮して国鉄側の責任を判断すべきとした最高裁判決がある（最判昭和61・3・25民集40巻2号472頁〔点字ブロック事件〕）。

第 5 章

民　　法

第 1 節　私たちの社会と契約

1. 契約に囲まれた現代社会

(1) ソーシャルワークと民法

契約は私たちの日常生活の基礎である。衣食住のあらゆる場面に契約は存在する。コンビニエンスストアでおにぎりを買うのも，IC カードで電車に乗るのも，スマートフォンを利用して洋服を購入するのも，すべて契約である。実際に，私たちは日常生活のなかで無意識のうちにさまざまな契約を結び，そして契約に基づいて権利をもち，義務を負っているのである。

契約は当事者間の約束である。約束であるといっても，「友達と遊びに行く」という単なる約束とは異なる。約束した内容を守らなければならないという点は同じであるが，契約の場合は，原則として一方的に約束をなかったことにはできないし，約束を守らないと裁判所に訴えられ，判決により約束した内容を守ることを強制される。このように，契約とは法的な責任が生じる約束である。

したがって，契約をするときには，契約をすることで自分にどのような結果をもたらすのかを理解し，自分が契約をすべきかどうか判断しなければならない。また，このような能力が不十分な者に対しては，契約により不利な状況に陥らないよう支援しなければならない。

日本の社会福祉は，2000（平成 12）年 4 月の介護保険制度の施行により，措置制度から契約制度へと大きな転換が図られた（→第1章第1節）。ソーシャルワークに携わる者が福祉現場で起こるさまざまな問題に取り組む際には，契約の基本的な知識が不可欠である。

⑵ 契約と民法

私たちの日常生活は契約を前提として成り立っている。そして，契約によって生じた権利をもち，義務を負っている。このように，私人と私人との間に権利と義務が存在すること（これを法律関係という）を定める法律が民法である。

実際のところ，民法は，権利の側面からのみルールを定めている（権利を裏返すと義務である）。具体的には，誰に権利があるのか（権利の主体について→第2節），何が権利の対象となっているのか（権利の客体について→第3節）を定めている。

そして，民法によって存在が認められた権利について，これを強制的に実現するための手続を定める法律が民事訴訟法である（民法上の強制執行）。たとえば，A・B間の契約により，AにはBに対して100万円を支払えと要求する権利が認められる。そして，Bが任意に支払わないとき，Aは裁判所に訴えて，勝訴判決をもらって，国家がBに強制的に100万円を支払わせ，契約の実現を保障する。

⑶ 「権利をもっている」ということ

民法は「私権の享有は，出生に始まる」（3条1項）と定めている。私権とは，たとえば，所有権，抵当権，債権といった，民法に定められている権利を指す。この「私権の享有は，出生に始まる」とは，私たちは，出生の時から，権利をもつことができることを意味する（と同時に，義務を負うことができることをも意味する）。このように，権利をもち義務を負う（権利義務の主体となる）資格のことを，権利能力という。出生から死亡まで，生まれたばかりの赤ちゃんにも高齢者にも，人間であれば誰にでも権利能力が認められる。

権利能力を有する主体が，権利をもち，義務を負う場面はさまざまである。現代社会において最も重要なのは，契約をした場合であり，そのほかにも，交通事故に遭った場合や，相続が開始した場合などがある。

2. 契約とは何か

⑴ 契約の成立

どのようにすれば契約が成立するのか。ケーキを食べたくなったAは，洋菓子店Bを訪れた。悩んだ結果，ショートケーキを買うことにしたという場面を考えてみよう。

A「ショートケーキをください。」B「はい，わかりました。」この会話では，AとBは，お互いの意思（売ります・買います）を明らかにしたうえで，その意思を一致させている。つまり，合意が成立している。

民法は，AとBの合意を「意思表示の合致」ととらえている。Aの意思表示を「申込み」，Bの意思表示を「承諾」という。具体的には，Aが「ショートケーキをください」といったことが「申込み」に該当し，Bが「はい，わかりました」といったことが「承諾」に該当する。申込みと承諾の合致により，AとBの間で契約が成立したことになる（522条1項）。このように，AとBの合意だけで成立する契約を諾成（だくせい）契約という。

実際には，どのような言動が「申込み」にあたり「承諾」にあたるかは個別具体的な場面ごとにさまざまである。たとえば，B「こちらのショートケーキはいかがでしょうか」（申込み）とA「はい，それをください」（承諾）の場合もある。

図5-1　契約の成立

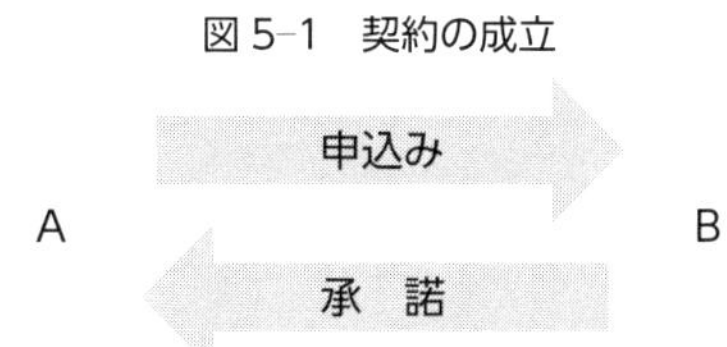

⑵ 契約の方式

一般的に，「契約書」に署名・押印をすることで，契約が成立するというイメージがある。しかし，契約の成立には，原則として，書面は必要ない（522条2項）。口約束でも（書面がなくても，合意だけで）契約は成立する。

ただし，後になって契約が成立しているかどうかをめぐって裁判になったときには，「契約は成立している」ことを証明するために契約書の存在が重要になる。あるいは，後になって契約の内容をめぐって裁判になった場合には，契約の内容を明らかにするために契約書の存在が必要になる。そのため，重要な取引や金額が大きい取引では，契約書が作成される。

他方，保証契約（446条2項）や贈与契約（550条）では，契約の成立に書面が必要であると定められている。このように，合意だけでなく，書面の作成という方式が必要とされる契約を要式契約という。同様に，消費貸借（→第6節3(3)）のように，合意だけでなく，物の引渡しが必要とされる契約を要物契約という。

(3) 契約に基づく権利・義務の発生

契約が成立すると，どのような法的責任が生じるのだろうか。

契約が成立すると，契約の内容どおりの権利・義務が生じる。たとえば，Aと洋菓子店Bの間で上述の契約が成立すると，Aは，Bに対して，「ショートケーキを引き渡せ」と要求する権利（これを債権という→第5節1）をもち，代金500円を支払う義務（これを債務という→第5節1）を負う。これを逆の方向から見ると，Bは，Aに対して，代金を支払えという権利（債権）をもち，ショートケーキを引き渡す義務（債務）を負う。

このように，AがBに対価（代金500円）を支払うことを内容とする契約を有償契約という（これに対して，対価がない契約を無償契約という）。また，AとBが互いに対価にあたる義務（お金を支払う義務，仕事をする義務）を負う契約を双務契約という（これに対して，一方のみが義務を負う契約を片務契約という）。

(4) 法 律 行 為

契約のように，意思表示によって，その内容どおり法律効果（権利・義務）が生じる行為を法律行為という。

法律行為には，契約のほかに，単独行為，合同行為がある。契約は，2つの意思表示の合致により法律効果が生じる。これに対して，単独行為は，遺言（→第9節3）のように，意思表示を行う者（これを表意者という）の一方的な意思表示のみで法律効果が生じるものをいう。相手方の承諾は必要ない。合同行為は，会社の設立のように，数人の者が同一の方向を向いた共通の目的をもってした意思表示で法律効果が生じるものをいう。

第2節　契約の主体

1. 契約自由の原則

私たちは社会生活を営むうえでさまざまな契約を締結する必要がある。私たちは，契約をするかどうか，誰と契約をするか，契約をする場合にはどのような内容の契約をするかを自由に決めることができる。これを「契約自由の原則」という（521条)。そして，自分の意思で契約をしたならば，責任をもって契約を守らなければならない。このように契約には拘束力がある。

自分の意思で契約したからこそ契約に拘束されるのであるから，その前提として，当事者が契約の意味内容を理解している必要がある。

(1) 意思能力

契約は申込みと承諾により成立する。では，5歳のAが「この自動車をください」といい，自動車ディーラーBが「わかりました」といった場合はどうだろう。この場合に，申込みと承諾があり，契約は成立したといえないことはわかるだろう。

なぜならば，Aは自動車を買うという契約をすることの意味内容（「この自動車を買うと，200万円を支払わなければならない」ということ）を理解できていない。さらに，自動車を買うという契約の意味内容を理解していないAに対して，Bが，「契約は成立しているのだから，契約の内容どおり200万円を支払え」と求めるのは理不尽だ。したがって，契約をする時には，当事者に，その契約の意味内容を理解する能力が必要である。この能力を意思能力という。民法は，契約の当事者が意思表示をした時に意思能力がなかったときは，その契約は無効であるとする（3条の2)。5歳であるAの意思能力は否定されるから，意思能力のないAがした契約は無効である。つまり，契約は成立しない。

一般的に10歳未満の児童・幼児や，その程度以下の判断能力しかない知的障害者や精神障害者には意思能力はないと理解されている。

(2) 行為能力

しかし，意思能力（3条の2）だけでは，当事者の真の納得を確保できない場合がある。たとえば，Aが80歳だった場合を考えてみよう。80歳のAは，意思能力があるかもしれないし，ないかもしれない。Aの実際の状況は，自動車ディーラーBにはわからない。

Bは，Aとの間で自動車を売るという契約をしたにもかかわらず，後になって，契約時にAには意思能力がなかったから契約は無効であるとして，Aから200万円を支払ってもらえないかもしれない。そうすると，Bとしては，自動車を売ることに慎重にならざるをえない。このような事態を避けるために，民法は，一定のカテゴリーに属する者について，単独で有効な契約をすることができないと定めている。これを行為能力制度という。

具体的には，未成年者，成年被後見人，被保佐人，被補助人という4つのカテゴリーがある。これらの者は，単独で有効な契約をすることができる能力（これを行為能力という）が制限されていることから，制限行為能力者という（成年被後見人，被保佐人，被補助人について→**第7章**）。

言い換えると，これら以外の者は，完全な行為能力を持っているから，意思能力が否定されない限り契約は有効であり，その結果，契約の内容どおりの権利・義務が生じる。

(3) 未成年者を保護する制度

未成年者とは，年齢18歳未満の者をいう（4条）。16歳のAは，十分な判断能力があるかもしれないし，ないかもしれない。たとえば，同じ16歳のA・B・Cでも，個々に判断能力は異なる。個々の判断能力の証明は難しいことから，未成年者は，一律に，単独で有効な契約をすることができないとされている。では，未成年者Aが自動車ディーラーDから自動車を買うにはどうすればいいのかというと，以下の2通りの方法がある。

Aは，①父母（法定代理人）の同意を得たうえで，Dと契約をすることができる（父母の同意を得ているので，未成年者がした契約は有効となる）。他方，Aが，父母の同意を得ないでした契約は，一応有効であるが，後になって，父母はその契約を取り消すことができる（5条1項・2項）。取り消された契約は，はじめから無効であったものとみなされる（121条）。または，②父母（法定代理人）にAを代理してDと契約をしてもらうことができる（824条）（→次項）。

2. 代　　理

⑴ 法律行為の代理

契約の当事者について，契約をするために必要な能力がない場合や，契約をする現場に立ち会うことができない場合には，その本人に代わって別の人（代理人）が代理して契約することがある。

たとえば，A が成年被後見人である場合には，A は自分で契約をすることができないから，A に代わって契約をする人が必要である。この場合，成年被後見人に代わって契約をする成年後見人（代理人）を家庭裁判所の審判で定める（843 条 1 項）。これを法定代理という（財産管理・代理→**第 7 章第 3 節**）。

あるいは，B は自分で契約をすることができるけれども，契約の現場に立ち会うことができない場合には，B に代わって契約をする人が必要である。この場合，B の意思で代理人を選任する。これを任意代理という。以下では任意代理について扱う。

⑵ 代理の仕組み

A が B を代理してカメラ店 C と契約する場合を考えてみよう。この場合，A を「代理人」，B を「本人」，C を「相手方」という。

実際に契約をするのは，A と C である。① A は，B に代わって C に対して申込みの意思表示をし，② C は，B に代わって A に対して承諾の意思表示をすることで，契約は成立する。代理人 A による法律行為（契約）を代理行為という。そして，契約により生じる法律効果（権利・義務）は，直接 B に生じる。B には C に対してカメラを引き渡せという権利および C に対して代金を支払う義務が生じる。

本来であれば，自分がした契約の効果は自分自身に生じる。しかし，代理においては，他人である代理人 A がした契約の効果は本人 B に生じる。つまり，B にとっては，自分に代わって A が契約をしたけれども，自分で契約を締結したときと同様の効果が生じることになる。このような代理の仕組みを，「代理人がした法律行為の効果が本人に帰属する」と表現する（99 条 1 項参照）。

⑶ 代理の要件

代理の効果が認められるには，①代理人と本人との関係では，本人から代理人に代理権が与えられていること，②代理人と相手方との関係では，代理人が

図 5-2　代理と法律効果の帰属

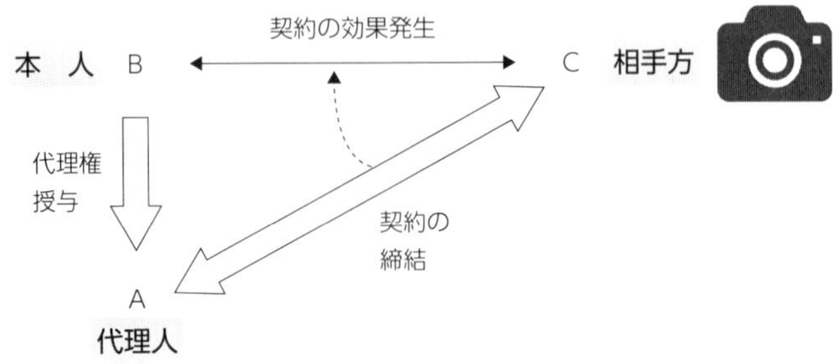

本人のためにすることを示して法律行為をしたこと，が必要である（99 条 1 項）。

ⓐ 代　理　権

本人に代わって法律行為をすることができる権限を代理権という。具体的には，B が A に対して「自分に代わって C からカメラを買ってくれ」と依頼した場合，「B に代わって C からカメラを買う」という内容の代理権を A に与えたことになる。これを「代理権の授与」という。一般的には，B が A に代理権を授与したこと（A に代理権が存在すること）を示すため，B から A に「委任状」が交付される。

ⓑ 顕　　名

代理人は，「本人のためにすることを示して」法律行為をしなければならない（99 条 1 項）。A が B を代理して C と契約をする際に，A は C に「自分は B の代理人だ」と伝えなければならない。これを「顕名（けんめい）」という。顕名をすることで，A は，代理行為の効果が誰に帰属するのかを，C にわかるようにしなければならない。一般的には，「B の代理人 A」という署名をすることで，A が B の代理人であることが明らかになるので，顕名があったといえる。

他方，代理人が顕名をしなかった場合，代理行為の効果は，本人ではなく，代理人に帰属する（100 条本文）。ただし，「本人のため」であることがわかる場合には，顕名がある場合と同じ扱いでよい（同条ただし書）。

(4) 無 権 代 理

ところが，A が，代理権がないのに，B の代理人 A として，C からカメラを買ったとする。

まず，代理権をもたないAがBの代理人として契約その他の法律行為をすることを無権代理という。このように代理権をもたないAの代理は，原則として，無効になる（BはCにカメラの代金を支払わなくてよい）。ただし，Bが追認（Aによる無効な代理行為を有効にするという意思表示）すれば，Aの代理は有効となる（113条1項）。なお，Aは，Bの追認を得られないときは，履行（自ら契約内容を実現する）または損害賠償をしなければならない（117条1項）。

次に，無権代理であっても，取引の安全を保護するため，代理が有効に成立したのと同様にAが締結した契約の効果をBに帰属させる制度を表見代理という（109条・110条・112条）。

第3節　契約の客体（目的物）

1. 物　　権

AとBの間で，AのパソコンをBに5万円で売買する契約をすると，契約に基づいて，AからBへパソコンが引き渡されることになる。

「Aのパソコンである」ことは，Aはパソコンを所有する権利（所有権）をもっていることを意味する。所有権とは，所有者（A）が，所有している物（パソコン）を自由に使用（利用すること），収益（貸して利益を得ること），処分（廃棄すること）できる権利をいう（206条）。

そして，契約に基づいて，「Aのパソコン」から「Bのパソコン」になる。このとき，パソコンの所有者はAからBに変更されるのであるが，このことは，パソコンの所有権がAからBへ移転したことを意味する。

このように物（ぶつ）（「もの」ではなく「ぶつ」と読む）に対する権利を物権という。物権は，民法その他の法律に定められた種類と内容に限って認められ（これを物権法定主義という），所有権のほかに，占有権（180条），地上権（265条），質権（342条）や抵当権（369条）などがある。これ以外のものを創設することはできない（175条）。

2. 物権変動の原因

所有権などの物権の発生，変更，消滅を物権変動という。物権変動が生じる原因として，意思表示による物権変動（法律行為）と，意思表示以外の物権変動（時効，相続〔→第9節〕）がある。

時効とは，一定の事実状態が一定期間継続した場合，その事実状態が真の権利関係に合致するかどうかを問わず，権利の取得や権利の消滅（→第5節1(2)）を認める制度である。時の経過により権利を取得することを取得時効という。たとえば，Aが，Bの土地である（土地の所有権はBにあり，Aにはない）ことを知らないで，かつ，そのことに過失がなかった（これを善意かつ無過失という）とき，その土地を所有する意思をもって10年間使用し続けたとき，Aはその土地の所有権を取得する（162条2項。所有権以外の権利については163条）。

3. 物権の客体

物権の客体（対象）となる物について，民法は，物を有体物に限定する（85条）。さらに，有体物は，不動産と動産に分かれる。不動産とは，土地および土地の定着物である（86条1項）。土地の定着物とは，土地にくっついていて，簡単には取り除けない物をいう。建物や樹木，橋などがこれにあたる。民法では，土地と建物を別個の不動産として取り扱うことから，土地と建物を別々に売買することができる。

不動産以外の有体物はすべて動産である（86条2項）。自動車，パソコン，カメラ，本，食品，文具などがこれにあたる。さらに，犬や猫などの動物も動産として扱う。ただし，生きている人間の身体は物権の対象とすることはできない（かつての奴隷は物として扱われていた）。

民法は物を有体物に限定しているので，エネルギー（熱・光・電気）や情報などの無体物は物ではない。しかし，現代においては，無体物であっても財産上の価値を有することが認識されている。そこで，無体物（著作物，発明品，商号・商標など）に対する権利（著作権，特許権，商標権など）を知的財産権として保護するために，個別に著作権法，特許法，商標法など（これらを総称して知的財産法という）がある。

第4節　契約の成立

1. 契約の有効要件：真意と意思表示の一致

契約は意思表示の合致（合意）により成立する。その意思表示は，表意者の真意（本当の意思）に対応した意思表示でなければならない。表意者において，その真意と意思表示が一致していない場合に，そのような意思表示の効力を否定すべきかが問題となる。本人の帰責性と相手方の信頼の保護のバランスを検討しなければならない。

(1) 心裡留保

Aが，Bに対して，冗談で「自転車を10万円で買いたい」と伝え，Bが承諾した場合を考えてみよう。Aは，心のなかでは「自転車を10万円で買いたい」とは思っていない。しかし，Bにしてみれば，Aが心のなかでどのように考えているかを知る由もないから，Aが発言した内容をそのとおりにとらえるだろう。このような場合，Aを信じたBを保護する必要があるから，原則として，A（表意者）が自分の真意ではないことを承知しながら意思表示をしたとき（これを心裡留保（しんりりゅうほ）という）であっても，この意思表示は有効である（93条1項本文）。

ただし，Bが，Aが冗談でいっていること（表意者の真意に対応した意思表示ではないこと）を知っていた（または知ることができた）場合には，Aを保護する必要があるから，Aの意思表示は無効となる（93条1項ただし書）。

(2) 虚偽表示

Aは多額の債務を抱えていて，債権者からの差押えを免れるために，Aの土地の名義人をBに移転しておこうと考えた。そこで，AとBは，Aの土地を2000万円で売買するつもりなどないのに，売買があったかのような状態を作り上げようと示し合わせたうえで，Aは，Bに対して，「土地を2000万円で売りたい」といい，Bが承諾した。

Aは，Bと示し合わせて（これを通謀（つうぼう）という），嘘の契約の意思表示をした。このようなAの意思表示を虚偽表示（きょぎひょうじ）という。この場合，Aの意思表示は，無効となる（94条1項）。

しかし，Bが，何も事情を知らない（善意の）Cに土地を売却したときは，A・B間の通謀虚偽表示を理由とする無効を主張することができない（94条2項。その結果，B・C間の契約は有効となる）。

(3) 錯　　誤

Aは，「腕時計を2万円で買いたい」と思っていたところ，Bに対して，「腕時計を2万ドルで買いたい」（1ドル＝110円とすると2万ドル＝220万円）といい，

Bが承諾した。このように，表意者自身がその真意と意思表示の不一致に気づいていない場合を錯誤（さくご）という。

時に，私たちは「言い間違え」たり「思い違い」や「勘違い」をすることがある。Aも，「円」と言うつもりが「ドル」と言い間違えてしまったのかもしれない。しかし，だからといって，後になって，Aから「言い間違えたから，なかったことにしてくれ」といわれても，Aの言葉を信じて承諾したBは困ってしまう。そこで，意思表示をした際に錯誤があったという場合には，一定の要件を満たしたときにのみ，意思表示を取り消すことが認められている。

錯誤に基づく意思表示の取消しが認められるためには，①意思表示が錯誤に基づくものであって，②その錯誤が法律行為の目的および取引上の社会通念に照らして重要なものでなければならない（95条1項柱書）。そうすると，①Aが，「円」と「ドル」の言い間違いに気づいていたならば，「腕時計を2万ドルで買いたい」という意思表示はしなかったといえ，かつ，②Aだけでなく，一般の人にとっても，契約の目的物である腕時計の代金（「円」か「ドル」か）は重要な事柄であり，「円」と「ドル」の誤りに気づいていたならば，「腕時計を2万ドルで買いたい」という意思表示をしなかったといえるならば，Aは自分がした意思表示を取り消すことができる。

他方，Aが，環境問題に関心をもっていたところ，腕時計の形状からソーラー電波時計であると認識し，「腕時計を2万円で買いたい」と伝え，Bが承諾した。しかし，腕時計は実はネジ巻き式であったという場合はどうだろうか。Aの認識（ソーラー電波時計）と事実（ネジ巻き時計）が不一致であったときに，錯誤に基づく意思表示の取消しが認められるためには，上記の①②に加えて，③法律行為（この場合は契約）の基礎とされている事情が表示されていなければならない（95条2項）。そうすると，②Aだけでなく，一般の人であっても，腕時計の売買をする際に，その目的物である腕時計の動力源は重要な事柄であり，「ソーラー電波」と「ネジ巻き」の誤りに気づいていたならば，「腕時計を2万円で買いたい」という意思表示をしなかったといえ，さらに，③AとBの契約の過程において，Aがソーラー電波時計であるからこそ買いたいと考えていることにBが気づいていただけでなく，このことが契約をするか否かを左右する事情であることをAもBも認識していたならば，Aは自分がした意思表示を取り消すことができる。

⑷ 詐　欺

相手方Bにだまされた結果，表意者Aがその真意と意思表示の不一致に気づいていない場合を詐欺（さぎ）という。この場合には，後になって，Aから「間違えたからなかったことにしてくれ」といわれても，AをだましたBを保護する必要はない。詐欺を理由とする取消しが認められるためには，①詐欺行為が行われ，②詐欺による意思表示がされなければならない。そうすると，①BがAをだまして（これを欺罔（ぎもう）行為という）錯誤に陥らせることによって，②Aが「自動車を200万円で買いたい」という意思表示をしたならば，Aは自分がした意思表示を取り消すことができる（96条1項）。

⑸ 強　迫

相手方Bに強制された結果，表意者Aの真意と意思表示が一致していないことを，表意者自身が知っていた場合を強迫（きょうはく）という。強迫を理由とする取消しが認められるためには，①強迫行為がされ，②強迫による意思表示がされなければならない。そうすると，①BがAを怖がらせる（これを畏怖（いふ）行為という）ことによって，②Aが「自動車を200万円で買いたい」という意思表示をしたならば，Aは自分がした意思表示を取り消すことができる（96条1項）。

2. 契約の有効要件：契約内容の相当性

契約が成立するには，当事者間の意思表示が合致することが必要である。しかし，表意者の意思表示が完全なものであったとしても，契約内容が相当でない（契約内容に問題がある）場合には，契約は無効になる。

⑴ 強 行 法 規

契約の当事者は，どのような内容の契約をするかを自由に決めることができる（契約自由の原則）。しかし，民法やその他の法律で，当事者がそれと異なる定めをすることができないと規定されている場合がある（これを強行法規という。たとえば，賃貸借の存続期間に関する604条1項）。強行法規に反する当事者の合意は，無効となる，または，強行法規にあわせて変容される。

⑵ 公 序 良 俗

強行法規に違反しなければ，契約の当事者は，契約の内容を自由に決められるというわけではない。たとえば，覚せい剤等の薬物の譲渡は法律で禁止されているから（覚醒剤取締法41条の2第1項等），覚せい剤を売買する契約をしてはならないという法律がなくても，そのような契約は「公の秩序又は善良の風俗」（これを公序良俗という）に反する法律行為にあり，無効である（90条）。

3. 無効と取消し

契約が成立したとしても，契約の有効要件を欠く場合，契約の効力の発生が否定されることがある。それが無効と取消しである。

(1) 無　効

無効とは，契約の効力がはじめから発生しないことをいう。契約が無効となるのは，意思能力がない場合（3条の2），公序良俗に反する場合（90条），強行法規に反する場合（91条），心裡留保の場合（93条），虚偽表示の場合（94条）である。はじめから効力が生じないのであるから，契約の無効を，誰からでも，いつでも，主張することができる。

(2) 取 消 し

取消しとは，いったん成立し，効力が生じた契約を，はじめから無効であった（はじめから効力を生じなかった）とみなすことをいう（121条。これを遡及効（そきゅうこう）という）。契約を取り消しうるのは，制限行為能力者がした場合（5条・9条・13条4項・17条4項・20条），錯誤（95条），詐欺・強迫（96条）の場合である。取消し可能な契約は，取り消されるまでは有効であるが，取り消されたときは，契約の成立時に遡ってその効力の発生が否定される。

取消しは，制限行為能力者や，錯誤・詐欺・強迫により意思表示をした者を保護する仕組みであることから，取消しを主張できる者（取消権者という）は限定されている。制限行為能力者や，錯誤・詐欺・強迫により意思表示をした者自身，その代理人（たとえば，後見人），承継人（たとえば，相続人）等である（120条）。

第5節　契約の効力

1. 契約内容の実現

(1) 債権・債務の発生

契約が成立すると，その効力が生じる。契約の成立により，その内容どおりの権利（つまり債権）が発生することを意味する。たとえば，介護用品専門店AとBの間で，Aのシャワー椅子をBに1万5000円で売買いする契約が成立したならば，AにはBに代金を支払ってもらう債権が，BにはAに商品を引き渡してもらう債権が発生する。

このように，特定の人Aが，他の特定の人Bに対して，一定の行為をしてもらう（代金を支払ってもらう）権利を債権という。このとき，債権をもっているAのことを，債権者という。BがAに商品を引き渡してもらう権利も同様に，債権である（この場合は，Bが債権者である）。債権を逆の方向からいうと，債務であり，債権者の相手方のことを債務者という（図5-3）。

(2) 時の経過による債権の消滅

債権には消滅時効という制度がある（時効制度について→第3節2）。債権者において，一定期間債権が行使されない状態が継続したとき，本当に債権が存在しているか否かを問わず，債権が消滅していることになる（166条）。

たとえば，介護用品専門店AとBの間のシャワー椅子の売買契約で，代金支払期限を2030年4月1日と定めた。支払日がくればAは，Bに対して代金を支払えという債権を行使することができるのに，行使せずに放っておいたとする。この場合，支払日である2030年4月1日を起算点として，5年が経過することで消滅時効が完成する（166条1項1号）。そして，時効の効力は，時効によって利益を受ける当事者Bが，消滅時効が完成して，Aの債権が消滅したと主張したときのみに認められる。これを消滅時効の援用という（145条）。

2. 債務の履行

契約が成立すると，その効果として，契約の当事者は，契約の内容どおりの債務を負う。債務者が債務の内容として行うべき行為（「商品を引き渡す」「代金を支払う」）のことを，給付という。そして，債務者が債務の内容どおりの給付

図 5-3　債権・債務の発生

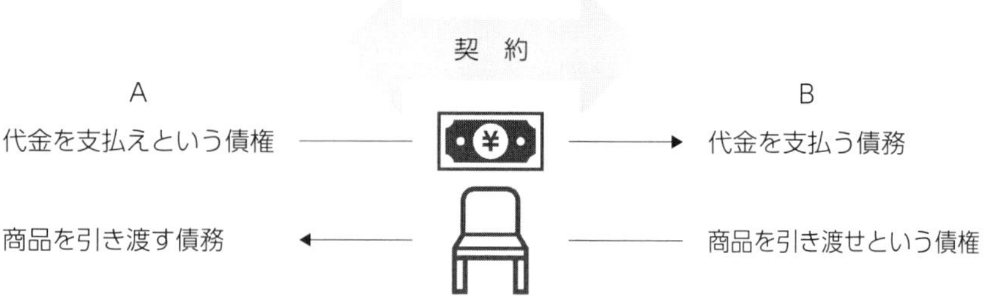

を行うことを，「債務を履行する」または「債務を弁済(べんさい)する」という。

契約により生じた債務は，契約の内容どおりに履行・弁済されることによって消滅する（473 条）。介護用品専門店 A と B の間のシャワー椅子の売買契約の場合，A が商品を B に引き渡すことで A の債務は消滅する。他方，B が代金を A に支払うことで B の債務は消滅する。

債務の履行・弁済は，本来，債務者である A・B 自身によって実現されるべきであるが，第三者 C がすることもできる（474 条 1 項。ただし，C による弁済が許されない場合もある）。これを第三者弁済という。第三者弁済により，債務は消滅する。

3. 債務の不履行

契約によって発生した債務が履行されないことを債務不履行という。債務不履行には，履行遅滞と履行不能がある。この場合，債権者は，債務者に対して，どのような手段をとることができるだろうか。以下では，A の商品を引き渡す債務を中心に考えてみよう。

(1) 履 行 遅 滞

履行遅滞とは，債務を履行することができるのに，債務を履行すべき期日（履行期または弁済期という）が過ぎても，債務者が債務を履行しないことをいう（412 条）。たとえば，介護用品専門店 A と B の間のシャワー椅子の売買契約で，引渡期日および代金支払期限を 2030 年 4 月 1 日と定めたが，同日を過ぎても，A は B に商品を引き渡さないとする。

(a) 履行の強制

債権者Bは，債務者Aに対して，商品を引き渡す債務の履行を請求することができる。Aが任意で履行しないとき，Bは，裁判所を通じて強制的に履行させることができる（414条）。

(b) 同時履行の抗弁権

債権者Bは，債務者Aが商品を引き渡す債務の提供をするまでは，自己の債務（代金を支払う債務）の履行を拒むことができる（533条本文）。これを同時履行の抗弁という。

(c) 契約の解除

もっとも，債権者としては，このような不誠実な債務者との契約を続けたくないと考えるだろう。そこで，債権者Bは，Aとの契約を解除することができる（541条→4）。

(d) 損害賠償

債権者は，履行の強制または契約の解除のいずれの方法をとったとしても，債務者に対して，債務の履行が遅れたことによって生じた損害の賠償を請求することができる（414条2項・545条4項→5）。

(2) 履行不能

履行不能とは，債務者がもはや債務の履行をすることができないことをいう。たとえば，介護用品専門店AとBの間のシャワー椅子の売買契約の成立後，地震によりAの倉庫が全壊し，商品が消失したとする。

このとき，Aの商品が消失してしまったとしても，それが大量生産されている既製品（品番XY-7003SNのような）であれば，Aは新たに同一の品番の商品を仕入れればよい。この場合は，契約の内容どおりの債務の履行は可能であり，履行が不可能になることはない（履行不能にはあたらない）から，BはAに債務の履行を請求することができる。同様に，Bの債務のような「1万5000円を支払う」という債務（金銭債務）についても，金銭は必ず市場に存在し，調達が不可能になることはないから，金銭債務の履行が不可能になることはない（金銭債務の不履行→5(3)）。

他方，Bの身体に合わせた採寸・採型・設計を行い制作されたオーダーメイドの商品であれば，この世に1つしかないので，オーダーメイドの商品の消失により契約の内容どおりの債務の履行は物理的に不可能であるから，Aの債務は履行不能にあたる。このようなときに，Aにその債務の履行を強制しても意味がないので，BはAに債務の履行を請求することができない（412条の2第1項）。

(a) 履行拒絶

Aの債務が履行不能となったことについて，地震のように「当事者双方の責めに帰することができない事由」によるときは，債権者Bは自己の債務（代金を支払う債務）の履行を拒むことができる（536条1項）。これを履行拒絶権という。

(b) 契約の解除

Aの債務が履行不能であるとしても，債権者Bの債務（代金を支払う債務）は消滅しない。そこで，Bは，Aとの契約を解除することができる（542条1項1号→4）。

(c) 損害賠償

債権者Bは，Aに対して，債務の履行に代わる損害賠償（オーダーメイドの商品の市場価値に相当する損害賠償金の支払い）を請求することができる（415条2項1号→5）。

4. 契約の解除

契約が成立すると，当事者は契約によって発生した債務を履行しなければならない。債務不履行であるからといって契約が解消されるわけではないから，債務者は自己の債務を履行しなければならない。債務者は契約を解消することで，自己の債務を消滅させることができる。このように，契約を解消することを解除という。

なお，債務者が債務を履行しないことについて責めに帰すべき事由（これを帰責事由という）がなくても，債権者は，契約または法律の規定により，契約を解除することができる（540条）。

このうち，契約により定められる場合を約定解除といい，法律の規定により定められる場合を法定解除という。以下では，法定解除について扱う。

(1) 催告による解除

介護用品専門店AとBの間のシャワー椅子の売買契約で，履行期（2030年4月1日）を過ぎても，AがBに商品を引き渡さない場合（履行遅滞），Bは相当の期間を定めてその履行を催告し（「2030年4月8日までに引渡しがされない場合には解除する」），その期間内に履行がないときには，Bは，契約を解除することができる（541条）。

(2) 無催告解除

介護用品専門店AとBの間のオーダーメイドのシャワー椅子の売買契約において，Aの債務の全部が履行不能である場合，Bが催告をしてもAはその債務を履行することができないので，Bは，催告をせずに，「直ちに」契約を解除することができる（542条1項1号）。

債務の全部が履行不能であるときのほか，Bが「催告をしても契約をした目的を達するのに足りる履行がされる見込みがないことが明らかである」場合（542条1項5号）にも，無催告解除ができる。

(3) 解除の効果

契約の解除により，その契約はなかったことになる。契約の当事者は，契約がなかったのと同様の状態に戻す義務（これを原状回復義務という）を負う（545条1項本文）。介護用品専門店AとBの間のシャワー椅子の売買契約が解除されたとき，Aがすでに商品を引き渡していれば，Bはそれを返還する義務を負う。他方，Bがすでに代金を支払っていれば，Aは，Bから受領した代金全額を返還する義務を負うだけでなく，その利息も返還しなければならない（542条2項）。

5. 損害賠償

債務者は，債務を履行する責任を負う。債務不履行によって損害が生じたとき，債務者は，原則として，その損害を賠償する義務（これを損害賠償責任という）を負う。

(1) 債務者の帰責性

債務不履行の場合に，債権者が債務者に対してとりうる手段について説明した。そこでは，債務者がその債務の履行をしないことについて債務者にその責任があるか否かは問題とならなかった。

他方，債務不履行の場合に，債権者が債務者に対して損害賠償を請求するためには，「債務者の責めに帰する」事由が必要である（415条1項本文）。債務者に帰責事由があることを根拠に，債務者に損害賠償責任を負わせるものであるから，「債務者の責めに帰することができない事由」があるときは，債務者は損害賠償責任を免れる（415条1項ただし書）。債務者において免責事由があるかどうかは，「契約その他の債務の発生原因及び取引上の社会通念に照らして」判断される。債務者が債務を履行できなくなった原因が，地震などの天災，債権者による妨害，第三者の犯罪行為など，債務者のコントロールが及ばない出来事による場合には，債務の不履行は免責事由によるものだと判断される可能性がある。

⑵ 損害賠償の範囲

債務不履行により，債権者に生じる損害には多数ある。これらの損害のうち，債務者が賠償すべき範囲が問題となる。

債務者は，「通常生ずべき損害」（これを通常損害という）を賠償しなければならない（416条1項）。また，「特別の事情によって生じた損害」（これを特別損害という）であっても，当事者（ここでは債務者を指すと理解されている）がその事情を「予見すべきであった」損害を賠償しなければならない（416条2項）。そして，損害賠償は，原則として，損害がいくらの金銭に相当するのかを評価して，その評価額を金銭で支払う方法による（417条）。

⑶ 金銭債務の不履行

介護用品専門店AとBの間の売買契約（履行期2030年4月1日）において，2030年4月1日，Bは「今日，1万5000円を支払うことはできない」といった。この場合，Bの金銭債務の履行が不可能になることはない。その後，同年5月1日に，BはAに代金を支払うと告げた。このとき，AはBに対して，代金1万5000円のほかに，金銭債務の支払いが遅れたこと（金銭債務の不履行）による損害の賠償としていくら請求することができるか。金銭債務の不履行において，債務者が損害賠償として法律上当然に支払わなければならない金銭を遅延損害金または遅延利息という。

遅延損害金の賠償については，賠償額は金銭債務の額に対する一定の割合に基づいて計算する。その割合は，原則として，法定利率（404条）によるが，契約で定めた約定利率が法定利率を超える場合には約定利率による（419条1

項)。そして，債権者は損害の立証をする必要がないから（419条2項），前記利率による遅延損害金の賠償を得ることができる。法定利率を年3%とすると，1万5000円×年利3%×（30日／365日）＝37円（四捨五入）が，Bが支払うべき遅延損害金の賠償額である。

第6節　契約の種類

1. 典型契約

民法が定める契約を典型契約という（民法に名前が列挙されていることから有名契約ということもある)。典型契約には13類型あり，日常生活に必要な契約類型とほぼ一致する。これに当てはまらない契約を非典型契約（または無名契約）といい，フランチャイズ契約，ライセンス契約（使用許諾契約)，コンサルティング契約，販売代理店契約などがある。

典型契約は，大きく分けると，財産移転型の契約（売買など)，貸借（たいしゃく）型の契約（賃貸借など)，役務（えきむ）（サービス）提供型の契約（請負（うけおい）など)，その他の4つに分けられる。そして，これらの契約について，成立や効力に関する具体的なルールが定められている。

2. 財産移転型の契約

自分の財産（権利）を契約の相手方に譲渡することを内容とする契約には，売買（売る・買う)・交換（互いに交換する)・贈与（あげる・もらう）がある。

(1) 売　　買

書店AとBの間で，Aの本をBに300円で売買いするという契約をしたとする。このように，①当事者の一方（売主A）が，ある財産（本）の所有権を相手方（買主B）に移転することを約束し，②相手方がこれに対してその代金(300円）を支払うことを約束することによって成立する契約を，売買契約という（555条)。売買契約が成立すると，その効力として，売主は，売買の対象である所有権（このように財産的価値をもつ物権・債権を財産権という）を買主に移転する義務（売買の対象となっている目的物を引き渡す義務）を負い，他方，買主は，売主に対して，代金を支払う義務を負う。

(2) 交　換

売買では財産権の譲渡の対価として金銭が支払われるのに対して，交換では金銭以外の財産権が移転する。

AとBの間で，Aの車椅子とBのシニアカーを交換する約束をしたとする。このように，①当事者が互いに金銭以外の財産権を移転することを約束することによって成立する契約を交換契約という（586条1項）。

(3) 贈　与

売買・交換では財産権の譲渡に対価が支払われるのに対して，贈与では対価が支払われない。

AとBの間で，Aが車椅子をBにただであげる約束をしたとする。このように，①当事者の一方（贈与者）がある財産を無償で相手方（受贈者）に与える意思を表示し，②相手方が受諾（じゅだく）することによって成立する契約を贈与契約という（549条）。

3. 貸借型の契約

自分の財産を他人に利用させること（貸す・借りる）を内容とする契約には，賃貸借・使用貸借・消費貸借がある。いずれも，一定期間の経過後に返してもらうことになるが，貸した物そのものを返してもらう（借りた物そのものを返す）のが使用貸借・賃貸借であり，お金の貸し借りのように，借りた物そのものを返すのではなく，借りた物と同種同等の物を返すのが消費貸借である。

(1) 賃 貸 借

介護用品専門店AとBの間で，BがAの電動車椅子を，1年間，1カ月自己負担5000円で借りることを約束したとする。このように，①当事者の一方（貸主・賃貸人）がある物の使用および収益を相手方（借主・賃借人）にさせることを約束し，②相手方がこれに対してその賃料を支払うことおよび引渡しを受けた物を契約が終了した時点で返還することを約束することによって成立する契約を賃貸借契約という（601条）。

(2) 使 用 貸 借

賃貸借では借りることに対価（賃料）が支払われるのに対し，使用貸借では対価が支払われない。①当事者の一方（貸主）がある物を引き渡すことを約束し，②相手方（借主）がその受け取った物について無償で使用および収益をして契約が終了したときに返還をすることを約束することによって成立する契約を使用貸借契約という（593条）。

⑶ 消費貸借

Aは，「1カ月後にきちんと返すから3万円貸してくれ」とBに頼んだ。Bが3万円をAに渡したとする。このように，①当事者の一方（借主）が種類，品質および数量の同じ物をもって返還することを約束して，②相手方（貸主）から金銭その他の物を受け取ることによって成立する契約を消費貸借契約という（587条）。

なお，金銭の貸し借りにおいて，借主は必ず利息をつけて借りた金銭を返さなければならないというわけではない。民法は，無利息の消費貸借契約を原則としている。貸主は，特別な定め（これを特約という）がなければ，借主に利息を請求することができない（589条1項）。現在の取引社会においては，ほとんどの消費貸借契約に利息を定める特約が存在する。利息付きの消費貸借契約の場合には，借主は，借りた金銭（これを元本という）を返済し，利息を支払う義務を負う。貸主である銀行や消費者金融などの金融機関から借主を保護するために，元本に対する1年間の利息の割合（これを金利という。％で示す）の上限が定められている（利息制限法1条）。

4. 役務提供型の契約

役務（サービス）を提供することを内容とする契約には，請負・雇用・委任・寄託がある。

⑴ 請　　負

クリーニング店Aは，Bから，ワイシャツのクリーニングの依頼を受けたとする。このように，①当事者の一方（請負人）がある仕事を完成することを約束し，②相手方（注文者）がその仕事の結果に対してその報酬を支払うことを約束することによって成立する契約を請負契約という（632条）。

Column5–①　診療契約

医師（医療機関）と患者との契約を診療契約という。診療契約は，①患者による診療の依頼，②医師による診察を承諾とみなすことで成立する。この診療契約は，準委任契約（656条）であると理解されている。委任は法律行為の委託を内容とするのに対して，準委任は法律行為以外の事務の委託を内容とするものであり，委任の規定が準用される。

診療契約の成立により，医師は，患者に対し，一般的な医学水準に従って通常要求される程度の注意を払いながら，患者にとって必要かつ適切な診療行為を選択し，これを行う義務を負う。病気治癒（完治），病気原因の発見という結果までを含むものではない。なお，診療契約において，契約当事者である患者の意思（自己決定権）を反映させるために，インフォームド・コンセント（→第**3**章**Column3**–③）が重要になる。また，医師は，患者からのカルテ開示請求を拒むことはできない。他方，患者は，報酬支払義務を負う（診療契約は，報酬特約付の準委任契約であると理解されている）。したがって，自分が望むような良い結果が得られなかったことを理由に，治療費（報酬）の支払いを拒むことはできない。医療過誤があった場合には，医師の責任が問われるが，これは債務不履行ではなく不法行為であると理解されている（→第**7**節，**Column5**–③）。

⑵ 雇　　用

請負は仕事の完成を目的としているのに対し，雇用は仕事の完成そのものを目的とするものではない。

大学生Aは，ファストフード店Bでアルバイト（9時～15時，時給1000円）をしているとする。このように，①当事者の一方（労働者）が相手方（使用者）に対して労働に従事することを約束し，②相手方が労働の対価として報酬を支払うことを約束することによって成立する契約を雇用契約という（623条）。ただし，使用者と労働者の間には力の格差があることから，使用者と労働者との契約関係については，主として労働契約法や労働基準法に基づくルールが適用される（労働契約法などの労働関係法が適用される契約を労働契約という）。

⑶ 委　　任

雇用は相手方の指示・命令に従ってそのとおりに役務を提供するのに対し，委任は自己の専門的な裁量に基づいて役務を提供する。

Column5-②　サービス利用契約

介護保険制度では，介護を必要とする利用者は，介護サービスを受けるために，サービス提供事業者と契約を締結する。

介護サービスを利用するための契約は，①事業者が利用者に介護サービスの提供を約束し，②利用者がその対価として報酬を支払うことを約束することによって成立する。では，サービス利用契約は，役務提供型の契約のうち請負契約または委任契約のいずれに該当するか。仕事の完成という結果を重視するのであれば請負契約であると理解することができるのに対し，結果ではなく介護サービスの提供という業務の遂行を重視するのであれば委任（準委任）契約であると理解することができる。

介護サービスには，訪問介護，訪問入浴介護，通所介護等の種々のサービスがあるが，「食事・排泄・入浴などの身体介護をしてほしい」「洗濯・掃除といった生活援助をしてほしい」「持参の浴槽で入浴介護をしてほしい」「食事や入浴などの日常生活上の支援を通所で受けたい」といった個々のニーズに対する具体的なサービスの提供を約束するものとして見るならば，請負契約であるといえる。他方，介護サービス全体を１つとして見るならば（たとえば，施設入所して受ける介護サービスをそのようなものとしてとらえることができる），委任（準委任）契約であるといえる。

このように，介護サービス利用契約が請負契約であるか委任（準委任）契約であるかを結論づけることは困難である。しかし，契約に基づくサービスの提供において債務不履行が問題となった場合には，どのような契約の内容であるのかを確定しなければ，利用者がサービス事業者に対してどのような請求ができるかを明確にできない。介護サービス利用契約を締結する際には，契約の目的であるサービスについて，利用者の状況に合った内容，契約期間，利用料，解約方法等であるかに留意しなければならない。

弁護士Ａは，依頼人Ｂから，代理人として，夫との離婚手続をしてほしいとの依頼を受けたとする。このように，①当事者の一方（委任者）が法律行為をすることを相手方（受任者）に委託（いたく）（依頼すること）し，②相手方がこれを承諾することによって成立する契約を委任契約という（643条）。弁護士Ａは，Ｂと夫との離婚手続をすることを約束しているが，必ず離婚を成立させる（仕事の完成）という結果までは約束しているわけではない（したがって，Ａ・Ｂの契約は請負契約ではなく，委任契約である）。さらに，弁護士Ａは，自己の専門的な裁量に基づいて役務を提供することが認められている（どのように手続を進めるかはAが決める）。

(4) 寄　　託

Aは，駅の手荷物一時預かり所で，自分のスーツケースを3時間預かってもらうことにしたとする。このように，①当事者の一方（寄託者）がある物を保管することを相手方（受寄者）に委託し，相手方がこれを承諾することによって成立する契約を寄託契約という（657条）。寄託は「物を保管する」という役務の提供を目的とする。これに対し，貸金庫・トランクルーム・コインロッカーに荷物を預けることは，物を保管する場所を借りる賃貸借契約であると理解されている。

5. その他の契約

典型契約には，これまでに説明した財産移転型の契約，貸借型の契約，役務提供型の契約のほかに，組合，終身定期金，和解がある。

組合とは，ある目的のために団体を作る契約をいう（667条）。

終身定期金とは，当事者の一方が，自己，相手方または第三者の死亡まで，相手方または第三者（受益者）に対して，定期的に金銭その他の代替物を給付する契約をいう（689条）。

和解とは，当事者が互いに譲歩して，法律関係をめぐる紛争を終結させるための契約をいう（695条）。

第7節　不 法 行 為

1. 債権・債務の発生原因

これまで見てきたように，債権・債務は，一般的に，契約（当事者間の意思表示の合致）により発生する場合が多い。しかし，法律の規定により，当事者の意思とは無関係に（つまり，合意がなくても，あるいは契約を締結していなくても）債権・債務が発生する場合がある。法律の規定により発生する債権を法定債権といい，不法行為，事務管理，不法利得がこれにあたる。

2. 不法行為

(1) 不法行為法の役割

自転車事故を想定してみよう。自転車を運転していたAは，歩道を歩いていたBにぶつかり，腕の骨を折るケガを負わせてしまった。Bは，入院することとなり，その間働くことができなかった。Bには，入院費や治療費，働けずに失った収入，負傷によって負った苦痛などの損害が発生している。

加害者Aは，過失傷害罪（刑209条）等の刑事責任を追及されるだけでなく，被害者Bに対してその損害を賠償する責任を負うことは誰もが常識的に知っている。では，Aが他人Bに生じた損害を負担する責任を負うのはなぜだろうか。このとき，Bの損害をAが負担しなければならないという特別なルール（不法行為法）がなければ，Bの損害はBが自ら負担しなければならない（つまり，Bが勝手に転倒して腕を骨折した場合と同じである）。特別なルールがあるからこそ，Bの損害をAに償（つぐな）わせること（これを損害賠償という）ができるのである。そして，Aの行為によって他人Bに生じた損害を賠償する義務（損害賠償責任）が生じる場合に，Aの行為を不法行為という。

だからといって，Aの行為は常に不法行為となり，AはBの損害を賠償する責任がある（裏返していうと，BはAに損害賠償を請求することができる）わけではない。不法行為となるのは，Aの行為が，①Aの故意・過失によって，②他人Bの権利または法律上保護される利益を侵害し，③Bに損害が生じ，④Aの行為によってBの権利または法律上保護される利益の侵害が引き起こされた（因果関係）ときにはじめて，不法行為は成立し，損害賠償の範囲に含まれる損害が賠償の対象となる（709条）。

なお，不法行為を理由として損害賠償を請求する権利（損害賠償請求権）は，「被害者又はその法定代理人が損害及び加害者を知った時」から3年間経過すると（724条1号。ただし，生命・身体の侵害の場合には5年間〔724条の2〕）または不法行為の時から20年間経過すると（724条2号），時効によって消滅する（これを消滅時効という）。その結果，BはAに損害賠償を請求することができなくなる。

(2) 故意または過失

Aの行為に故意または過失があるとき，不法行為が成立する。では，どのような場合にAの行為に故意・過失があるといえるのか。

伝統的に，故意とは，自己の行為が他人の権利を侵害することを認識しながら，あえてその行為をする心理状態であり，過失とは，自己の行為が他人の権利を侵害することを認識できたのに（予見可能性），不注意でそれを認識しない心理状態であると説明されてきた。現在の学説は，故意または過失とは，「行為をする者が，その種類の行為をする者に通常期待される結果回避の義務に違反すること」（結果回避義務違反）と定義し，行為者の心理状態ではなく，当然に期待される行動をしなかったこと（客観的な行為態様）に着目する。

Aが自転車を運転するにあたっては，自転車を運転する通常の人において期待される行動をとる義務がある。たとえば，自分がわき見や過度なスピードを出す運転をすることによって，歩行者にぶつかるという結果が発生することが予見可能であるならば，結果を回避すべく，わき見をしてはならない義務，あるいは過度なスピードを出してはならない義務がある。このような結果回避義務があり，それをAが認識していた場合には，「Aに故意がある」と評価する。Aが認識していなかった場合には，「Aに過失がある」と評価する。そして，結果回避義務が存在しない場合には，あるいは，予見不可能であった場合には，「Aに故意または過失がない」と評価する。

(3) 権利または法律上保護される利益の侵害

Bの権利または法律上保護される利益が侵害されたとき，不法行為が成立する。では，Bのどのような利益が「他人の権利又は法律上保護される利益」（709条）にあたるのか。

「他人の権利又は法律上保護される利益」として，財産に関する権利（物権，債権）とそれ以外の権利（人格的権利）がある。人格的権利には，身体・生命・健康・生活環境，財産以外の権利（たとえば，名誉やプライバシー。710条・723条）がある。その他，たとえば，夫婦の一方が第三者と不貞行為を行った（性的関係をもった）場合には，第三者の行為は「他方の配偶者の夫又は妻としての権利」を侵害するものであるとされている。

(4) 損害の発生

Bに損害が発生したとき，不法行為が成立する。不法行為法は，発生した損害を賠償することを目的としていることから，Bに損害が発生しない限り，不法行為は成立しない。

Column5-③ 医療過誤

医療過誤において，患者から医師や医療法人等（使用者）に対して責任を追及する際には，診療契約に基づく債務不履行責任（→第5節3）ではなく不法行為責任として，損害賠償を求めることとなる。

現在は，医療過誤のケースでは，医師の過失によって，患者の生命・身体に侵害が生じたとして，不法行為を理由とする損害賠償を請求する場合がほとんどである。しかし，患者が証明責任を果たすには患者にも高度な医学的知識が必要となることから，患者による因果関係の証明の負担が軽減されている。つまり，「医師が医療水準に合う治療を行っていたならば，患者の生命・身体に侵害が生じない可能性が相当程度あった」ということを証明すれば，相当因果関係が認められる。

(5) 因果関係

Bに損害が発生したとしても，その原因がAの行為にあるのでなければ不法行為は成立しない。不法行為が成立するには，Aの行為と「他人（B）の権利又は法律上保護される利益」（括弧内は筆者）の侵害という結果との間に相当因果関係（→ **Column5**-③）が必要である。

Aの行為がなければ，「他人（B）の権利又は法律上保護される利益」（括弧内は筆者）の侵害が生じなかったという場合に，「因果関係あり」と評価する。

(6) 証明責任

BがAに対して不法行為に基づく損害賠償を請求するとき，原則として，損害賠償を請求する側が証明責任を負う。つまり，Bは，①Aが故意または過失による行為をしたこと，②「他人（B）の権利又は法律上保護される利益」（括弧内は筆者）が侵害されたこと，③Bに損害が生じたこと，④Aの行為が原因となって「他人（B）の権利又は法律上保護される利益」（括弧内は筆者）の侵害という結果が生じたこと（相当因果関係があること）を証明しなければならない。

しかし，医療過誤のケースでは，損害賠償を請求する側においてすべての証明が困難な場合がある。この場合には，証明責任を軽減する方策がとられている（→ **Column5**-③）。

また，Bがすべての証明責任を果たしたとしても，不法行為の成立が妨げられる場合がある。Aの行為が正当防衛（720条1項）や緊急避難（同条2項）に当たる場合には，不法行為は成立しない（その結果，Aは損害賠償責任を負わない）。

⑺ 不法行為の効果

Aの不法行為が成立すると，その効果として，Aは「損害を賠償する責任を負う」(709条)。そして，損害賠償は，原則として，損害がいくらの金銭に相当するのかを評価して，その評価額を金銭で支払う方法による（722条1項において417条を準用)。また，金銭による賠償だけでは，十分でない場合には，例外として，差止めが認められる。たとえば，名誉毀損の場合には，裁判所は，損害賠償以外に，「名誉を回復するのに適当な処分」(たとえば，謝罪広告を掲載すること）を命じることができる（723条)。

⑻ 監督義務責任

Aが未成年者であり，「自己の行為の責任を弁識するに足りる知能を備えていなかったとき」(だいたい12歳くらい）には，不法行為責任を負わない（712条)。同様に，Aが「精神上の障害により自己の行為の責任を弁識する能力を欠く状態にあ」るときは，損害賠償責任を負わない（713条)。

Aに責任能力がない場合，「その責任無能力者を監督する法定の義務を負う者」が代わって損害賠償責任を負う（714条1項)。Aが未成年者であるときはその親，Aが成年被後見人であるときはその成年後見人や近親者が損害賠償責任を負うとされる。ただし，かつて，JR東海が，認知症高齢者（91歳）が徘徊し，列車と衝突して死亡した事故により被った損害の賠償を，その妻（85歳）と子らに求めた事件では，最高裁は，「精神障害者と同居する配偶者であるからといって，その者が民法714条1項にいう『その責任無能力者を監督する法定の義務を負う者』」にはあたらないとし，妻の責任を否定した（最判平成28・3・1民集70巻3号681頁。第1審は，妻と長男を監督義務者と認定し，損害賠償責任を負わせた。第2審は，長男については監督義務者であることを否定し，妻にのみ損害賠償責任を負わせた〔JR東海事件〕)。

⑼ 使用者責任

タクシー会社A（使用者）の従業員（被用者）であるBがタクシーを運転中に

交通事故を起こし，Cを負傷させた場合には，Bの雇い主Aが損害賠償責任を負う（715条）。Cは，Bに損害賠償を請求することもできるが，被用者よりも使用者のほうが資力があることから，Aに損害賠償を請求したほうが，実際に賠償を受けやすい。

3. 事務管理

Aが，Bから頼まれたわけではないし，（契約がないから）Bに対する法律上の義務もないけれど，社会生活上必要だから，他人Bの事務（Bの生活や職業にとって必要な一切の仕事）を行うことを事務管理という。そして，「義務なく他人のために事務の管理を始めた者」を管理者という（397条1項）。

たとえば，社会福祉協議会Aは，日常生活自立支援事業に基づく援助を行うための契約を締結していない高齢者Bのために，家賃や公共料金を立替払いしたとする。Aの行為は事務管理にあたる。このとき，管理者Aは，「最も本人（B）の利益に適合する方法」（括弧内は筆者）により（697条1項）または「本人（B）の意思」に従って（同条2項）事務管理を行う義務や，事務管理を始めたことを遅滞なくBに通知する義務（699条），事務管理を継続する義務（700条）を負う。他方，AはBに対して支出した費用の償還を請求することができる（702条）。

そのほかにも，高齢者や判断能力の不十分な者について，親族がいなかったり地域から孤立している場合に，社会福祉協議会が，事務管理として，年金の受取りや通帳の管理（財産の保管），日常生活に必要な金銭の払戻し（日常的な金銭管理），親族や知人への連絡，ケアマネジャー等への連絡調整等を行うことがある。

4. 不当利得

Aが，Bの財産やBの行為から，法律上の原因（理由）がないのに（これを「不当に」と表現する）利益（これを不当利得という）を受けたとき，AはBに対してその利益を返す義務を負う（703条）。これを不当利得返還義務という。他方，Bからすると，BはAに対して不当利得を返すよう請求することができる。

第8節　親　　族

1.「家」制度の影響

第二次世界大戦後の1946年に公布された日本国憲法には，「個人の尊厳」「両性の本質的平等」（男女平等）が規定された。この日本国憲法の理念に立脚して，1947年に，民法のうち第4編「親族」と第5編「相続」を改正した。改正前の民法は「家」制度が中心となって規定されていた。

「家」とは，戸主権を有する戸主により統率される家族集団をいう。すべての国民は「家」に属した。「家」の構成員である戸主とその家族は，同一の氏を称し，同一の戸籍に記載された。婚姻により妻は夫の家に入り，夫の家の氏を称し，夫の家の戸籍に入籍する。戸主は，家族が婚姻する際の同意権や養子縁組をする際の同意権をもち，家族を扶養する義務を負う。戸主が死亡したり，隠居（生前に戸主の地位を譲ること）したとき，戸主権（戸主の地位）と「家」の財産を引き継ぐのは，原則として長男のみであった。この仕組みを家督相続という。

1947年の民法改正により「家」制度は廃止された。しかし，人々の意識のなかには，「結婚したら女性は氏を改めるべきだ」「兄弟姉妹のなかで長男は特別な役割を負う」といった「家」制度に起因する意識が潜在的に残っている。

2. 婚　　姻

日常用語では「結婚」というが，法律用語では「婚姻」という。民法は，社会を構成する最小の単位を家族（夫婦＋子ども）として，家族を形成する出発点となる婚姻について規定する。

憲法24条1項は「婚姻は，両性の合意のみに基いて成立」すると規定しているが，婚姻の成立には，届出が必要である（739条。婚姻届）。男女が一緒に生活をしている事実があっても，届出がなければ婚姻は成立しない。また，偽装結婚のように，届出をしても，婚姻する意思（婚姻意思）がなければ，婚姻は無効である（婚姻の効力は生じない。742条1号）。他方，婚姻意思があれば，誰でも婚姻できるわけではない。社会的に望ましくない婚姻の成立を阻止するため，婚姻は男女ともに18歳にならなければ婚姻することができない（婚姻適齢，731条）。重婚は禁止される（一夫一婦制，732条）。一定範囲内の近親婚は禁止される（734 ~ 736条）。

婚姻が成立すると，その効果として，夫婦同氏（750条），同居・協力義務（752条），貞操義務（770条1項1号）が生じる。夫婦の財産について，夫婦が契約（夫婦財産契約）で定めることができ（755 ~ 759条），契約がない場合には，法律の定めによる（法定財産制）。法定財産制によると，原則として，夫の財産は夫の財産であり，妻の財産は妻の財産とする（別産制，762条1項）。夫婦が婚姻共同生活を送るために必要な費用（衣食住，医療費，子どもの学費など）は，夫婦が分担する（婚姻費用分担義務，760条）。また，夫婦の一方が日常の家事に関して第三者と法律行為をしたときは，他の一方は，これによって生じた債務について，連帯して責任を負う（日常家事債務の連帯責任，761条）。

3. 離　婚

婚姻関係を解消することを離婚という。離婚の手続として，当事者の合意と届出（離婚届）による離婚（協議離婚，763条）と裁判による離婚（裁判離婚，770条）がある。ただし，裁判離婚を求めて離婚の訴えを提起するのに先立って，調停が行われる（調停前置主義，家事257条）。調停で離婚が成立することもあれば（調停離婚），審判で離婚が成立することもある（審判離婚）。離婚訴訟の係属中に和解や認諾で離婚が成立することもある（和解離婚・認諾離婚）。

離婚が成立すると，その効果として，夫婦の財産を清算する（財産分与，762条）。財産分与には，夫婦が婚姻中に協力して築いた財産の清算だけでなく，離婚後の生活保障（扶養料），離婚の原因をつくった一方の他方に対する慰謝料も含んでいる。

婚姻にあたって氏を改めた者は，原則として，婚姻前の氏に戻る（767条1項）。ただし，届出により，離婚の際に称していた氏を称することができる（婚氏続称，同条2項）。

4. 親　子

(1) 親子関係の成立

(a) 実親子関係

子の養育責任を負うべき者を明らかにするために，その父と母（親子関係）を定める必要がある。民法が定めたルールに従って定まる親子関係を，法律上の親子関係という。

母子関係は，分娩の事実により当然に発生すると理解されている。つまり，子を分娩した女性が母である。

父子関係は，母の婚姻という一定の事実を基礎として，母の夫を父と推定する（772条1項）。このような推定を嫡出推定（ちゃくしゅつすいてい）という。法律上の婚姻関係にある男女を父母として生まれた子を嫡出子（ちゃくしゅつし）という。しかし，夫の子ではないという場合には，裁判で子が嫡出であることを否認することができる（774～777条）。これを嫡出否認という。

他方，嫡出推定されない場合には（このような子を非嫡出子という），父子関係は，認知（任意認知，779条）により成立する。父が認知を拒否する場合には，裁判で父子関係の成立を認定する（強制認知，認知の訴え，787条）。

なお，人工授精や体外受精といった生殖補助医療により出生した子の親子関係については，民法の特例法が定められている（「生殖補助医療の提供等及びこれにより出生した子の親子関係に関する民法の特例に関する法律」）。母子関係について，女性が自分以外の女性の卵子を用いた生殖補助医療（卵子提供）により子を懐胎し，出産したときは，その出産をした女性をその子の母とする（特例法9条）。父子関係について，妻が，夫の同意を得て，夫以外の男性の精子を用いた生殖補助医療（精子提供）により懐胎した子については，嫡出否認をすることができない（特例法10条，同意した夫を父とする）。

⒝ 養親子関係

実親子関係は血縁関係に基づいて法律上の親子関係が成立するのに対し，養親子関係は縁組（養子縁組）により養親と養子との間に法律上の親子関係が成立する。

養子縁組には，普通養子縁組と特別養子縁組があり，それぞれに要件が定められている。特に，子を養育する目的で創設された特別養子縁組は，家庭裁判所の審判によって縁組が成立し（817条の2第1項），養子と実親との親族関係が終了する（817条の9）。

⑵ 親子関係の効果

⒜ 親 権 者

親子関係が成立すると，その効果として，親は子を養育する責任を負う。この養育に関する事柄は，親権（しんけん）という概念に集約されている。成年に達しない子（未成年子）は，父母の親権に服する（818条1項）。嫡出子について，父母の婚姻中は，父母が共同して親権を行使する（818条3項）。父母が離婚するとき，一方だけが親権者となる（819条1項）。非嫡出子について，母が当然に親権者となる。父が認知したときは，父を親権者として定めることができる（819条4項）。親権を行う者がいないときには，未成年後見が開始する（838条1号）。

離婚後に，親権者とならなかった者は，子との面会交流が認められる（766条1項）。また，親権者とならなかったとしても，親として子に対する扶養義務を負う（877条1項）ため，養育費の支払いが必要である（766条）。

(b) 親権の内容

親権を有する者は，子の利益のために親権を行使しなければならない。子の利益に反する親権行使があったときには，不適切な親権行使として家庭裁判所により親権の行使が制限される（親権喪失，親権停止，管理権喪失，834～835条）。

親権の内容は，身上監護と財産管理に分けられる。身上監護とは，子を監護し教育することである（820条）。親権者は，子を監護教育するに際して，子の人格を尊重し，子の年齢および発達の程度に配慮しなければならず，また，体罰その他の子の心身の健全な発達に有害な影響を及ぼす言動をしてはならない（821条）。財産管理とは，子が有する財産を管理し，子の代理人として子の財産に関する法律行為を行うことである（824条）。

5. 扶　養

親子（直系血族）間，兄弟姉妹間，3親等内の親族間は，互いに扶養をする義務を負う（877条）。扶養の方法は，たとえば，成年子が老親に対して毎月○円というように扶養料を支払う方法（金銭給付）によることが原則である。なお，当事者間に合意があれば，子が親を引き取って一緒に暮らすという方法（引取扶養）もできる。

第9節　相　続

1. 相続とは

相続とは，死亡した者（被相続人）の財産の承継をいい，民法はそれに関するルールを定めている。具体的には，誰が，何を，どれだけ相続するかが決まっていなければ，死者の財産をめぐって紛争が起きてしまう。これらについて，法律の定めに従ってする相続を法定相続といい，遺言（いごん）に従ってする相続を遺言相続という。

相続は被相続人の死亡によって開始される（882条）。

2. 法定相続

(1) 相続人と相続分

相続の開始時に，被相続人と一定の親族関係のある者が相続人となる。被相続人の死亡時（相続の開始時）に，配偶者がいるときは，配偶者は常に相続人となる（890条）。配偶者以外の相続人を血族相続人といい，まず，子がいるときは，子が相続人となり（887条1項），次に，子がいないときは，直系尊属（ちょっけいそんぞく）（父母，祖父母の順）が相続人となり（889条1項1号），さらに，子も直系尊属もいないときは，兄弟姉妹が相続人となる（同項2号）。

相続人となった者がどれだけ相続できるか（これを法定相続分という）というと，①子および配偶者が相続人であるときは各2分の1，②配偶者と直系尊属が相続人であるときは，配偶者は3分の2，直系尊属は3分の1，③配偶者と兄弟姉妹が相続人であるときは，配偶者は4分の3，兄弟姉妹は4分の1である。そして，たとえば，①の場合で，子が複数いるときは，子全体に割り当てられた2分の1を複数の子で均等に分ける（900条）。配偶者と2人の子が相続人であるとき，配偶者の法定相続分は2分の1，子の法定相続分は各4分の1ずつとなる。

なお，胎児は，相続に関しては，すでに生まれたものとみなされる（886条1項）から，胎児は相続人となることができる。

また，相続人となるべき子が被相続人より先に死亡したときは，被相続人の子の子（被相続人の孫）が代襲して相続人となる（887条2項）。これを代襲相続という。

法律に定められた相続人は以上のとおりであるが，一定の場合には，相続権を剥奪され，相続人となることができない。たとえば，被相続人を殺した者，相続で得をしようと被相続人の遺言を隠した者等は相続人となることができない（891条）。これを相続欠格という。また，子が父を虐待するなどの著しい非行があったときには，父（被相続人）の意思で，子（推定相続人）の相続権を剥奪し，相続人から廃除（はいじょ）することができる（892条）。

他方，被相続人の意思ではなく，相続人の意思で，相続人となることを拒否することができる。これを相続放棄（そうぞくほうき）という。相続人は，自己のために相続の開始があったことを知った時から3カ月以内に（熟慮期間，915条1項），家庭裁判所に申述（「相続を放棄したい」という意思表示）をしなければならない（938条）。相続の放棄をした者は，はじめから相続人とならなかったものとみなされる（939条）。

(2) 相続財産

相続の開始時に，被相続人の財産に属した一切の権利義務は，相続人に承継される（包括承継の原則，896条本文）。この「被相続人の財産に属した一切の権利義務」が相続財産である。相続財産には権利（積極財産〔土地，建物，銀行預金，株式，自動車〕）だけでなく義務（消極財産〔借金〕）も含まれている。

ただし，扶養義務のように，被相続人の一身に専属した権利・義務は承継されない（896条ただし書）。

また，系譜（家系図），祭具（祭壇，位牌），墳墓（墓石，墓地）といった先祖をまつるための祭祀財産は，相続人が承継するのではなく，祭祀主宰者（慣習などに従って祭祀財産を引き継ぐ者）に帰属する（897条1項）。

3. 遺　　言

(1) 遺言とは

遺言とは，被相続人（遺言者）が，その死後の身分や財産に関してする意思表示をいう。遺言は，一定の方式に従ってなされる相手方のない単独行為であり（遺言者の意思表示のみによって成立する），遺言者の死亡によって遺言の内容どおりの法律効果が発生する。

遺言者は，遺言をする時に，意思能力（遺言の意味を理解する能力）がなければならない（3条の2）。遺言については，契約で求められる行為能力を必要とせず（962条），また，15歳に達した人は遺言能力がある（961条）とされていることから，満15歳に達した者であれば，未成年者，成年被後見人，被保佐人，被補助人であっても，法定代理人の同意なく単独で有効な遺言をすることができる。

(2) 遺言の方式

遺言は，遺言者の死後にその効力を生ずるものであるから，遺言者の真意を確保し，他人が遺言書を偽造したり変造したりするのを防がなければならない。

そのため，遺言は，民法に定められた方式に従って行わなければならない(967条)。これを要式行為という。遺言の方式は，その種類ごとに定められている。民法が定める遺言の方式には，普通方式として，自筆証書遺言（968条），公正証書遺言（969条），秘密証書遺言（970条）があり，特別な事情のもとでのみ許される特別方式として，死亡危急者遺言（976条），伝染病隔離者遺言（977条），在船者遺言（978条），船舶遭難者遺言（979条）がある。遺言の多くが自筆証書遺言と公正証書遺言である。

(a) **自筆証書遺言**

自筆証書遺言とは，遺言者が，その全文，日付および氏名を自書し（自分で書くこと），これに印を押す遺言である（968条1項)。自書と押印により，遺言者の真意を確保する。全文を自書することが求められているから，他人による代筆，パソコンやスマートフォン等の利用，録画・録音によることは許されない。ただし，自筆証書（遺言を記載した書面）に遺言や遺贈の対象となる財産の目録を添付する場合には，その目録については自書を要求しないこととして(968条2項)，自筆証書遺言の方式が緩和されている。したがって，他人が代筆した書面やパソコンを利用して作成した書面，預貯金の通帳の写し，不動産の登記事項証明書等を財産目録として自筆証書に添付することができる。

(b) **公正証書遺言**

公正証書遺言とは，証人2人以上の立会いのもとで，遺言者が遺言の内容を公証人に口述し，公証人が書き写し，公正証書（遺言を記載した書面）を作成する遺言である（969条)。法律の専門家である公証人が遺言の作成に関与することで，遺言者の真意を確保することができる。

(3) 遺 言 事 項

遺言で定めることができることを遺言事項と言い，民法その他の法律で定められている。遺言事項には，身分に関する事柄（認知，未成年後見人の指定など），相続に関する事柄（推定相続人の廃除，相続分の指定など），財産処分に関する事項（遺贈など），遺言に関する事項（遺言執行者の指定など），その他（祭祀主宰者の指定など）がある。

歴史的に，遺言は，死後に自分の財産を処分する目的で利用されてきた。遺言による財産処分の方法として，(a)相続分の指定，(b)遺産分割方法の指定，(c)遺贈，(d)特定財産承継遺言がある。

⒜ 相続分の指定

遺言者は，遺言で，相続人の相続分を定めることができる（902条）。これを指定相続分という。Aの相続人は妻Bと子C・Dであるとき，法定相続分であればBが2分の1，Cが4分の1，Dが4分の1であるところ，Aは，遺言で，各相続人の相続分をBが3分の1，Cが3分の1，Dが3分の1と定めることができる。また，相続分の指定により，AはC・Dに法定相続分よりも多くの財産を与えることもできる。ただし，相続分の指定があっても，具体的にどの財産が誰に帰属するかについては遺産分割（→4）が必要である。

⒝ 遺産分割方法の指定

遺言者は，遺言で，遺産の分割の方法を定めることができる（908条1項）。これを遺産分割方法の指定という。Aの相続人は妻Bと子C・Dであり，相続財産として甲土地，乙土地，丙土地があるとき，Aは，遺言で，Bに甲土地を，Cに乙土地を，Dに丙土地を与えると定めることができる。この遺言により，B・C・Dの遺産分割協議において，Aの希望（Bに甲土地・Cに乙土地・Dに丙土地）に従った遺産分割を実現させることができる。ただし，B・C・Dの協議で，Aの希望とは異なる遺産分割（Bに乙土地・Cに丙土地・Dに甲土地）をしてもよい。

⒞ 遺　　贈

遺言者は，遺言で，相続人B・C・Dまたは相続人ではない人Eに対して，包括または特定の名義で，財産の一部または全部を処分することができる（946条）。遺贈を受ける人を受遺者という。

包括名義の遺贈（包括遺贈）とは，「全財産の3分の1をBに譲る」「全財産をEに譲る」という形で示されるものをいう。包括受遺者は，相続人と同一の権利義務を有する（990条）。

特定名義の遺贈（特定遺贈）とは，「甲土地をCに譲る」「乙土地をEに譲る」と遺贈の目的物を特定する形で示されるものをいう。

遺贈の効力は，遺言者の死亡の時（遺言の効力が生じた時）から生じる（985条1項）。「乙土地をEに譲る」旨の遺言がされたとき，遺言者の死亡の時にただちに乙土地（遺贈の目的物）の所有権は受遺者Eに移転する。遺贈により，相続人ではない人Eにも財産を与えることができる。

⒟ 特定財産承継遺言

遺言者は，遺産分割方法の指定として，遺産に属する特定の財産を特定の共同相続人の1人または数人に承継させる旨の遺言をすることができる（1014条2項)。「甲土地を長男Cに相続させる」旨の遺言がされたとき，遺産分割を経なくても，被相続人の死亡の時（遺言の効力の生じた時）にただちに甲土地がCに相続により承継される。特定財産承継遺言は，遺贈による財産承継ではなく相続による財産承継であるにもかかわらず，その効力は遺贈の効力と同じである。

(4) 遺言の成立と効力

遺言は，遺言者が遺言の方式に従って遺言をした時に成立する。そして，遺言者の死亡の時からその効力を生ずる（985条1項)。このことは，遺言者の生存中は，遺言は効力を有しないことを意味する。したがって，遺言者は，その生存中にいつでも遺言を撤回することができる（1022条)。

4. 遺 産 分 割

(1) 遺産分割とは

相続人は，相続の開始の時から，被相続人の財産に属した一切の権利義務（相続財産）を承継する。「被相続人の財産に属した一切の権利義務」（896条）を意味する「相続財産」と「遺産」は同義である。

相続人が1人である相続を単独相続という。この場合，相続人がすべての遺産を相続する。他方，相続人が複数である相続を共同相続という。この場合，共同相続人（共同相続の場合の相続人を共同相続人という）は，相続の開始の時から，遺産を共有する（898条)。この共有となっている遺産を各相続人の相続分に応じて分割して，遺産を構成する個々の財産について，どの財産を誰に帰属させるかを決める手続を遺産分割という。

(2) 分割の対象とならない財産

遺産ではあるが，遺産分割の対象とならない財産がある。

(a) 可 分 債 権

可分債権とは，分割して実現することのできる給付を目的とする債権をいう。その典型が金銭債権である。たとえば，父Aが生前にBに100万円で絵画を譲渡したが，Bから100万円の支払いを受ける前に死亡したとき，Aの相続人C・DはBに対する100万円の支払債権を相続する。このBに対する100万円の支払債権（金銭債権）は，相続の開始時に，法律上当然に分割され，各相続人に法定相続分（または指定相続分）に応じて承継され，各相続人に帰属する（法定相続分2分の1のとき，C・DはそれぞれBに対する50万円の支払債権を相続する。その結果，C・DはBに対して個別に50万円の支払いを請求することができる）。したがって，可分債権は，原則として，遺産分割の対象とはならない。

ただし，預貯金債権は，金銭債権であるが，上記の例外とされ，遺産分割の対象となる。たとえば，父AがB銀行の預金口座に200万円をもっていたとき，Aの相続人C・DはBに対する200万円の預貯金債権を相続する。このBに対する200万円の預貯金債権（可分債権）は，相続開始と同時に相続分に応じて分割されることなく，他の可分債権と異なり，遺産分割の対象になることから，遺産分割が成立するまでは，C・Dは単独でBに払戻しを請求することができない（例外として，遺産分割前に一定割合の預貯金債権の払戻しが認められている。909条の2）。

(b) 可分債務

可分債務とは，分割して実現することのできる給付を目的とする債務をいう。その典型が金銭債務である。たとえば，父Aが生前にBから100万円を借りたが，Bに債務を弁済する前に死亡したとき，Aの相続人C・DはBに対する100万円の支払債務を相続する。このBに対する100万円の支払債務（金銭債務）は，相続の開始時に，法律上当然に分割され，各相続人に法定相続分（または指定相続分）に応じて承継され，各相続人に帰属する（法定相続分2分の1のとき，C・DはそれぞれBに対する50万円の支払債務を相続する。その結果，C・DはBに対して個別に50万円を弁済しなければならない。他方，Bは，C・Dに対して50万円ずつ支払いを請求することができる）。したがって，可分債務は，原則として，遺産分割の対象とはならない。

Aが相続分をCが4分の3，Dが4分の1と指定していたとき，C・Dは，相続の開始時に，それぞれの指定相続分に応じたCが75万円，Dが25万円の支払債務を相続する。ただし，Bは，C・Dに対して，それぞれの法定相続分に応じたCに50万円，Dに50万円の支払いを請求することができる。Bの法定相続分に応じた請求に対して，Dは，法定相続分を下回る相続分の指定がされたことを理由に，これを拒むことはできない（902条の2本文）。

(c) 特定遺贈または特定財産承継遺言の目的とされた財産

特定遺贈（964条）がされたとき，遺贈の目的物の所有権は，遺言者の死亡の時にただちに受遺者に移転する（→3(3)(c)）。特定財産承継遺言（1014条2項）がされたとき，遺産に属する特定の財産は，被相続人の死亡の時にただちに特定の相続人に承継される（→3(3)(d)）。したがって，特定遺贈または特定財産承継遺言の目的とされた財産は，遺産分割の対象とはならない。

(3) 遺産分割の前提となる具体的相続分

遺産分割は，法定相続分や指定相続分に従って画一的に分割されるものではない。共同相続人のなかに，被相続人から遺贈を受けた者があるときや一定の贈与（→第6節2(3)）を受けた者があるときは，他の相続人よりも遺贈や生前贈与で多くもらっていること（これを特別受益という）を考慮して，相続分を修正する（903条）。同様に，共同相続人のなかに，被相続人の事業（農業・自営業など）を手伝うあるいは被相続人を介護するなどして，被相続人の財産の維持または増加に貢献した者があるときは，その貢献（これを寄与分という）を考慮して，相続分を修正する（904条の2）。特別受益や寄与分を考慮して算定された相続分を具体的相続分という。

遺産分割は，具体的相続分を前提として行われる。ただし，遺産に属する物または権利の種類および性質，各相続人の年齢，職業，心身の状態および生活の状況その他一切の事情を考慮して分割される（906条）。

(4) 遺産分割の方法

遺産分割の方法は，被相続人が遺言で遺産分割の方法を指定したときはこれに従い（908条1項→3(3)(b)），指定がなければ共同相続人の協議により分割し（遺産分割協議，907条1項），協議で分割できないときは，家庭裁判所の調停または審判で定める（調停分割・審判分割，907条2項）。遺産分割は，原則として，現物分割による。例外として，遺産を売却して現金を分ける換価分割，一部の相続人に現物を分割して他の相続人に相続分相当額の金銭を支払う代償分割などの方法がとられる。

(5) 遺産分割の効力

遺産分割の効力は相続開始の時に遡（さかのぼ）る（909条本文）。遺産分割によって，甲土地の所有権を取得した相続人は，相続開始の時から甲土地の所有権をもっていたことになる。

5. 遺　留　分

被相続人が遺贈または贈与をすると，その分だけ相続人が相続により取得できる財産額は減少する。しかし，一定範囲の相続人については，被相続人の財産の一定割合について相続することが法律上保障されている。これを遺留分という。

遺留分が認められているのは，「兄弟姉妹以外の相続人」である（1042条1項）。遺留分をもっている相続人を遺留分権利者といい，具体的には，配偶者，子，直系尊属である。

遺留分権利者がもっている遺留分（遺留分額）は，遺留分を算定するための財産の価額に，各遺留分権利者の遺留分の割合を乗じることで算出される（1042，1043条）。各遺留分権利者の遺留分額と実際に相続により取得する財産額を比較したうえで，遺留分額に満たない額（これを遺留分侵害額という）の財産しか取得できない遺留分権利者は，受遺者または受贈者に対して，遺留分侵害額に相当する金銭の支払いを請求することができる（遺留分侵害額請求権。1046条・1047条）。つまり，遺留分を侵害された相続人は，遺留分侵害額請求権を行使することで，遺留分額に満たない額を金銭で取り戻すことができる。

ただし，遺留分侵害額請求権は，遺留分権利者が，相続の開始および遺留分を侵害する贈与または遺贈があったことを知った時から1年が経過すると時効によって消滅し，相続開始から10年が経過したときにも消滅する（1048条）。その結果，遺留分権利者は遺留分侵害額請求権を行使することができなくなる。

第10節　家庭裁判所

1. 家族に関する紛争の特殊性

夫婦，親子，兄弟姉妹の間で紛争が生じたときは，その解決にあたっていくつか留意しなければならない点がある。まず，家族に関する紛争は感情的な対立を背景としているから，「法律によるとこうなります」として形式的・画一的に判断することでは本質的な解決に至らない。人間関係を調整し，感情的な対立を解消したうえで，当事者双方が納得する解決がなされなければならない。次に，紛争が解決しても，親子関係や親族関係は存続する。解決後も円満な人間関係を保持することができるよう配慮しなければならない。特に，未成年の子がいる夫婦間の離婚においては，子の成長発達に配慮した解決が図られなければならない。また，認知のように，親子関係の存否をめぐる紛争においては，親子であるか否かは当事者間の問題であるだけでなく，国家や社会にとっても重要な問題であることから，自主的な解決に委ねることができない。そこで，家族に関する紛争を解決するには，それにふさわしい手続が必要である。

2. 家族に関する紛争解決の仕組み

家族に関する紛争を解決するための専門の裁判所として，1949年に，家庭裁判所が設置された。家庭裁判所では，裁判官のほかに，家庭裁判所調査官（心理学や社会学の専門的知識をもっている人）や医師，家事調停委員・参与員（民間人）が配置されていて，当事者の心理状態や紛争の背景などのさまざまな事情を総合的に考慮しながら，個別具体的な事案ごとに妥当な解決を目指す。

家族に関する紛争は，協議（当事者が話し合うこと）により解決を図ることを基本とする。そして，協議がまとまらないときにはじめて，家庭裁判所が紛争に介入する。家庭裁判所では，家事調停，家事審判，人事訴訟が行われる。

たとえば，離婚については，まず，夫婦間の協議による。協議がまとまらなかった場合には，家庭裁判所に申立てをする。家庭裁判所では，裁判官1名と家事調停委員2名で構成される家事調停委員会が，当事者双方の意見を聴いて，話し合いによる合意ができるように助言やあっせんをする（これを家事調停という）。そして，当事者が合意すれば，合意した内容どおりの解決が認められる。合意に至らないときは，家庭裁判所が審判という形式で判断を示す。これが家事審判である。家事審判に不服がある者は，訴訟（離婚の訴え）を提起する。そして，家庭裁判所が判決という形式で判断を示す。

他方，成年後見については，判断能力が低下した者について，成年後見を開始すべきか否か，成年後見人としての適任者は誰かに関しては，当事者がそれでよいといえば済む問題ではないことから，当事者の合意による解決（協議・家事調停）に委ねるわけにはいかない。家庭裁判所が，本人のために，その最善の利益に合致するかを判断する必要があることから，家事審判（後見開始の審判，成年後見人の選任の審判）のみが行われる（→第**7**章第**3**節）。

以上のように，家庭裁判所では，家族に関する紛争の類型ごとにふさわしい紛争解決方法がとられている。

第 6 章

社会保障法

第 1 節　総　　論

1. ソーシャルワークと社会保障法

⑴ 社会保障法とは

社会保障法は，日本に存在する社会保障制度について規定するさまざまな法律の総称である。日本には，人々が遭遇しうる生活上の困難を軽減するための制度が数多く存在している。たとえば，老齢期には，働けなくなったり，介護が必要となったり，多くの生活上の困難に直面しうる。しかし，年金制度によって就労所得に代わる所得保障がなされ，介護保険制度によって介護サービスが提供されるので，人々は老齢期の困難を軽減させることができる。また，障害をもっていたり，ひとり親であったりすることも，生活上の困難を生じさせることがある。障害者に対しては，障害福祉サービスを提供する仕組みが存在しているし，ひとり親世帯には児童扶養手当を支給する仕組みが存在している。こうした制度・仕組みを形づくっているのが，社会保障法である。社会保障法は，生活困難な状況にある人たちに対して支援を行うソーシャルワーカーが，知っておかなければならない法といえる。

⑵ 社会保障法を学ぶ意義

ソーシャルワーカーに限ったことではないが，また，**第 1 章**でも言及されているが，社会保障「法」を学ぶ意義としては，次のことが挙げられる。まず，①「社会保障制度を法律の規定に基づいて正確に理解できること」である。ある仕組みの根拠が，どの法律のどの条文にあるのかを意識しながら社会保障の仕組みを見ていくと，制度を正確に理解することが可能となる。次に，②「社会保障に関連して生じたトラブルの解決策を探ることができること」である。社会保障給付の支給申請をしたのに行政が支給を認めてくれなかった，福祉サービスの利用に関して事業者と揉めている等，社会保障に関連してトラブルが生じることがあるが，社会保障の仕組みを法学の観点から学ぶことで，その解決策を理解することが可能となる。最後に，③「社会保障政策について考えられるようになること」である。社会保障の仕組みを利用していると，制度の問題点や使いづらさを実感することがある。社会保障法を学ぶ際には，現行の法制度を正確に把握することになるので，制度のどこに課題があって現場で問題が生じてしまうのかに気づくことが可能となる。そして，現場の視点から，制度が抱える問題点に対処するにはどのような法改正が必要かを提言することも可能となる（黒田有志弥ほか『社会保障法〔第2版〕』有斐閣，2023年：2-4頁）。これらの社会保障法を学ぶ意義を感じながら，社会保障法について学んでほしいが，本章では，特に①を意識して，社会保障の仕組みを解説していきたい。

2. 社会保障の役割

社会保障法の具体的な解説に入る前に，まず，現在の社会保障制度が担っている役割や機能について確認をしておきたい。

日本の社会保障制度は，第二次世界大戦後に本格的に整えられていった。社会保障制度は，上述のとおり，人々が遭遇しうる生活上の困難を軽減するために設けられている仕組みといえるが，現在では，あらゆる国民を広く対象として，憲法25条が定める生存権（健康で文化的な最低限度の生活を営む権利）を保障するにとどまらず，最低生活保障を超えて，より積極的に人々の生活を健やかで安心できるものとする役割を担っている。特に近年では，社会保障の目的として，個人の人格的自律や自由を支援・保障することが重要視されており，その憲法上の根拠として憲法13条（個人の尊重，生命・自由・幸福追求に対する権利）に注目が集まっているところでもある（菊池馨実『社会保障の法理念』有斐閣，2000年：第3章）。

また，社会保障制度には，いくつかの機能が備わっている。たとえば，社会保障制度を通じて，所得再分配が行われる。所得再分配には，垂直的所得再分配（高所得層から低所得層への再分配）と，水平的所得再分配（同一所得層内での再分配）とがあるが，生活保護の仕組みは垂直的所得再分配がなされている例といえる（→第5節）。また，職域ごとに設けられた医療保険の仕組み（健康保険や，公務員共済など）は，同一所得層のなかで，病気にならなかった者から病気になった者へと所得が再分配されているととらえることができることから，水平的所得再分配がなされている例といえる（→第3節）。さらに，社会保障は，家族が担ってきた相互扶助機能を代替し，補完する側面も有する。核家族や単身者が増え，また，男女の性別役割分業が見直されるなかで，家族間の相互扶助機能は弱まってきている。介護保険や児童保育などは，家族によるケアを社会保障制度が代わって引き受けるものということができる。そして，これらの社会保障の仕組みは，同時に家族を支援する機能も有するということができる。

3. 社会保険と社会扶助

以上のような目的や機能を実現するために，社会保障法によって社会保障の仕組みが整えられている。その社会保障の仕組みは，大きく社会保険の手法をとるものと，社会扶助の手法をとるものとに分類される。

⑴ 社 会 保 険

社会保険は，保険の技術を用いるもので，一定のリスクに対して多くの人が集まり，保険料の形で金銭を事前に拠出しておき，いざリスクが現実化したときに，リスクにより生じる生活上の困難を軽減する給付を受け取るというものである。日本では，こうした社会保険の手法をとるものとして，年金，医療保険，介護保険，雇用保険，そして，労災保険が存在している。社会保険では，社会保険料を財源の一部として，原則として事前に保険料を拠出していることを条件として給付が行われる。

なお，リスクに対して保険をかける仕組みは，民間の保険会社も提供している。民間の保険会社が提供する保険（私保険）と社会保険の大きな違いとしては，前者が任意加入であるのに対し，後者は強制加入であることを挙げることができる。そして，社会保険では，強制加入であることも理由の1つとして，資力がないために拠出が困難な被保険者については保険料を減免しつつ，給付を行うことがなされている。すなわち，負担能力に応じて保険料を負担し，必要に応じて給付を受けることが実現されている。社会保険においては，強制加入により低所得層も保険に加入することの利益を享受することが可能である。

(2) 社 会 扶 助

社会扶助は，事前の拠出を必要とせず，税金を財源として，ニーズに応じて給付を行うものである。社会福祉，社会手当，公的扶助等がここに分類される。特別なニーズがある人に向けてサービスを提供するのが社会福祉（児童福祉・障害福祉等）で，特別なニーズがある人に向けて金銭給付を行うのが社会手当（児童手当・児童扶養手当・特別障害者手当等）である。また，これらの仕組みを利用してもなお，健康で文化的な最低限度の生活を営むことができないときには，公的扶助の仕組みとしての生活保護が，最後のセーフティネットとして最低生活保障を行う。加えて，近年では，最後のセーフティネットである生活保護に至る前の支援として，生活困窮者自立支援の仕組みも設けられている。

第2節　所 得 保 障

続いて，具体的な社会保障の仕組みについて概観していく。はじめに取り上げるのは，所得保障に関する仕組みである。現在の日本では，多くの人が，働くことで生活の糧を得ている。したがって，何らかの理由で働くことができなくなると，とたんに生活に困窮するリスクに直面することとなる。そこで，そのようなリスクに備える仕組みが設けられている。

1. 年 金 制 度

所得保障を行う仕組みとしては，まず，年金制度を挙げることができる。日本の年金制度は，老齢，障害，生計維持者の死亡を所得喪失リスクとし，これらのリスクが発生したときに，それぞれ老齢年金，障害年金，遺族年金を支給することとしている。これらの仕組みについて定めているのが，国民年金法と厚生年金保険法である。

(1) 基 本 構 造

年金制度は，日本に住所を有するすべての者を対象とする国民年金と，民間企業で働く被用者や公務員等を対象とする厚生年金の2つで構成されている。

Column6-① 外国人と年金

国民年金法において存在していた国籍要件は，1981年に日本が難民条約に加入する際に，撤廃された。外国人であっても「日本に住所を有する」場合には，国民年金に加入しなければならない。また，厚生年金についても，国籍に関係なく，使用関係をベースとして加入を義務づけられる。

ただ，長期保険である年金については，せっかく日本の年金制度に加入し，保険料を払っていても，それが納付期間が短いなどの理由で将来の年金受給につながらないことがある（→1(2)）。また，場合によっては，出身国の年金制度にも加入し，保険料を支払い続けなければならないこともある。そこで，こうした問題に対処するため，日本は，現在，多くの国と社会保障協定を締結し，年金の加入期間を通算して，年金受給に必要とされる加入期間の要件を満たしやすくしたり，加入すべき年金制度を調整して，保険料の二重負担を防止したりすることを行っている。2022年6月1日時点で，日本は23か国と協定を署名済みである。

国民年金の仕組みについて定めるのは，国民年金法である。次に説明する厚生年金に加入する者，および，その被扶養配偶者は，それぞれ第2号被保険者，第3号被保険者として国民年金に加入しなければならない。そして，第2号被保険者でも第3号被保険者でもない，日本に住所を有する20歳以上60歳未満の者は，第1号被保険者として国民年金に加入することを義務づけられている（国年7条）。この第1号被保険者がもっている補足的な性格によって，日本では「国民皆年金」が実現されている。国民年金は，その被保険者に対して「基礎年金」を保障する。

厚生年金の仕組みを定めているのは，厚生年金保険法である。同法の対象となるのは，民間企業の被用者や公務員，私学に勤める教職員等で，厚生年金には70歳になるまで加入することができる（厚年9条）。厚生年金にも加入する者は，「基礎年金」に加えて，「厚生年金」も受給することができる。

国民年金の第1号被保険者の保険料は定額で，2023年度は月額1万6250円である（国年87条）。他方，厚生年金の被保険者（国民年金の第2号被保険者）の保険料は，報酬比例で，毎月の給与（標準報酬月額）と賞与（標準賞与額）に保険料率（18.3%）をかけて算出される厚生年金の保険料には，国民年金の保険料分が含まれており，これを事業主と保険者とが半分ずつ負担する。第3号被保険者の保険料負担はなく，配偶者である第2号被保険者が支払う保険料に，第3号被保険者に対する給付分も含まれている（国年94条の6，厚年81条・82条）。

(2) 老齢年金

年金制度が保障する所得喪失リスクの1つ目が，老齢である。日本では，年金の受給開始年齢は，原則として65歳である（60歳から75歳の間で受給開始年齢を選択することも可能である）。老齢年金は，高齢期の生活を支える重要な給付であるが，どのような年金を受け取ることができるのかは，現役時代の働き方による。たとえば，自営業者として働いてきた者は，国民年金制度から老齢基礎年金を受け取ることができ，会社員であった者は，老齢基礎年金に加えて老齢厚生年金も受け取ることができる。

老齢基礎年金の支給額は，2023年度現在，満額で79万5000円（年額）である。個々人が受け取る具体的な額は，満額×保険料納付月数÷480カ月で計算されることから（国年27条），満額の老齢基礎年金を受給したければ，40年にわたり未納にすることなく保険料を支払っておく必要がある（なお，保険料の減額・免除期間も一定割合で保険料納付月数に算入される）。また，保険料納付済期間と保険料免除期間とを合算した期間（資格期間）が10年に満たない場合には，老齢基礎年金を受給することはできない（国年26条）。年金を受給するにあたっては，保険料の支払い実績が非常に重要である。

老齢厚生年金の支給額は，被保険者期間やその期間中の平均収入により異なる（厚年43条）。被保険者期間が長いほど，平均収入が多いほど（すなわち，支払った保険料が多いほど），支給額は多くなる。2023年度現在，厚生老齢年金の支給も受ける場合のモデル年金額（平均的な収入で40年間就業した場合に，夫婦が受け取ることとなる標準的な年金額〔夫の老齢厚生年金と2人分の老齢基礎年金（満額）の合計額〕）は，月額約22万4500円であり，これが，民間企業で働いていた労働者等が労働市場から引退した後の生活を支える役割を果たしている。

(3) 障害年金

年金制度が保障する所得喪失リスクの2つ目が，障害である。老齢年金と同様に，障害基礎年金と障害厚生年金とがある。

障害基礎年金には，拠出制と無拠出制の2つの種類があり，障害についてはじめて診療を受けた日（初診日）が20歳以降にある者は，拠出制の障害基礎年金の対象となる（国年30条）。他方，初診日が20歳未満にある者は，無拠出制の障害基礎年金の対象となる（国年30条の4）。初診日が20歳未満の者は障害のリスクに備えてあらかじめ国民年金に加入し，保険料を納めておくことができないからである。前者の場合，1級または2級の障害の状態にあることが認定されると，所得制限なく障害基礎年金の支給が認められるが，初診日のある月の前々月までの国民年金加入期間のうち，3分の1を超える期間について保険料が未納になっていたり，または，同前々月までの1年間について保険料が未納になったりしていると，支給はなされない（国年30条，附則〔昭和60年法律34号〕20条）。後者の場合は，無拠出制であるため保険料納付要件は課されないが，一定額以上の所得がある場合には，その半額または全額が支給停止となる（国年36条の3）。なお，障害基礎年金2級の支給額は，満額の老齢年金と同額であり，1級の支給額はその1.25倍である（国年33条）。

厚生年金に加入している者が，障害の状態になったときには，障害基礎年金に加えて障害厚生年金を受け取ることができる。障害厚生年金は，1級，2級または3級の障害の状態にある者に対して支給される（厚年47条）。2級および3級の支給額は，老齢厚生年金と同じ計算式で算出される額であるが，被保険者月数が300カ月（25年）に満たない場合には，支給額があまりに少なくなることを防ぐために，300カ月で計算される。1級の支給額は，障害基礎年金と同様，2級および3級の場合の1.25倍である。なお，3級の場合には障害基礎年金の支給がないことから，その支給額について最低保障額（障害基礎年金の4分の3）が設定されている（厚年50条）。

⑷ 遺族年金

所得喪失リスクの3つ目は，生計維持者の死亡である。生計維持者が死亡したときには，その遺族に対して遺族年金が支給される。遺族年金にも，遺族基礎年金と遺族厚生年金とがある。遺族基礎年金は，かつては母子世帯のみを対象として支給されていたが，2014年4月以降，父子世帯も支給の対象とされている。

遺族基礎年金の支給対象となるのは，死亡した国民年金の被保険者等により生計を維持されていた，18歳に達した年度の末日を経過していない子または20歳未満の障害のある子のいる配偶者である。両親ともに死亡しているような場合には，子に支給される。その額は，老齢基礎年金の満額と同額であり，子の数に応じた加算がある。ただし，死亡した者に障害基礎年金の場合と同様の保険料未納期間がある場合には，支給はなされない（国年37条～39条の2）。また，遺族基礎年金の受給権は，受給権者が婚姻したり，養子になったとき（直系血族または直系姻族の養子になったときは除く），すべての子の18歳に達する年度が終了したとき（障害のある子の場合は20歳に達したとき）等には消滅する（国年40条）。

厚生年金の被保険者等が死亡した場合には，その者によって生計を維持されていた遺族に遺族厚生年金が支給される。遺族厚生年金は，遺族基礎年金の支給対象とならない者にも支給される。すなわち，子のいる配偶者や子のほかに，子のいない配偶者，父母，孫（18歳到達年度の末日を経過していない孫または20歳未満の障害のある孫），祖父母も，遺族厚生年金を受け取ることができる（その順位は，配偶者または子，父母，孫，祖父母の順である）。ただし，夫，父母，祖父母については被保険者の死亡時に55歳以上であることを求められ，夫婦については亡くなったのが夫なのか妻なのかにより，取扱いの差異が存在している（厚年58条・59条）。また，30歳未満の子のない妻が受給者となる場合，支給期間は5年間である（厚年63条1項5号）。支給額は，老齢厚生年金と同じ計算式で算出される額の4分の3であるが，被保険者月数が300カ月（25年）に満たない場合には，支給額があまりに少なくなることを防ぐために，300カ月で計算される（厚年60条）。遺族厚生年金の受給権も，受給権者が婚姻したり，養子になったりしたとき等には消滅する（厚生63条）。

2. 医療保険

年金制度は，老齢・障害・生計維持者の死亡という所得喪失リスクに備えるものであるが，これら以外にも，所得を喪失するリスクはある。たとえば，病気や怪我等で会社を休まなければならないときには，その間，就労所得を得ることができなくなる。こうしたリスクに備える仕組みを用意しているのが，たとえば，健康保険法である。健康保険法は，民間企業で働く労働者とその扶養家族のための医療保険の仕組みを定める法であるが（→第3節），医療にかかる費用を保障するにとどまらず，所得保障のための給付も行っている。

健康保険法に基づいて提供される所得保障給付には，傷病手当金と出産手当金がある。傷病手当金は，病気や怪我での就労不能が始まった日の4日目から支給されるもので，その日額は，直近12カ月の標準報酬月額の30分の1に相当する額の3分の2に相当する額である。傷病手当金は，同一の病気や怪我につき通算1年6カ月まで支給される（健保99条）。出産手当金は，出産で会社を休む場合に，出産日（出産日が出産予定日後であるときは，出産予定日）以前42日（多胎の場合は98日）から出産日の翌日以降56日目までの範囲内で支給されるものである。1日あたりの支給額は傷病手当金と同じである（健保102条）。

民間企業で働く労働者には，このような所得保障給付があるが，自営業者等が加入する国民健康保険や75歳以上の者を対象とする後期高齢者医療制度では，傷病手当金は任意給付となっている（国健保58条2項，高齢医療86条2項）。また，出産手当金は，これらの仕組みでは支給されていない。労働者にはより手厚い給付が保障されている。

3. 労災保険

労働者が業務災害や通勤災害の被害者となり，就労ができなくなった場合や死亡した場合には，労働者災害補償保険法（以下，労災保険法という）に基づく所得保障給付が支給される。

労災保険は，労働者を対象とする仕組みであるが，中小企業の事業主，個人タクシー業者や大工などの一人親方等については，特別加入制度（労災33条以下）を利用することができる。近年の改正で，自転車を使用して貨物運送事業を行う者（Uber等の配達員）や，ITフリーランス等も特別加入制度の対象となった。これらの者が保険料を払って特別加入する場合には，労災保険から給付を受けることができる。

(1) 業務災害／通勤災害

業務災害は，労働者の業務上の負傷，疾病，障害または死亡をいうが（労災7条1項1号），「業務上」といえるためには，これらと業務との間に因果関係がなければならない。この業務との間の因果関係を「業務起因性」という。業務起因性は，「労働者が労働契約に基づいて事業主の支配下にあることに伴う危険が現実化したものと経験則上認められる」場合に肯定される。

通勤災害は，労働者の通勤による負傷，疾病，障害または死亡をいう（労災7条1項3号）。通勤災害が認められる移動には，①住居と就業場所との間の往復，②複数事業主のもとで働いている労働者の，ある職場から別の職場への移動，③単身赴任をしている労働者の，赴任先住居と帰省先住居との間の移動が含まれる。労働者が，就業に関し，これらの移動を合理的な経路および方法で行っているときに交通事故にあった場合等に，労災保険法に基づく給付が行われる（労災 7 条 2 項）。

(2) 所得保障給付

労災保険から支給される所得保障給付には以下のものがある。

まず，業務災害や通勤災害による疾病や怪我の療養のために会社を休まなければならないときには，休業 4 日目から休業補償給付（通勤災害の場合は休業給付，以下同じ）が支給される。その日額は，給付基礎日額（労働基準法が定める平均賃金）の 60％に相当する額である（労災 14 条・22 条の 2）（特別支給金も合わせると，給付基礎日額の 80％が支給される）。

1 年 6 カ月経過後もなお傷病が治癒せず，一定の障害の状態にあるときには，傷病補償年金（傷病年金）が支給される（労災 12 条の 8 第 3 項・23 条）。また，重い後遺障害（1 級から 7 級の障害）が残ったときには，年金の形で障害補償年金（障害年金）が支給され，後遺障害の程度が軽い（8 級から 14 級の障害）ときには，障害補償一時金（障害一時金）が支給される（労災 15 条・22 条の 3）。これらの給付の支給額は，給付基礎日額に傷病・障害の程度により決まっている日数を乗じた額である（労災 15 条・22 条の 3・18 条）。

さらに，労働者が死亡したときには，その遺族に遺族補償年金（遺族年金）が支給される。遺族には，労働者の配偶者，子，父母，孫，祖父母および兄弟姉妹であって，労働者の死亡の当時その収入によって生計を維持していたものが含まれ，配偶者，子，父母，祖父母および兄弟姉妹の順で，遺族補償年金（遺族年金）を受け取れる（労災 16 条・16 条の 2・22 条の 4）。その額は，給付基礎日額に遺族の数により決まっている日数を乗じた額である（労災 16 条の 3・22 条の 4 第 3 項）。

このようにして，業務災害や通勤災害により失うこととなった就労所得に代わる所得の保障が行われる。なお，業務災害に対する給付には，「保障」ではなく「補償」の漢字が使われている。それは，労災保険の仕組みは，労働基準法 75 条以下が定める使用者の災害補償責任を保険化したものだからである（通勤災害はその性格をもたないため，「補償」の文字が使われていない）。労災保険の保険料はすべて使用者が負担している。

⑶ 併給調整

障害補償年金や遺族補償年金等の労災年金と，基礎年金・厚生年金の双方を受け取る場合は，労災年金の支給額の調整が行われる。たとえば，障害基礎年金・厚生年金と障害補償年金（労災年金）とを受け取る場合，障害基礎年金・厚生年金はそのまま全額支給されるが，障害補償年金は0.73の調整率をかけた額となる。また，遺族基礎年金・厚生年金と遺族補償年金とを受け取る場合には，後者は0.8をかけた額となる（労災令2条）（ただし，減額にあたっては，調整された労災年金の額と基礎年金・厚生年金の合計が，調整前の労災年金の額より低くならないように考慮される。また，障害〔遺族〕基礎年金・厚生年金を受け取っている人が，遺族〔障害〕補償年金〔労災年金〕を受け取る場合には，調整は行われない）。

こうした調整がなされることで，受け取る年金額の合計が，被災前に支給されていた賃金よりも高額になってしまう問題や，事業主の保険料の二重負担の問題（厚生年金の保険料は労使折半であり，労災保険の保険料は事業主が全額負担している）が生じないよう配慮されている。

4. 雇用保険

労働者が離職して，就労所得を失ったときには，雇用保険法に基づいて所得保障給付が支給される。雇用保険法は，労働者が「離職し，労働の意思及び能力を有するにもかかわらず，職業に就くことができない状態にあること」を失業と定義し（雇保4条3項），このような失業の状態にあることの認定を受けた者を対象として，基本手当（求職者給付の1つ）を支給することとしている。基本手当を受給するためには，原則として，離職の日以前の2年間に被保険者期間が通算して12カ月以上必要である（雇保13条）（雇用保険は，雇用見込みが31日以上で，週の所定労働時間が20時間以上の者を被保険者とする。雇保4条・6条）。基本手当の額は，賃金日額の50％から80％で（雇保16条。従前賃金が低いほど％は高くなる），その給付期間は，年齢や被保険者であった期間，離職理由等により90日から360日の間となっている（雇保22条・23条）。

また，労働者が育児や介護のために休業する場合の所得保障の仕組みも，雇用保険法で定められている。育児休業中には育児休業給付金が，介護休業中には介護休業給付金が，雇用保険法に基づいて支給される。育児休業は，原則として子どもが1歳になるまで取得できるもので（育介5条），最初の6カ月間は1日につき休業開始時賃金日額の67％が，6カ月を経過すると同日額の50％が，

Column6-② 社会手当

年金や医療保険，労災保険，雇用保険からの給付は，一定の所得喪失リスクに対してあらかじめ保険料を支払って備えておき，いざ所得喪失リスクが発生したときに，就労所得に代替する所得の保障を行うものと位置づけられる。これとは異なり，一定の目的のもと，特別なニーズに対して事前の拠出を求めず税財源で金銭給付を行うのが「社会手当」である。税財源の給付であるが，公的扶助（生活保護）と比較すると，給付を受けるための条件が緩やかである（厳格な所得・資産要件を伴わない）点に特徴があるといえる。

社会手当の例としては，児童手当，児童扶養手当，特別障害者手当などが挙げられる。児童手当は，児童を養育している者に支給されるもので，その目的は，家庭等における生活の安定に寄与することや，次代の社会を担う児童の健やかな成長に資することにある（児手１条）。児童扶養手当は，父または母と生計を同じくしていない児童が育成される家庭等に支給されるが，その目的は，こうした家庭の生活の安定と自立の促進に寄与することにある（児扶手１条）。そして，特別障害者手当の目的は，精神または身体に著しく重度の障害を有し，日常生活において常時特別の介護を必要とする特別障害者の福祉の増進を図ることにあり（特児扶手１条・２条），同手当の支給により，重度の障害のために必要となる精神的，物質的な特別の負担を軽減することが目指されている。特に，児童手当と児童扶養手当の支給目的については，時代による変遷も見られるが，現在は，以上で示した目的のもとに支給が行われている。

育児休業給付金として支給される（雇保 61 条の 7）。他方，介護休業は，要介護状態にある家族 1 人につき通算で 93 日まで 3 回を上限として取得できるもので（育介 11 条），その期間について，休業開始時賃金日額の 67%が介護休業給付金として支給される（雇保 61 条の 4，附則 12 条）。

第 3 節　医療保障

病気や怪我の際に医療サービスを保障してくれる仕組みも，社会保障法は定めている。前節で，病気や怪我で会社を休まなければならない場合に，健康保険や労災保険から所得保障給付がなされることを紹介したが，病気や怪我の際に安心して医療サービスが受けられることも重要である。健康保険をはじめとする医療保険や労災保険は，病気や怪我の際に安心して医療サービスを受けら

表 6-1　公的医療保険の種類

年　齢	医療保険の種類	保険者	加入者（被保険者・被扶養者）	根拠法
0～74歳（職域保険）	組合管掌健康保険	健康保険組合	主に大企業の労働者とその扶養家族	健康保険法
	協会管掌健康保険	全国健康保険協会	主に中小企業の労働者とその扶養家族	
	国家公務員共済	国家公務員共済組合	国家公務員とその扶養家族	国家公務員共済組合法
	地方公務員等共済	地方公務員共済組合	地方公務員とその扶養家族	地方公務員等共済組合法
	私立学校教職員共済	日本私立学校振興・共済事業団	私立学校の教職員とその扶養家族	私立学校教職員共済法
	船員保険	全国健康保険協会	船員とその扶養家族	船員保険法
	国民健康保険組合	国民健康保険組合	保険者である国民健康保険組合の区域内に住所を有している，同種の事業又は業務に従事している者とその世帯に属する者	国民健康保険法
（地域保険）	国民健康保険	都道府県・市町村	上記医療保険でカバーされない75歳未満の者	
75歳～	後期高齢者医療制度	後期高齢者医療広域連合	75歳以上の者	高齢者医療確保法

れることを保障してくれる仕組みでもある。

1. 医 療 保 険

(1) 医療保険の種類

業務によらない病気や怪我（私傷病）で医療サービスを受けたときに，その費用負担を軽減してくれるのが医療保険の仕組みである。日本には複数の医療保険が存在している。75歳未満の者は，職域保険（民間企業で働く労働者とその扶養家族を対象とする健康保険，公務員とその扶養家族を対象とする公務員共済等）か，地域保険である国民健康保険（職域保険でカバーされない者〔たとえば，自営業者や退職した人〕が対象）に加入しなければならず，75歳に達すると後期高齢者医療制度に加入しなければならない。こうして，日本に住所のあるすべての者が，何らかの医療保険でカバーされる「国民皆保険」が実現されている（表6-1）。

⑵ 保険者／被保険者

代表的な医療保険として，健康保険と国民健康保険，後期高齢者医療制度について，保険者および被保険者の範囲を確認したい。

まず，健康保険には，組合管掌健康保険と協会管掌健康保険（協会けんぽ）とがある。前者は比較的大きな企業の労働者とその扶養家族が加入する医療保険で，企業が設立する健康保険組合が保険者である。他方，後者は主として中小企業の労働者とその扶養家族が加入する医療保険で，各都道府県に支部を持つ全国健康保険協会が保険者である。両者を含む健康保険の被保険者となるのは，「適用事業所に使用される者」で，適用事業所には，①特定の事業を営む常時5人以上の従業員を使用する事業所や，②国・地方公共団体・法人の事業所が含まれる（健保3条）。また，これら以外の事業所も，被保険者となる人の2分の1が同意すれば，厚生労働大臣の認可を受けて適用事業所となれる（健保31条）。健康保険では，被保険者に扶養されている家族も，被扶養者の資格で，かかった医療費の一部を保険でカバーされる（健保110条）。

国民健康保険は，都道府県および当該都道府県内の市町村（特別区を含む）を保険者とする医療保険である（国保3条1項）。都道府県が，財政運営の責任主体として国民健康保険の健全な運営について中心的役割を果たし，市町村が，被保険者の資格の取得・喪失に関する事項や，保険料の徴収等を実施する役割を負う。都道府県の区域内に住所を有する人で，他の医療保険でカバーされていない75歳未満の人が，被保険者である（国保5条・6条）。

後期高齢者医療制度は，2008年4月に施行された新しい仕組みである。都道府県を単位とする後期高齢者医療広域連合が，保険者としての役割を果たす（高齢医療48条）。75歳以上の後期高齢者が被保険者となるが，65歳以上75歳未満の者で，寝たきり等政令で定める程度の障害の状態にある旨の認定を受けた者も，後期高齢者医療制度の被保険者となれる（高齢医療50条）。

なお，健康保険の保険料は，報酬比例で，毎月の給与（標準報酬月額）と賞与（標準賞与額）に保険者ごとに設定される保険料率をかけて算出される。これを労使で折半する（健保161条）。国民健康保険の保険料は，世帯ごとに応益割（世帯ごとの被保険者数に応じた定額負担）と応能割（所得等の多寡に応じた負担）

の組合せで決まる。その詳細は，市町村の条例により定められる（国保 76 条 1 項・81 条，同令 29 条の 7）。後期高齢者医療制度の保険料は，均等割（応益割）額と所得に応じた所得割（応能割）額の合計で決まり，その詳細は後期高齢者医療広域連合の条例で定められる（高齢医療 104 条・115 条，同令 18 条）。

(3) 自己負担

以上の 3 つを含む表 6-1 掲載の医療保険のおかげで，日本に住んでいる者は，年齢等により決まっている定率の自己負担を支払うのみで，医療サービスを利用することができる。自己負担の率は，義務教育就学前の 6 歳児までは 2 割，義務教育就学後から 70 歳未満の者までは 3 割，70 歳以上 75 歳未満の者は 2 割，75 歳以上の後期高齢者は 1 割である。ただし，70 歳以上の高齢者のなかでも，現役並の所得がある人の自己負担は 3 割であり，75 歳以上で一定以上の所得がある者の自己負担は 2 割である（健保 74 条，国保 42 条，高齢医療 67 条）。

また，医療費の負担には，年齢や所得を考慮した月額上限が設定されていることから，上限を超える部分も医療保険でカバーされる。この仕組みは，高額療養費制度と呼ばれる（健保 115 条，国保 57 条の 2，高齢医療 84 条）。

(4) 保険診療

医療保険の仕組みを通じて提供される医療サービスは，一般に保険診療と呼ばれる。保険診療に対比されるのが自由診療で，自由診療の場合は，かかった医療費のすべてが自己負担となる。2022 年 4 月から不妊治療の一部が保険診療とされ，社会的な注目を集めたが，どのような医療行為を保険診療とするかは，中央社会保険医療協議会（中医協）での審議を経て決められる（健保 82 条）。

また，医療保険から提供される医療サービスは，保険医療機関として指定を受けた医療提供施設（病院や診療所）において，保険医として登録を受けた医師により提供される（健保 63 条・64 条）。日本の医療保険では，患者は，どの保険医療機関から医療サービスを受けるかを自由に決められる（フリーアクセスの保障）。しかし，保険医療機関としての指定を受けていない医療提供施設において，あるいは，保険医として登録を受けていない医師から受けた医療サービスは，全額自己負担となる。

2. 労災保険

労働者が，私傷病ではなく，業務に起因して病気になったり怪我をしたりしたときには，労災保険から療養補償給付として必要な医療サービスまたは医療費の提供がなされる（労災 13 条）。医療サービスを受けるに際して，自己負担は発生しない。所得保障の面だけでなく，医療保障の面でも，労働者にとって労災が認められるか否かは大きな意味をもつ。

また，労災保険は，通勤災害による病気や怪我に対する医療サービスの保障も療養給付として行っている（労災 22 条）。この場合には，200 円の自己負担が発生するが（労災 31 条 2 項），私傷病を対象とする医療保険と比較すると自己負担は低く抑えられている。

第 4 節　介護・福祉保障

高齢や障害により介護ニーズを有する人たちに対しては，介護保険や障害福祉の仕組みにより介護・福祉サービスの提供がなされる。高齢者と障害者とは，介護ニーズを有する点で共通するが，日本では，高齢者の介護ニーズに対しては介護保険が，障害者の介護ニーズに対しては障害福祉サービスが用意されている。介護保険と障害福祉サービスは，ソーシャルワーカーがまさに関わるものであるので，他の仕組みよりも若干詳細に紹介したい。また，本節では，同じくソーシャルワーカーが関わることの多い児童福祉の仕組みについても紹介する。

1. 介護保険

高齢者の介護に関しては，高齢化の進展も見据えて，1997 年に介護保険法が制定され，2000 年 4 月から市町村（特別区を含む）を保険者として介護保険制度がスタートした。

⑴ 介護保険の被保険者

介護保険制度との関わりは 40 歳になると始まるが，その関わり方は年齢により異なる。まず，65 歳以上の者は，第 1 号被保険者として介護保険に加入する（介保 9 条 1 号）。第 1 号被保険者は，所得段階別に定められた保険料を支払っておき，いざ要介護・要支援状態になったときに，介護保険を使って各種の介護・予防サービスを受けることができる。

他方，40 歳以上 65 歳未満の医療保険加入者は，第 2 号被保険者として介護保険に加入する（介保 9 条 2 号）。第 2 号被保険者は，加入している医療保険（民間企業で働く労働者を対象とする健康保険や，自営業者等を対象とする国民健康保険等〔→第 3 節 1〕）を通じて介護保険の保険料を納める。そして，加齢に伴う心身の変化に起因する一定の疾病（特定疾病）によって要介護・要支援の状態になった場合に，介護保険の仕組みを使って介護・予防サービスを受けることができる。40 歳未満の者が要介護状態となったり，40 歳以上 65 歳未満の者が加齢以外の要因で介護が必要な状態になったりした場合には，障害福祉サービスを利用する（→ 2）。

⑵ 要介護・要支援認定

介護保険のサービスを利用するためには，あらかじめ，介護保険の保険者である市町村から「要介護・要支援認定」を受けなければならない（介保 19 条）。事前の手続が必要な点が，保険証を持参すれば保険医療機関で医療サービスを受けられる医療保険とは異なっている。

認定の手続は，次のとおりである。まず，申請を受けた市町村は，心身の状況等に関する調査を行う。そして，コンピューターによる一次判定を経て，介護認定審査会が最終的な判定を行う。その後，市町村がその結果を被保険者に通知する（介保 27 条）。要介護・要支援認定を受けると，その程度に応じて決まっている支給上限の範囲内で，介護サービスや予防サービスを利用することが可能となる。

なお，要介護は，身体や精神の障害により日常生活における基本的な動作について継続して常時介護を要すると見込まれる状態を指し（介保 7 条 1 項），要支援は，継続して常時介護を要する状態の軽減もしくは悪化の防止に資する支援を要すると見込まれる状態，または，継続して日常生活を営むのに支障があると見込まれる状態を指している（介保 7 条 2 項）。要介護度には 1 から 5 の段階が，要支援には 1 と 2 があり，数字が大きいほど要介護・要支援の度合いが大きいことを意味している。

⑶ サービスの種類

介護保険を利用して受けることのできるサービスには，下記のとおりさまざまなものがある。

まず，要介護認定を受けた者は，介護給付（介保40条）の対象となるサービスとして，①施設サービスや，②居宅介護サービス，③地域密着型介護サービスを利用することが可能である。①は，介護老人福祉施設（特別養護老人ホーム）や介護老人保健施設等に入所して受けるサービスを指し，②には，ホームヘルパー等が利用者の自宅を訪問して行う訪問サービスや，利用者がデイサービス等の施設に通う通所サービスが含まれる。また，③には，認知症対応型共同生活介護（グループホーム）や小規模多機能型居宅介護等が含まれている。さらに，福祉用具の購入費や住宅の改修費の一部も，介護保険でカバーされる。

他方，要支援認定を受けた者は，予防給付（介保52条）の対象となるサービスとして，①介護予防サービスや，②地域密着型介護予防サービスを利用することができる。①には，訪問サービス（介護予防訪問入浴介護，介護予防訪問看護等）や，通所サービス（介護予防通所リハビリテーション）が含まれており，②には，介護予防認知症対応型通所介護や介護予防小規模多機能型居宅介護等が含まれる。

なお，地域密着型サービスは，2005年の法改正に際して創設されたもので，市町村が事業者の指定・監督を行う。これに対し，その他のサービスは，都道府県・政令市・中核市が事業者の指定・監督を行うこととなっている（→**Column6**-③）。

そして，これらに加えて，市町村が条例で市町村特別給付を設け，独自サービスを提供することも可能とされている（介保18条3号）。これにより，市町村は，地域のニーズに合わせて配食サービスや寝具乾燥サービス等を提供できる。また，介護予防や地域における自立した日常生活支援等を行うために市町村が行う地域支援事業を通じたサービスの提供もある（介保115条の45）。

⑷ 利用者負担

介護保険のサービスを受けたときの利用者負担は，制度導入当初は，すべての者について1割とされていた。しかし，高齢化の進展のなかで介護保険の財政状況が厳しくなるのに伴い，一定以上の所得のある者について利用者負担を引き上げる改正が行われた。現在では，一定以上の所得のある者について，2割または3割の利用者負担が課されている（介保49条の2・59条の2）。

昨今，社会保障分野では，厳しい財政状況を背景として，負担能力のある者

Column6-③　事業者・施設の指定基準②

介護保険のサービスを提供する事業者・施設は，あらかじめ都道府県知事または市町村長から「指定」を受けなければならない。指定を受けるにあたり満たさなければならないのが，条例で定める「指定居宅サービス等の事業の人員，設備及び運営に関する基準」や「指定介護老人福祉施設の人員，設備及び運営に関する基準」等の人員・設備・運営基準である（→ **Column2-②**）。

従来，この基準はすべて厚生労働省令で定められていたが，地方分権推進の流れのなかで，2012 年 4 月以降，その作成は都道府県条例（地域密着型サービスについては市町村条例）に委任された。ただ，厚生労働省令によって，地方公共団体が条例を定めるにあたって「従うべき基準」と「標準とすべき基準」，「参酌すべき基準」が定められていることから，条例はそれに従う形で定められなければならない。「従うべき基準」とされているものについては，省令の基準が条例を拘束する一方で，それ以外については，地方公共団体が地域の実情に応じて基準を定めることができる。

介護保険のサービスを提供する事業を展開したい場合には，地方公共団体が定める基準を満たしたうえで，指定を受ける必要がある。そのため，事業運営に携わる場合には，この基準を十分に理解しなければならない。

により多くの負担を求める傾向が見られるが（→第 3 節 1 (3)），これもその一環といえよう。

(5) 65 歳問題

ところで，介護に対するニーズは，高齢者および障害者が共通して有するものである。しかし，現在の日本では，高齢者向けの介護保険の仕組みと障害者向けの障害福祉サービス（→ 2）とが併存している。両者の関係については，障害者総合支援法 7 条において「介護保険優先原則」が規定されていることから，障害福祉サービスを受けていた障害者も，65 歳になると介護保険を優先して利用することとなる。

この点に関しては，「65 歳問題」と呼ばれる問題が生じていた。すなわち，65 歳になると，それまで利用していた障害福祉サービスの指定を受けた事業所から介護保険の指定（→ **Column6-③**）を受けた事業所にサービス提供事業所を変更しなければならないという問題や，障害福祉サービスのもとでは低所得の場合には生じていなかった自己負担を介護保険においては負担しなければならないという問題である。ただ，この2つの問題については，現在では，「共生型サービス」（介護保険または障害福祉のいずれかの指定サービス事業所について，もう一方の制度における指定を受けやすくするもの）の創設と，介護保険で生じる利用者負担（原則1割）を障害福祉制度により償還する仕組み（65歳に至るまで相当の長期間にわたり障害福祉サービスを利用してきた一定の高齢障害者が対象）の導入によって，一定の立法的な解決が図られている。

2. 障害福祉サービス

高齢者については，介護保険の仕組みが導入されているが，その対象とならない若年の障害者については，税財源で賄われる障害福祉サービスの仕組みを利用することとなる。

(1) 障害者権利条約の影響

障害福祉サービスの分野では，近年，障害者の自立した生活と地域社会への包容について定める障害者権利条約19条の影響もあり，障害者の地域での自立生活を可能にする政策が重要視されている。障害者の地域での自立生活を実現するにあたり，障害福祉サービスが果たす役割はきわめて大きいといえる。

(2) 対 象 者

障害福祉サービスの対象者には，身体障害者福祉法上の身体障害者，知的障害者福祉法にいう知的障害者，精神保健福祉法上の精神障害者，および，一定の難病患者が含まれる（すべて18歳以上）（障総4条1項）。また，児童福祉法上の障害児（18歳未満）も一部の障害福祉サービス（居宅サービス）を利用することができる（障総4条2項）。

身体障害者については，身体障害者手帳の仕組みがあり（身障15条），この手帳の交付を受けている者が身体障害者福祉法上の身体障害者とされる（身障4条）。知的障害者については，療育手帳の仕組みがあるが，法定の仕組みではないことから，都道府県等により知的障害の範囲や程度に関する考え方に相違が見られ，また，療育手帳の名称もさまざまである。精神障害者については，精神障害者保健福祉手帳の仕組みがある（精保45条）。

⑶ 障害支援区分と支給決定

障害福祉サービスを利用したい場合には，障害福祉の実施主体である市町村に申請をして，支給決定を受けなければならない（障総19条）。介護給付（表6-2）の支給申請を行った場合の手続は，次のとおりである。

まず，申請を受けた市町村は，申請者の心身の状況等についての調査を行う。次に，障害支援区分（1～6）について，コンピューターによる一次判定を経て，市町村審査会による二次判定を行う。そして，サービスの利用についての意向の聴取や勘案事項の調査を行ったうえで，障害福祉サービスについての支給決定を行う（障総20条～22条）。勘案事項として挙げられているのは，①障害支援区分または障害の種類・程度，その他の心身の状況，②介護を行う者の状況，③介護給付費等の受給の状況，④介護保険サービス・保健医療サービス・福祉サービス等の利用の状況，⑤障害福祉サービスの利用に関する意向の具体的内容，⑥障害者の置かれている環境，⑦障害福祉サービスの提供体制の整備の状況である（障総則12条）。

要介護認定に類似する障害支援区分の判定のみならず，市町村による支給決定が求められる点が，介護保険の仕組みとは異なっている。こうした相違の背景には，介護保険の場合には，要介護・要支援度に応じて定められた上限を超えるサービスについては，全額自己負担で受けることとされているが（介護保険では定型的な給付がなされているといえる），障害福祉サービスについては，上限を設けることなく個別の状況に応じたサービスの提供が求められていることがある。決定されたサービスの支給量が十分でない場合には，地域での自立生活に影響が出ること等から，支給決定をめぐっては数多くの訴訟が存在している（和歌山地判平成22・12・17賃社1537号20頁，大阪高判平成23・12・14賃社1559号21頁〔石田訴訟〕，札幌地判平成24・7・23判自407号71頁，札幌高判平成27・4・24判自407号65頁〔鬼塚訴訟〕等）。

⑷ 給付の種類

障害福祉サービスの種類としては，中心的なものとして，介護給付と訓練等給付がある。介護給付には，訪問系サービスや日中活動系サービスが存在している。また，施設に入所している者が受ける施設系サービスもあるが，近年では，障害者の地域での自立生活の実現に重きが置かれている（表6-2）。一方，訓練等給付は，障害者の就労や自立を支援するためのものであり，特に就労系

表 6-2　障害福祉サービスの介護給付の種類と主な内容

訪問系サービス	居宅介護（ホームヘルプ）	自宅で，入浴，排せつ，食事の介護等を行う
	重度訪問介護	重度の肢体不自由者又は重度の知的障害若しくは精神障害により行動上著しい困難を有するもので常に介護を必要とする人に，自宅で，入浴，排せつ，食事の介護，外出時における移動支援などを総合的に行う
	同行援護	視覚障害により移動に著しい困難を有する人に，移動に必要な情報の提供（代筆・代読を含む），移動の援護等の外出支援を行う
	行動援護	自己判断能力が制限されている人が行動するときに，危険を回避するために必要な支援，外出支援を行う
	重度障害者等包括支援	介護の必要性がとても高い人に，居宅介護等複数のサービスを包括的に行う
日中活動系サービス	短期入所（ショートステイ）	自宅で介護する人が病気の場合などに，短期間，夜間も含めて施設で，入浴，排せつ，食事の介護等を行う
	療養介護	医療と常時介護を必要とする人に，医療機関で機能訓練，療養上の管理，看護，介護および日常生活の世話を行う
	生活介護（デイサービス）	常に介護を必要とする人に，昼間，入浴，排せつ，食事の介護等を行うとともに，創作的活動又は生産活動の機会を提供する
施設系サービス	障害者支援施設での夜間ケア等（施設入所支援）	施設に入所する人に，夜間や休日，入浴や排せつ，食事の介護等を行う

（出所）『厚生労働白書（令和 5 年版）資料編』221 頁。

のサービスとして，就労移行支援や就労継続支援，就労定着支援，就労選択支援が存在している。

また，障害者については，その障害ゆえに医療費が多くかかったり，車椅子や補聴器等が必要だったりすることがある。そこで，医療費の負担軽減を目的とする自立支援医療や，補装具費の支給の仕組みも用意されている。

(5) 利用者負担

障害者が障害福祉サービスを利用する際には，利用者負担分として，その費用の一部を負担しなければならない。ただし，低所得層については，負担は求めないこととなっており，また，所得段階別に毎月の負担上限額も設定されている（表 6-3）。サービスにかかる費用の 1 割にあたる額のほうが負担上限月額よりも小さい場合は，1 割相当額が利用者負担となる（総支 29 条等）。

表 6-3　利用者負担の上限

区　分	世帯の収入状況	負担上限月額
生活保護	生活保護受給世帯	0 円
低所得	市町村民税非課税世帯	0 円
一般 1	市町村民税課税世帯（所得割 16 万円未満） ※入所施設利用者（20 歳以上），グループホーム利用者を除く（注）。	9,300 円
一般 2	上記以外	37,200 円

（注）入所施設利用者（20 歳以上），グループホーム利用者は，市町村民税課税世帯の場合，「一般 2」となる。所得を判断する際の世帯の範囲は，18 歳以上（施設入所している場合は 20 歳以上）の障害者の場合は，本人と配偶者である。

（出所）厚生労働省ウェブサイト（https://www.mhlw.go.jp/stf/seisakunitsuite/bunya/hukushi_kaigo/shougaishahukushi/service/hutan1.html）（2023 年 10 月 20 日最終閲覧）

自己負担のあり方に関する議論は，誰が障害により必要になる追加的費用を負担すべきか（個人か，家族か，それとも社会か）という論点を含む，非常に重要なものである。

⑹ 精神保健

精神障害者については，精神保健福祉法において，入院に関する規定も置かれている。主な入院形態として，任意入院，措置入院，医療保護入院がある。任意入院は，本人が同意して入院する形態であるが，措置入院と医療保護入院は，本人の同意のない強制入院である。とりわけ強制入院においては，虐待や人権侵害などの問題が生じやすいことから，権利擁護を担うソーシャルワーカーとして制度の詳細を把握しておくことが大事である。

⒜ 強制入院

措置入院は，入院させなければ自傷他害のおそれのある精神障害者を対象として，精神保健指定医 2 名の診察の結果が一致した場合に，都道府県知事が行うものである。都道府県知事は，その際，当該精神障害者，および，診察の通知を受けたまたは診察に立ち会った家族に対し，措置入院を行う理由や退院請求の仕組み等について書面で知らせなければならない（精保 29 条）。

医療保護入院は，入院を必要とする精神障害者で，自傷他害のおそれはないが，任意入院を行う状態にない者を対象として，精神保健指定医 1 名の診察の結果と家族等（精神障害者の配偶者，親権を行う者，扶養義務者および後見人または保佐人）のうちいずれかの者の同意により入院期間を定めて行われる入院であ

Column6-④　バリアフリー法

高齢者や障害者等が，地域社会で生活するにあたって，社会インフラがバリアフリーとなっていることはきわめて重要である。このバリアフリーを促進するための法律として，「高齢者，障害者等の移動等の円滑化の促進に関する法律」（通称，バリアフリー法）が定められている。2018 年の改正で，バリアフリー法に基づく措置は，社会的障壁の除去，および，共生社会の実現に資することを旨として行わなければならないことが基本理念として明記されるに至っている（バ法 1 条の 2）。

バリアフリー法では，バリアフリー化を総合的かつ計画的に推進するために，国がその促進に関する「基本方針」を定めるものとされている（バ法 3 条）。2020 年に定められた「基本方針」では，たとえば，1 日 3000 人以上が利用する鉄軌道駅および 1 日 2000 人以上 3000 人未満が利用する重点整備地区内の生活関連施設である鉄軌道駅については，2025 年度末までに，①エレベーターまたはスロープ等の設置による段差の解消，②可動式ホーム柵，点字ブロックその他の視覚障害者の転落を防止するための設備の整備，③視覚障害者誘導用ブロックの整備，④運行情報提供設備その他の案内設備の整備，⑤障害者対応型トイレの設置等を実施することが規定されている。

バリアフリー法は，このような形で，公共交通機関や建築物，道路，路外駐車場・都市公園等のバリアフリー化の目標を定め，高齢者や障害者などが日常生活や社会生活において利用する生活空間のバリアフリー化を進めるとしている。高齢者や障害者が日々の生活のなかで遭遇する「社会的障壁」の除去を担う重要な法律の 1 つである。

る。家族等がいない場合や家族等の全員が意思を表示することができない場合等には，市町村長の同意で医療保護入院を行うことも可能である（精保法 33 条 2 項）。精神科病院の管理者は，医療保護入院を行ったときには，10 日以内に，最寄りの保健所長を経て都道府県知事に届け出なければならず（精保法 33 条 7 項），また，当該精神障害者および同意をした家族に対し，医療保護入院を行う理由や退院請求の仕組み等について書面で知らせなければならない（精保法 33 条の 3）。

なお，精神科病院の管理者は，入院中の患者に対して，その医療または保護に欠くことのできない限度において必要な行動制限を行うことができる（精保法 36 条 1 項）。これに関しては，厚生労働大臣により，入院中の者の処遇につ

Column6-⑤　パートタイム・有期雇用労働法

介護労働市場で働いている人のなかには，短時間労働者や有期雇用労働者も多いのではないだろうか。短時間労働者や有期雇用労働者等の非正規雇用労働者は，正規雇用労働者と比べて不利な処遇を受けていることがある。そこで，これらの人々がそれぞれの意欲や能力を十分に発揮し，その働きや貢献に応じた公正な待遇を受けることができるよう，パートタイム・有期雇用労働法により規制が行われている。

同法は，まず，短時間労働者や有期雇用労働者を雇い入れる際に，労働条件を文書などで明示することを事業主に義務づけている（パ有法6条）。また，短時間労働者や有期雇用労働者から求めがあった際には，通常の労働者との待遇の相違の内容や理由，待遇の決定にあたって考慮した事項も説明するよう義務づけている（パ有法14条2項）。

そして，事業主は，短時間労働者・有期雇用労働者のあらゆる待遇について，不合理な待遇差を設けてはならない旨も規定している（パ有法8条）。待遇の相違が不合理と認められるかどうかの判断は，個々の待遇（基本給，賞与，福利厚生施設，教育訓練，休暇等）ごとに，その待遇の性質・目的に照らして適切と認められる事情（職務の内容，職務の内容や配置の変更の範囲等）を考慮して判断される。

ソーシャルワーカーをはじめとする介護労働市場で働く人は，労働法で守られるべき労働者でもある。労働者としての権利を知ることで，自分自身を守ることも大切である。

いて必要な基準（昭和63年厚生省告示130号）が定められており，精神科病院の管理者は，その基準を遵守しなければならないとされている（精保法37条）。しかし，日本においては，精神科病院において数多くの隔離・拘束がなされていることが報告されており，また，なかには精神障害者の死亡につながったケースもあることから，これは大きな社会的課題となっている。

(b) 地域生活支援

以上のような強制入院や入院中の隔離・拘束は，精神障害者から自由を奪うものであり，人権保障の観点からはおおいに問題がある。この課題への対応は遅々として進まない現状があるが，日本においては，2004年に策定された「精神保健医療福祉の改革ビジョン」において「入院医療中心から地域生活中心へ」という理念が示され，精神障害者の地域移行が目指されている。

たとえば，精神科病院では，退院支援が行われることとなっている。精神科病院の管理者は，退院後生活環境相談員を選任して，措置入院者および医療保護入院者の退院後の生活環境に関して，入院者およびその家族等からの相談に応じさせ，これらの者を指導させなければならない（精保法 29 条の 6，33 条 4）。また，障害者総合支援法が規定する特定相談支援事業者等の地域の福祉等関係機関を紹介することも求められる（精保法 29 条の 7・33 条の 5）。

加えて，精神障害の有無や程度にかかわらず，誰もが地域の一員として安心して自分らしい暮らしができるよう，医療，障害福祉・介護，住まい，社会参加（就労），地域の助け合い，教育が包括的に確保された「精神障害にも対応した地域包括ケアシステム」の構築も目指されている。精神障害者の地域での生活を支えるために，関係者が重層的に連携する支援体制を構築していくことが必要であるといえる。

3. 児童福祉

続いて，児童福祉について見ていきたい。児童福祉法は，すべての児童は「適切に養育されること，その生活を保障されること，愛され，保護されること，その心身の健やかな成長及び発達並びにその自立が図られることその他の福祉を等しく保障される権利を有する」旨を確認している（児福法 1 条）。そして，児童の健やかな育成を，国民の努力義務，児童の保護者・国・地方公共団体の責任とする（児福法 2 条）。

児童福祉法は，以上を児童福祉を保障するための原理としたうえで，さまざまな施策を定めているが，以下では，児童福祉法が定める諸施策のなかでもソーシャルワーカーが関わることの多い「要保護児童」を対象とする措置について確認したい。

(1) 要保護児童

児童の健やかな育成のためには，親の監護を十分に受けられない事情を抱える児童への支援も重要である。児童福祉法は，要保護児童とは，保護者のいない児童，または保護者に監護させるのが不適当であると認められる児童をいうとしている（児福法 6 条の 3 第 8 項）。ここには，孤児，保護者に遺棄された児童，家出した児童，保護者に虐待されている児童，保護者に放任されている児童，保護者の労働または疾病のために必要な監護を受けることができない児童，

Column6-⑥　触法少年等と児童福祉

刑罰法令に触れる行為をしたが，その行為のとき 14 歳未満であったため，法律上，罪を犯したことにならない少年のことを触法少年という。触法少年については，児童相談所などによる児童福祉法上の措置が優先され，都道府県知事または児童相談所長が家庭裁判所に送致した場合にのみ，家庭裁判所が扱う少年事件となる（少年 3 条・6 条の 7）。

また，触法少年に限らず，少年法 18 条により家庭裁判所から都道府県知事または児童相談所長に送致された児童，および，同法 24 条 1 項 2 号の保護処分（児童自立支援施設または児童養護施設への送致）を受けた児童も，児童福祉法に基づく措置の対象となる（児福 26 条・27 条・27 条の 2）。前者の児童についてなされうる児童福祉法に基づく措置には，たとえば，①訓戒，誓約書の提出，②児童福祉司や児童委員等による指導，③小規模住居型児童養育事業を行う者や里親への委託，④児童養護施設，児童心理治療施設，児童自立支援施設等への入所等がある。

刑罰法令に触れる行為を行った少年・児童は，その行為に及ぶ以前より何らかの支援を必要としていることも多い。こうした少年・児童の支援を行うことも，ソーシャルワーカーの重要な職務である。

保護者の保護能力を超えて不良行為をする児童等が含まれる。

(2) 要保護児童の保護措置等

上記のような要保護児童を発見した人は，市町村，都道府県が設置する福祉事務所または児童相談所に通告しなければならない（児福 25 条 1 項）。そして，通告を受けた市町村，福祉事務所長，児童相談所長は，必要に応じて児童福祉法 25 条の 7 以下が定める措置をとらなければならない（なお，通告については，刑法の秘密漏示罪の規定や守秘義務に関する法律の規程は，通告を妨げるものと解釈してはならないとされている〔児福 25 条 2 項〕）。

たとえば，市町村や福祉事務所長は，必要に応じて当該児童を児童相談所に送致する（児福 25 条の 7 第 1 項 1 号・25 条の 8 第 1 項 1 号）。通告または送致を受けた児童相談所長は，当該児童について，小規模住居型児童養育事業を行う者や里親への委託，乳児院，児童養護施設，児童自立支援施設等への入所，または家庭裁判所への送致が必要であると判断する場合，その旨を都道府県知事に報告する（児福 26 条）。そして，都道府県知事が，委託や入所，家庭裁判所への送致についての措置をとることになる（児福 27 条）（この措置をとる権限は，児童相談所長に委任されていることも多い〔児福 32 条 1 項〕）。

また，児童虐待のおそれがある場合等には，都道府県知事および児童相談所長は，これらの措置をとるに至るまで，児童の安全確保のために児童を一時保護することもできる（児福 33 条 1 項・2 項）。

(3) 親権者等の同意

上述の委託や入所の措置は，要保護児童を親から引き離す措置であるため，原則として親権者または未成年後見人の同意が必要である（児福 27 条 4 項）。しかし，児童虐待や著しい監護の怠慢等がある場合には，同意がなくても家庭裁判所の承認を得てこれらの措置をとることができる（児福 28 条 1 項）。また，家庭裁判所は，措置を承認する審判をする場合で，当該措置の終了後の家庭環境等の調整を行うため当該保護者に対し指導措置をとることが相当であると認めるときは，都道府県に対して指導措置をとるよう勧告することができる（児福法 28 条 6 項）。一時保護についても，これを親権者等の同意なく行う場合には，事前または保護開始から 7 日以内に，地方裁判所，家庭裁判所または簡易裁判所の裁判官に一時保護状を請求しなければならない（2022 年改正，改正法の公布から 3 年以内に施行することとなっている）。

児童虐待に対しては，児童福祉法に加えて，児童虐待防止法によっても対応がなされる（児童虐待防止法に基づく諸措置について→**第 8 章第 4 節 2**）。

第 5 節　最低生活保障

以上で確認してきたとおり，日本にはさまざまな社会保障の仕組みが存在し，人々の生活を支えている。しかし，これらの仕組みを利用してもなお，貧困に陥るリスクは存在する。このリスクの最後のセーフティネットとなるのが，生活保護法によって規定される生活保護の仕組みである。

1．最低生活保障

生活保護は，憲法 25 条 1 項が規定する「健康で文化的な最低限度の生活」を営む権利（生存権）を保障するために設けられた仕組みで（生保 1 条），日本では，これにより最低生活保障が実現されている（生保3条）。また，生活保護は，貧困に陥った理由を問わず，無差別平等に生活に困窮する者に対して生活保障の給付を行う仕組みである（生保2条）。外国人については生活保護法は適用されないとされているが，日本に永住・定住する者等については，生活保護の仕組みが準用され（すなわち，1954年に出された通知「生活に困窮する外国人に対する生活保護の措置について」に基づき実施され），日本人と同様の保護を事実上受けることができる。

2. 補足性の原理

もっとも，生活保護は，補足性の原理に基づいて実施されることから（生保4条），生活保護を受給するにあたっては，いくつかのハードルを越えなければならない。

まず，生活保護を受給するためには，それに先立ち，資産や能力を活用しなければならない。活用できる資産（たとえば，不動産や動産，貯蓄）がなく，どうしても最低生活を維持できない場合にはじめて生活保護による保護を受けることが可能となる。また，稼働能力がある場合には，働いて，就労所得を得ることも求められる。もちろん，資産・能力の活用に関しては，さまざまな例外が認められているが，資産・能力の活用は，生活保護の受給のための要件である。

加えて，扶養や他法を優先的に利用することも求められている。頼ることのできる家族・親族（民法が定める扶養義務者）がいる場合には，まず，彼らに扶養を頼むことが求められる。これを「公的扶養」に対する「私的扶養」の優先という。また，生活保護以外の仕組みを生活維持のために利用することも求められる。たとえば，年金や児童扶養手当等を先に受給し，これらを受給してもなお，最低生活を営めない場合にはじめて，生活保護の受給は可能となる。

3. 「私的扶養」の優先

ところで，資産・能力の活用が，生活保護受給のための要件であるとされるのに対し，扶養義務者による扶養は「優先」にとどまる。そのため，これに関しては，事実上扶養がなされたとき，すなわち仕送り等が行われたときに，これを要保護者の収入として取り扱う関係にすぎないと解する考え方が多数説となっている（笠木映里ほか『社会保障法』有斐閣，2018年：474-475頁）。

また，扶養義務については，民法学の議論にならって，生活保持義務と生活扶助義務の２つの義務が想定されている。前者は，配偶者間や未成年の子に対する親の扶養義務についてのもので，非常に強い義務を意味する。対して，後者は，それ以外の親族間の扶養義務を指し，社会通念上それらのものにふさわしいと認められる程度の生活を損なわない限度での扶養を求めるものである。つまり，生活保護の実施にあたり，老親に対する子の扶養義務や兄弟姉妹間の扶養義務を強く求めることは行われない。

なお，生活保護を実施するにあたり，必要な場合には，扶養義務者に対して必要事項の報告を求めることが可能である（生保 28 条 2 項）。また，官公署等に扶養義務者についての必要書類の閲覧や資料提供を求めたり，銀行や雇用主に扶養義務者についての報告を求めたりすることもできる（生保 29 条）。ただし，これらについては，一般に扶養可能性が高い者に限定してなされることとなっており，保護を必要とする者の妨げにならないよう留意することとされている。

4. 保 護 基 準

生活保護の支給基準額は，次に説明する 8 種類の扶助ごとに保護基準として厚生労働大臣が定めている。保護基準は，要保護者の年齢，性別，世帯構成，所在地域等の事情を考慮した最低限度の生活の需要を満たすに十分なものであって，かつこれを超えないものでなければならないとされる。保護は，保護基準により測定した要保護者の需要を基として，そのうち，その者の金銭または物品で満たすことのできない不足分を補う程度において行われる（生保 8 条）。

5. 保護の種類

生活保護には，以下の 8 種類の扶助がある。すなわち，生活扶助，教育扶助，生業扶助，住宅扶助，出産扶助，葬祭扶助，医療扶助，介護扶助の 8 つがあり（生保 11 条），個人または世帯の実際の必要に応じて，組み合わせて支給される（必要即応の原則，生保 9 条）。

生活扶助は，衣食その他の日常生活に必要な費用を賄うもので（生保 12 条），各種の加算（児童養育加算，母子加算，障害加算，冬季加算）も設けられている。教育扶助は，義務教育を受けるために必要な教科書その他の学用品等の費用を賄うものであり（生保 13 条），生業扶助は，生業に必要な技能の修得のための費用（技能修得費）や，生業に必要な資金等（生業費），就職のために必要な費用（就職支度費）を支給するものである（生保 17 条）。高校進学に必要な費用は，生業扶助の形で支給される。そして，家賃に相当する費用や補修その他住宅の維持に必要な費用が，住宅扶助の形で支給される（生保 14 条）。出産扶助は，分娩の介助など出産にかかる費用について支給され（生保法 16 条），葬祭扶助は，葬儀費用を賄えない場合に支給される（生保 18 条）。

以上は，基本的に現金の形で支給されるが，医療扶助は，現物（サービス）の形で支給される（生保 15 条）。生活保護受給者は，国民健康保険や後期高齢者医療制度の適用除外者とされるため（国保 6 条 9 号，高齢医療 51 条 1 号），健康保険の被保険者等でない場合で，医療サービスを必要とする場合は，生活保護から医療扶助を受けることになる。交付される医療券に記載された病院（指定医療機関）に行く必要があるが，自己負担なしで公的医療保険と同様の医療サービスを受けることができる。

40 歳以上の者を対象としては介護扶助も支給される（生保 15 条の 2）。40 歳以上 65 歳未満の医療保険未加入者（生活保護受給者の多くは医療保険未加入者である）は，介護扶助として現物の介護サービスを受ける。他方，40 歳以上 65 歳未満の医療保険加入者，および，65 歳以上の者は，生活保護受給者の場合も介護保険の被保険者となることから，介護が必要になった際には介護保険から給付を受ける。その際の自己負担分が，介護扶助として支給される。

6. 指導・指示

被保護者に対しては，保護の実施機関が，生活の維持，向上その他保護の目的達成に必要な指導・指示を行うことができ（生保 27 条 1 項），被保護者は，この指導・指示に従う義務を負っている（生保 62 条 1 項）。そして，被保護者がこの義務に違反した場合には，一定の手続を経て，保護の変更，停止または廃止がなされうる（生保 62 条 3 項）。裁判例のなかには，これらの不利益処分を不誠実な対応を行った被保護者に対する制裁的な処分ととらえるものがある（京都地判平成 5・10・25 判時 1497 号 112 頁）。一方，学説には，指導・指示を自立助長のためのソーシャルワークとしてとらえ，これに従わなかった場合の不利益処分を自立助長に逆行する保護の継続を防止する目的のものと解する見解がある（前掲・笠木ほか：491–492 頁）。

なお，指導・指示は，被保護者の自由を尊重し，必要の最小限度にとどめな

Column6–⑦　生活困窮者自立支援法

日本では，伝統的に，社会保険の仕組みや社会福祉・社会手当の仕組みを通じて，所得の喪失や支出の増大などの生活困難を生じさせる事態に備えることが行われてきた。そして，これらの仕組み（第１のセーフティネット）を利用してもなお貧困の状態にあるときに，最後のセーフティネットとしての生活保護を利用することができた。ただ，本文でも取り上げたように，生活保護受給のハードルは高い。貧困ないし生活困難の状況に置かれる理由が多様化するなかで，次第に社会保障制度による保障から取り残される者の存在や社会的孤立が社会問題となっていった。そうしたなかで，第１のセーフティネットと最後のセーフティネットの間に位置づけられる，第２のセーフティネットの創設が求められるようになった。

その第２のセーフティネットを定めるものとして2013年に制定されたのが，生活困窮者自立支援法（2018年改正）である。同法は，生活困窮者を「就労の状況，心身の状況，地域社会との関係性その他の事情により，現に経済的に困窮し，最低限度の生活を維持することができなくなるおそれのある者」と定義し（生困法３条１項），彼らを対象として，自立相談支援事業や就労準備支援事業，家計改善事業，一時生活支援事業，子どもの学習・生活支援事業等を実施することを定めている。生活困窮者自立支援法の各種事業は，相談支援をはじめとする伴走型の支援を通じて，生活困窮者が支援者との関係性のなかで社会とのつながりを結び直すことを目指すもので，その過程においてソーシャルワークが果たす役割は大きい。

ソーシャルワーカーとして生活困窮者に対する支援を行う際には，①生活困窮者の尊厳の保持を図りつつ，その就労の状況，心身の状況，地域社会からの孤立の状況等に応じて，包括的かつ早期の支援を行うこと，②地域における関係機関および民間団体との密接な連携その他必要な支援体制の整備に配慮することという，生活困窮者自立支援の基本理念（生困法２条）を十分に理解しておくことも重要である。

ければならないとされており，被保護者の意に反して，指導または指示を強制しうるものと解釈してはならないとされている（27条２項・３項）。

以上，社会保障の仕組みについて，条文の根拠を示しながら解説してきた。制度理解には，法律の条文にあたることが非常に重要であるから，条文を参照することに徐々に慣れていってほしい。ただ，本章では，紙幅の関係で社会保障の仕組みについて概観したにとどまる。裁判例・判例の紹介もほとんど行っていない。したがって，社会保障の仕組みについてより詳細に学びたい場合には，社会福祉士養成テキストの「社会保障」「高齢者福祉」「障害者福祉」「児童・家庭福祉」「貧困に対する支援」等を参照してほしい。また，社会保障法に関する一般的な教科書である黒田有志弥ほか『社会保障法〔第2版〕』（有斐閣，2023年）（初学者向け）や，本文でも引用している笠木映里ほか『社会保障法』（有斐閣，2018年）等を読むことで，より深い学びにつなげてほしい。

第 7 章

成年後見制度

第 1 節　高齢者を取り巻く現状

1．高齢化の状況

総務省によると（2022 年 10 月 1 日現在），日本の総人口は 1 億 2494 万 7000 人である。うち 65 歳以上の高齢者人口は 3623 万 6000 人であり，総人口に占める割合は 29.0％である。65 歳以上の高齢者の構成を見ると，70 歳以上人口は 2872 万人（総人口の 23.0％），75 歳以上人口は 1937 万 4000 人（同 15.5％），80 歳以上人口は 1235 万人（同 9.9％）であり，上昇傾向が続いている。そして，65 歳以上の高齢者人口に占める単独世帯（一人暮らし）の割合は男女ともに増加傾向にあり，2020 年には，65 歳以上男性の独居率は 15.0％，女性の独居率は 22.1％となっている。

また，国立社会保障・人口問題研究所によると，日本の将来推計人口（2023 年推計）は，2070 年に 8700 万人（2020 年と比較して，およそ 3 割減）となり，高齢化率は 38.7％に上昇すると推計されている。2018 年推計によると，65 歳以上の独居率は，2040 年に男性 20.8％，女性 24.5％に上昇すると推計されている。

したがって，将来，総人口がさらに減少するなかで 65 歳以上の高齢者の割合は増加し，独居率も上昇することがうかがえる。

2. 認知症高齢者等の状況

高齢化の進展とともに，認知症高齢者も増え続けることが予測されている。厚生労働省の研究報告「日本における認知症の高齢者人口の将来推計に関する研究」（2015年3月）によると，日本の65歳以上の認知症患者数は，2020年に約602万～631万人（65歳以上の約6人に1人が認知症）と推計されており，2040年には約800万～950万人（65歳以上の約4～5人に1人が認知症）に増加すると推計されている。

認知症患者の増加を背景として，2023年に「共生社会の実現を推進するための認知症基本法」が成立した。この法律は，認知症の人が尊厳を保持しつつ希望をもって暮らすことができるよう，認知症に関する施策を行うに際して，①すべての認知症の人が，基本的人権を享有する個人として，自らの意思によって日常生活および社会生活を営むことができること，②国民が，共生社会の実現を推進するために必要な認知症に関する正しい知識および認知症の人に関する正しい理解を深めることができること，③認知症の人にとって日常生活または社会生活を営むうえで障壁となるものを除去することにより，すべての認知症の人が，社会の対等な構成員として，地域において安全にかつ安心して自立した日常生活を営むことができるとともに，自己に直接関係する事項に関して意見を表明する機会および社会のあらゆる分野における活動に参画する機会の確保を通じて，その個性と能力を十分に発揮することができること，④認知症の人の意向を十分に尊重しつつ，良質かつ適切な保健医療サービスおよび福祉サービスが切れ目なく提供されること，⑤認知症の人のみならず家族等に対する支援により，認知症の人および家族等が地域において安心して日常生活を営むことができること等を基本理念として掲げている。

第2節　成年後見制度とは

1. なぜ成年後見が必要なのか

(1) 契約締結支援

2000年4月に介護保険制度が導入され，福祉サービスの提供は措置から契約へと大きく転換した。従前の措置制度においては，福祉サービスの利用者は行政の決定の対象にすぎず，福祉サービスの要否や内容は行政が決定していた。介護保険制度の導入により，福祉（介護）サービスの提供は，利用者とサービス提供事業者との契約に委ねる契約制度へと転換した。このことは，利用者が，主体として，自らの意思またはニーズを反映させて，福祉（介護）サービスの要否や内容を判断し，選択し，決定することを意味する。

しかし，認知症，精神障害，知的障害などにより判断能力が不十分になると，福祉（介護）サービスを利用する必要があり，それに対するニーズも高まるにもかかわらず，自分にとって何が必要なサービスであるかを判断することができず，独力でサービス利用契約を結ぶことが困難になる。その結果，福祉（介護）サービスによる支援の必要性が高い人ほど，かえって必要なサービスを受けることができなくなってしまう。

そこで，自分で契約を締結することができなかったり，契約の内容を理解したり，契約の必要性を判断したりすることができない人々を法的に支援する仕組みとして，成年後見制度が必要となる。

⑵ 意思決定支援

成年後見制度は，判断能力が不十分な人々（以下，「本人」という）について，単に，契約の締結を支援する仕組みであるだけでなく，本人の意思を反映させる仕組みでもある。

成年後見が開始されると，本人の行為能力は制限され，成年後見人には，身上監護および財産管理に関する権限が付与される。しかし，これらの権限は，本人の権利を擁護するために付与されたものである。このことは，権限を行使するに際しては，本人の意思を尊重する義務が課されている（民法858条→第3節3⑵）ことからも明らかである。

つまり，契約は意思表示の合致（合意）により成立する（→**第5章第1節2**）。自分の意思で，契約をするかどうか，誰とどのような内容の契約をするかを決定する。このような契約締結のプロセスにおいて，成年後見人は，単に本人の代わりに意思表示をすればよいというわけではない。本人に働きかけ，あるいは家族や友人から本人の人となりやものの考え方を聞き取る等して，本人の意思を探求し，これを反映しなければならない。このようにして，本人が自分らしく生きるために，本人の自己決定に基づく意思表示のプロセスを支援することが求められている（上山泰『専門職後見人と身上監護〔第3版〕』民事法研究会，2015年：233頁）。

2. 成年後見制度の基本理念

(1) 禁治産・準禁治産制度への批判

判断能力が不十分な人々を保護する制度として，かつては禁治産・準禁治産制度があった。

禁治産制度とは，「心神喪失ノ常況ニ在ル者」（旧民法7条）を保護するための制度である。家庭裁判所の禁治産の宣告により，後見が開始する（旧民法838条2号）。禁治産宣告を受けた者は禁治産者となり，後見人が付される（旧民法8条）。後見人は1人でなければならず（旧民法843条），本人に配偶者があれば，当然に後見人となり（旧民法840条），配偶者がいないときは，家庭裁判所が後見人を選任する（旧民法841条）。後見人は，禁治産者の財産的法律行為について代理権および取消権を有し（旧民法9条），禁治産者の財産管理を行った。言い換えれば，禁治産者はその行為能力を全面的に剝奪された。

準禁治産制度とは，「心神耗弱者及ヒ浪費者」（旧民法11条）を保護するための制度である。家庭裁判所の準禁治産の宣告により，保佐が開始する。準禁治産宣告を受けた者は準禁治産者となり，保佐人が付される（旧民法11条）。保佐人となる者・人数等については，後見人の規定が準用される（旧民法847条1項）。保佐人は，準禁治産者が行う一定の財産的法律行為について同意権と取消権を有し（旧民法12条），準禁治産者の財産管理を行った。これにより，準禁治産者の行為能力は一定程度制限された。

しかし，禁治産・準禁治産制度については，さまざまな問題点が指摘された。①禁治産・準禁治産宣告を受ける者の判断能力は多様であり，保護の必要性も多様であることから，禁治産・準禁治産という二元的な制度では柔軟な運用がとりにくいこと，②禁治産・準禁治産制度の対象の程度に至らない比較的軽度な状態にある者について，保護できないこと，③禁治産制度においては，禁治産者のすべての財産的法律行為が取消しの対象となるため，日常生活に関する法律行為について問題が生じること，さらに，④禁治産・準禁治産制度では，その宣告の公示が戸籍に記載され，禁治産者・準禁治産者に対する社会的偏見を助長していたこと，⑤後見人・保佐人については，1人でなければならないと定められているため，複数を選任できないこと，⑥夫婦の場合，禁治産・準禁治産宣告を受ける一方のみならず，後見人・保佐人となる他方も高齢であることが多く，その適正に問題があること等が挙げられていた。

そこで，1999年民法改正（平成11年法律第149号）により，禁治産を「後見」，

表 7-1　旧制度と現行制度との比較

	禁治産・準禁治産制度	成年後見制度
類　型	禁治産・準禁治産	後見・保佐・補助
成年後見人	配偶者が当然に後見人・保佐人となる	(廃止)
	――――――――	法人の選任可
	1 人に制限	複数の選任可
責　務	――――――――	本人の意思の尊重および身上配慮義務
監督体制	成年後見監督人のみ	成年後見監督人・保佐監督人・補助監督人 法人の選任可
公示制度	戸籍	成年後見登記
市町村長の申立権（成年後見・保佐・補助の開始の申立権）	――――――――	市町村長に申立権を付与

（出所） 小林昭彦ほか編『一問一答 新しい成年後見制度』（商事法務研究会，2000 年）29–30 頁をもとに作成。

準禁治産を「保佐」に改め，これに「補助」を新たに加えて 3 類型とする成年後見制度が成立し，2000 年 4 月 1 日から介護保険制度（介護保険法）と同時に施行された（表 7-1）。

⑵ 成年後見制度の基本理念

成年後見制度は，高齢社会への対応および知的障害者・精神障害者等の福祉の充実の観点から，「自己決定の尊重」「残存能力の活用」「ノーマライゼーション」という新しい理念を掲げ，これらの理念と旧来の禁治産・準禁治産制度の理念である「本人の保護」との調和を旨として，柔軟かつ弾力的な利用しやすい制度を構築するものである。

3. 成年後見制度の種類

（広義の）成年後見制度は，法定後見制度と任意後見制度に分かれる。さらに，法定後見制度は，後見，保佐，補助の 3 類型に分かれる（図 7-1）。「後見」は，親権者のいない未成年について行われる後見（未成年後見）と区別するために，（狭義の）成年後見という。

なお，以下において，広義の成年後見制度全体に共通のルールを示すが，

図 7-1　成年後見制度の構造

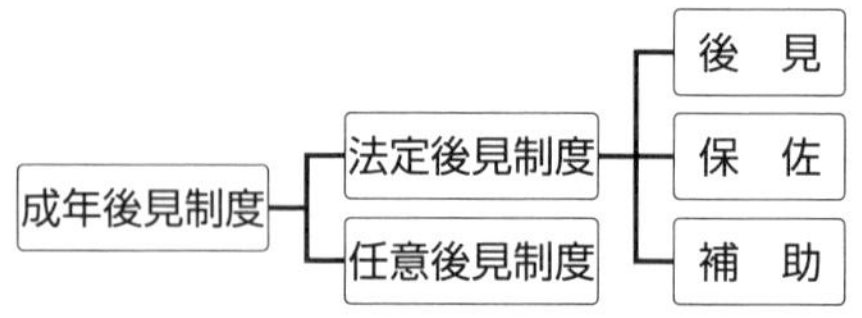

表 7-2　法定後見制度と任意後見制度の比較

	法定後見制度	任意後見制度
根拠法令	民法	任意後見契約に関する法律
制度の概要	本人の判断能力が不十分となった後に，家庭裁判所によって選任された成年後見人等が本人を法的に支援する制度	本人が，将来判断能力が不十分になった場合に備えて，あらかじめ任意後見人となる人および任意後見人の権限を決めておき，本人の判断能力が不十分になったときに，任意後見人が本人を法的に支援する制度
手　続	家庭裁判所に後見等の開始の申立てをする。	①本人と任意後見人となる人との間で任意後見契約を締結，②本人の判断能力が不十分となった後，家庭裁判所に任意後見監督人の選任の申立てをする。
成年後見人等の権限	民法に定められた一定範囲の法律行為について，本人を代理する。本人がした一定範囲の法律行為を取り消すことができる。	任意後見契約で定めた範囲の法律行為について，本人を代理する。本人がした法律行為を取り消すことはできない。
後見監督人の選任	必要に応じて家庭裁判所の判断により選任	必ず選任

（出所）　法務省ウェブサイト「成年後見制度・成年後見登記制度」(https://www.moj.go.jp/MINJI/a01.html，最終アクセス日 2024 年 1 月 9 日）をもとに作成。

「成年後見」というときには，原則として，狭義の成年後見を指すものとする。また，「本人」というときは，成年被後見人，被保佐人，被補助人，任意後見契約の委任者のすべてを指し，「成年後見人等」というときは，原則として，成年後見人，保佐人，補助人，任意後見人のすべてを指すものとする。

⑴ 法定後見制度と任意後見制度の比較

法定後見制度とは，民法に基づいて，本人の判断能力が不十分となった後に，家庭裁判所に申立権者（→第 3 節 2⑴）が後見開始の審判を申し立て，家庭裁判所によって選任された成年後見人等が本人を法的に支援する制度である。後

表 7-3　成年後見・保佐・補助の比較

		成年後見	保　佐	補　助
要　件	対象者（判断能力の程度）	判断能力が欠けているのが通常の状態にある者	判断能力が著しく不十分な者	判断能力が不十分な者
開始の手続	申立権者	本人，配偶者，4 親等内の親族，検察官，市町村長等		
	本人の同意	不　要	不　要	必　要
	開始の手続	後見開始の審判＋成年後見人の選任の審判	保佐開始の審判＋保佐人の選任の審判	補助開始の審判＋補助人の選任の審判
機関の名称	本　人	成年被後見人	被保佐人	被補助人
	保護者	成年後見人	保佐人	補助人
	監督人	成年後見監督人	保佐監督人	補助監督人
同意権・取消権	範　囲	日常生活に関する行為以外の法律行為	民法 13 条 1 項所定の行為	申立ての範囲内で，家庭裁判所が審判で定める「特定の法律行為」（民法 13 条 1 項所定の行為の一部）
	付与の手続	後見開始の審判	保佐開始の審判	補助開始の審判＋同意権付与の審判＋本人の同意
	取消権者	本人・成年後見人	本人・保佐人	本人・補助人
代理権	範　囲	財産に関するすべての法律行為	申立ての範囲内で，家庭裁判所が審判で定める「特定の法律行為」	
	付与の手続	後見開始の審判	保佐開始の審判＋代理権付与の審判＋本人の同意	補助開始の審判＋代理権付与の審判＋本人の同意
	本人の同意	不　要	必　要	必　要
責　務		本人の意思の尊重および身上配慮義務		

（出所）　小林昭彦ほか編『一問一答 新しい成年後見制度』（商事法務研究会，2000 年）28 頁の図をもとに作成。

見・保佐・補助の内容（何を本人に対して行うか）は法律で定められており，変更することはできない。

任意後見制度とは，任意後見契約に関する法律に基づいて，本人が，将来判断能力が不十分となった場合に備えて，あらかじめ任意後見人となる人との間で任意後見契約を締結し，本人の判断能力が不十分となったときに，任意後見人が本人を法的に支援する制度である。任意後見の内容を契約において自由に定めることができる（表7-2)。

(2) 法定後見制度の類型

法定後見制度は，本人の判断能力の程度に応じて成年後見・保佐・補助の3類型に分かれる（表7-3)。法定後見制度では，家庭裁判所による後見・保佐・補助の開始の審判を受けた本人を，成年被後見人・被保佐人・被補助人といい，各々に家庭裁判所が選任した成年後見人・保佐人・補助人が付される。

なお，未成年者であっても，成年後見・保佐・補助の要件を満たしていれば，制度を利用することができる。

第3節　成年後見

1．成年後見の対象者

(1) どのようなときに成年後見を利用するのか

具体的なケースから，成年後見がどのような場面でどのように利用されているのかについて考えよう。

Case7-①

Aは，1年前に夫を亡くしてから1人で暮らしている。同じことを何度もいったり尋ねたりするようになるなどの老人性の認知症の症状が見られるようになり，日常生活に支障が出ている。そのため，Aに代わって，Aのために，介護サービスを利用するための契約を事業者と結んだり，Aの財産を管理したりする必要がある。

Case7-②

Bは，交通事故に遭い，脳外傷による高次脳機能障害が残り，日常生活は介護者に頼りきった状態となっている。交通事故の被害者は，加害者側の自賠責保険会社に損害賠償金を請求したり，被害者自身が加入している損害保険会社に保険金を請求することができる。ただし，保険金の請求期限は3年間と制限されている場合が多い。そのため，Bに代わって，Bのために，損害賠償や保険金を請求し，これを受領する必要がある。

⑵ 成年後見の対象となる者

成年後見の対象となる者は，精神上の障害（認知症，知的障害，精神障害など）により「事理（じり）を弁識する能力を欠く常況（じょうきょう）にある者」である（民法7条）。「事理を弁識する能力」（事理弁識能力）とは，法律行為（→第5章第1節）の結果について認識し，判断する能力を意味する。この事理弁識能力を欠く常況にあるとは，時々は事理弁識能力を回復するが，事理弁識能力が欠けているのが通常の状態であることをいう。一時的に事理弁識能力を回復する可能性があることから，本人にも後見開始の審判の申立てが認められている（→2⑴）。なお，申立てに際しては，鑑定の要否を判断するため，申立書とあわせて，医師の作成した「診断書（成年後見制度用）」を提出する。この診断書の「判断能力についての意見」の欄で，「□支援を受けても，契約等の意味・内容を自ら理解し，判断することができない。」にチェックが付されている場合には，家庭裁判所における「後見」（に）相当（する）の判断がなされうる。

Case7-①のAや**Case7**-②のBは，事理弁識能力が欠けているのが通常の状態にあるといえるから，成年後見の対象となる。なお，後見には，親権を行う者がいない未成年者（18歳未満の者）を対象とする後見（未成年後見，民法838条1号）があるが，未成年者であっても「精神上の障害により事理を弁識する能力を欠く常況にある」ときは，成年後見（民法838条2号）の対象となる。

2. 手　続

⑴ 申　立　て

成年後見を利用するためには，まず，後見開始の審判を家庭裁判所に申し立てる必要がある。後見開始の審判を申し立てることができるのは，本人（後見開始の審判を受ける者），配偶者，4親等内の親族（本人または配偶者の父母・祖父母・子・孫・おじおば・甥姪（おいめい）など），未成年後見人，未成年後見監督人，保佐人，保佐監督人，補助人，補助監督人，検察官である（民法7条）。また，65歳以上の者（65歳未満で特に必要があると認められる者を含む），知的障害者，精神障害者について，その福祉を図るために特に必要があると認めるときは，市町村（特別区を含む）長に申立権が認められる（老人福祉法32条，知的障害者福祉法28条，精神障害者福祉法51条の11の2）。本人が任意後見契約を結び，その旨が登記されている場合には，任意後見受任者，任意後見人，任意後見監督人にも申立権が認められる（任意後見契約に関する法律10条2項）。

申立てをする裁判所は，申立人の住所地を管轄する家庭裁判所である。なお，公益性や本人保護の見地から，申立て後は審判前であっても，家庭裁判所の許可を得なければ申立てを取り下げることはできない（家事 121 条）。

(2) 審　　判

家庭裁判所では，申立ての実情や本人の意見などを聴いたり，本人の判断能力について鑑定を行ったりしたうえで制度利用の適否を審理し，後見開始の審判をする（民法 7 条・838 条 2 号）。

後見開始の審判を受けた人（本人）を，成年被後見人という。成年被後見人には成年後見人を付す（民法 8 条）。家庭裁判所は，後見開始の審判をするときは，職権で，本人のために成年後見人を選任する（成年後見人の選任の審判，民法 843 条 1 項）。成年後見人等の選任にあたっては，本人の心身の状態ならびに生活および財産の状況，成年後見人となる者の職業および経歴ならびに利害関係の有無や意見その他一切の事情を考慮する（民法 843 条 4 項）。これらの事情を考慮したうえで，複数の成年後見人を選任したり（民法 859 条の 2），弁護士や司法書士等の専門職を成年後見人にするなど，本人にとって最も適任と思われる者を成年後見人に選任する。自然人に限らず法人を選任することもできる（民法 843 条 4 項かっこ書）。後見開始の審判の確定により，成年後見人に選任された人は成年後見人に就任する。

また，家庭裁判所は，成年後見人の職務が適切になされているかどうかを確認するため，必要があると認めるときは，成年後見監督人を選任することができる（民法 849 条）。

(3) 成年後見人の欠格事由

成年後見人は，本人の財産を管理したり，本人が生活するうえで必要となる援助をしたりしなければならない。成年後見人にはこれらの後見事務を適切に行うことができる適格性が求められている。そのため，①未成年者，②家庭裁判所で法定代理人，保佐人，または補助人を解任されたことがある人，③破産者，④本人との間で，現在または過去に，訴訟をしている人ならびにその配偶者および直系血族，⑤行方の知れない者は，成年後見人となることができない（民法 847 条）。これを成年後見人の欠格事由という。

⑷ 成年後見登記制度

家庭裁判所は，後見開始の審判が確定すると，法務局に，本人について成年後見が開始された旨の登記を嘱託（依頼）する（家事 116 条）。

なぜ登記が必要であるかというと，たとえば，成年後見人が，本人に代わって，腰掛け便座を購入する契約（売買契約→**第 5 章**第 6 節 2），歩行器を貸与してもらう契約（賃貸借契約→**第 5 章**第 6 節 3）や在宅介護のために自宅に手すりを取り付けてもらう契約（請負契約→**第 5 章**第 6 節 4）等を結ぶときに，契約の相手方に対して，法務局が発行する「登記事項証明書」を提示することによって，委任状（→**第 5 章**第 6 節 4）がなくても，代理権をもっていることを証明することができるからである。

3. 成年後見人にできること・できないこと

⑴ 財産の調査および目録の作成

成年後見人は，後見開始の審判の確定後，遅滞なく，成年被後見人の財産の内容および収入や支出の状況を調査したうえで，財産目録を作成し，家庭裁判所に提出しなければならない（民法 853 条 1 項）。また，成年被後見人の生活，療養看護および財産管理のために毎年支出すべき金額を予定しなければならない（民法 861 条 1 項）。その後は，成年被後見人の生活状況や財産状況について定期的に書面で報告をする必要がある。

⑵ 成年後見人の職務

後見開始の審判がなされると，成年後見人は，本人の「生活，療養看護及び財産の管理に関する事務」を行う（民法 858 条。これを身上監護という）。これらの職務を遂行するために，成年後見人には本人の財産を管理し，代理する権限（民法 859 条 1 項。これを財産管理という）や取消権（民法 9 条）が与えられる。

⒜ **身上配慮義務**

成年後見人は，成年被後見人の生活，療養看護および財産の管理に関する事務を行うにあたっては，成年被後見人の意思を尊重し，その心身の状態および生活の状況に配慮しなければならない（民法 858 条）。成年被後見人の意思を尊重する義務とは，たとえ判断能力が衰えたり，失われてしまっても，できる限り自分らしい生活を続けられるようにすることである（上山泰『専門職後見人と身上監護〔第 3 版〕』民事法研究会，2015 年：99 頁）。職務の遂行にあたって，成年

表 7-4　成年後見人ができること・できないこと

■成年後見人の職務範囲となる事項（民法 858 条の適用対象）
①医療に関する事項：（例）診療契約・入院契約の締結・解除，健康診断の受診手配，担当医等から十分な説明を受けることなどインフォームド・コンセントのインフォーム部分に関する対応等，費用の支払い，医療保護入院時の同意への関与（成年後見人・保佐人のみ）
②住居の確保に関する事項：（例）借家借地契約・家屋の修繕請負契約等の締結・解除，借家契約締結時の内見等，修繕請負契約に基づく工事への立会い等，家賃・地代の支払い，固定資産税の支払い等，居宅の鍵の管理
③施設の入退所，処遇の監視・異議申立て等に関する事項：（例）入所契約の締結・解除，都道府県社会福祉協議会の運営適正化委員会や国民健康保険団体連合会等に対する苦情申立て等，施設利用料の支払い等，留守宅の管理
④介護・生活維持に関する事項：（例）介護サービス利用契約の締結・解除，要介護認定の申請とその変更申請，ケアプランの作成やケアカンファレンスへの参加等，電気・ガス・水道の供給契約，日常生活用品（衣料品，日用品，雑貨等）の売買契約等の締結・解除，介護保険審査会への審査請求，国民健康保険団体連合会への苦情申立て等，費用の支払い，財産管理権に基づく管理行為（日常生活費に関する預金通帳・キャッシュカードの管理，日常生活費に関する現金の管理やその受渡し等），ペットの処遇に対する手配
⑤教育・リハビリに関する事項：（例）入学契約の締結・解除，授業料・施設費等の支払い
⑥①〜⑤に対する法律行為に関する不服申立て等の公法上の行為：（例）施設入所や介護関連の各種公的な不服申立制度の利用，住民登録手続，障害基礎年金・障害厚生年金等の各種年金・福祉手当の受給に関する手続，療育手帳・精神障害者保健福祉手帳等の各種手帳制度の利用手続，生活保護に関する手続，各種の税務申告手続に関する代理・代行
⑦アドボカシー（ただし，民法 858 条の解釈として合理的な範囲内に限られる）

その他，⑧就労に関する事項，⑨余暇活動に関する事項，⑩一般的見守り活動，⑪本人の意向確認行為，⑫具体的な職務遂行前の情報収集（たとえば，契約締結前の情報収集や契約相手方の選定行為），⑬本人の家族や行政の担当者等を含む関係当事者間の連絡調整作業，⑭訴訟行為

■成年後見人の職務範囲には含まれない事項
（1）権限の及ばない行為
❶身体の強制を伴う行為：（例）手術・入院・健康診断の受診等の医療行為の強制，施設への入所の強制等
❷一身専属的な事項：（例）肝臓移植の同意，不妊手術・延命治療の同意およびその中止，尊厳死の同意等，遺言，身分行為（婚姻，認知，養子縁組等）
（2）義務の及ばない行為
❸現実の介護行為

（出所）法務省民事局参事官室『成年後見制度の改正に関する要綱試案の解説――要綱試案・概要・補足説明』（金融財政事情研究会，1998 年）および上山泰『専門職後見人と身上監護〔第 3 版〕』（民事法研究会，2015 年）105，119 頁をもとに作成。

後見人等自身の価値観の押しつけになってはならない（→**第 8 章第 6 節**）。成年被後見人の意思と成年後見人が考える本人の保護（社会一般の価値観から見た本人の保護）とが対立する場面では特に，まずは本人の意思尊重の視点から職務の方向性を検討し，そのうえで，本人の心理状態および生活の状況等の事情を

考慮して，どのようにすることが本人の最善の利益に適うのかを慎重に判断していかなければならない。

(b) **身上監護事務**

身上監護事務には，表 7-4 の「成年後見人の職務範囲となる事項（858 条の適用対象）」①～⑭の項目がある。

Case7-①の A について，成年後見人は，A を代理して，サービスを利用するための契約をサービス提供事業者と結ぶ事務を行う必要がある。より具体的には，必要な情報を集めて A に説明し，その希望を尊重して事業者を選び，事業者との間でホームヘルパー派遣のための契約をし，その費用の支払いを行い，契約どおりのサービスがなされているかをチェックし，必要なサービスについて A の希望を事業者に伝えることや，ケアプランの確認，地域ケア会議への参加などをしなければならない。

他方，**Case7**-①の A について，成年後見人は，A の介護や世話（食事，洗濯，掃除，買い物，排せつの介助など）を行う必要はない。成年後見人の事務は，A が，どのような介護や世話を受けるべきかを決定することであり，A の介護や世話は家族やサービス提供事業者が担う。また，成年後見人は，A が受ける手術について A に代わって同意（インフォームド・コンセントのコンセント部分）をすることはできない。成年後見人は，診療契約に関する代理権はあるが，医療行為への同意・不同意の決定権はなく，親族が決定するか，あるいは医師が緊急避難または緊急事務管理として対応するほかないと理解されている。

また，**Case7**-②の B について，成年後見人は，B を代理して，損害賠償請求や後遺障害等級認定の申請を行う必要がある。交通事故の損害賠償請求では，保険会社との示談交渉には法的な知識が求められること，示談交渉で解決できない場合には民事裁判を起こす必要があることから，弁護士に委任することも検討しなければならない。

(c) **財産管理・代理**

身上監護には，必然的に財産管理が伴う。成年後見人は，本人が所有する財産を管理し，その財産に関する法律行為について本人を代理する（民法 859 条 1 項。代理→**第 5 章**第 2 節 2）。

財産の管理に関する行為には，預貯金の管理，定期的な収入（公的年金など）および支出（本人の生活費，病院の入院費，施設の費用，税金，保険料など）の管理がある。本人の財産から支出できるのは，主として，本人の生活を維持するために必要な支出に限られる。なお，たとえば，住民税について，自治体から「住民税決定通知書」（納税通知書）が本人に郵送されることから，必要がある場合には，家庭裁判所に，成年被後見人宛の郵便物を成年後見人に配達することを求めることができ（民法 860 条の 2 第 1 項），成年後見人は成年被後見人宛の郵便物を開封することができる（民法 860 条の 3 第 1 項）。

法律行為の代理には，本人の財産に関する法律行為（売買契約，賃貸借契約）だけでなく，費用の支出を必要とする診療契約や福祉（介護）サービス利用契約等の身上に関する法律行為も含む。

財産管理・代理にあたっては，身上配慮義務（民法 858 条）および善管注意義務（成年後見人として通常期待されている一般的な注意義務）を負う（民法 869 条において 644 条を準用）。

(d) 代理権：居住不動産の処分

成年後見人は，財産管理の一環として（生活費や医療費，施設への入所費用などを捻出するため）必要があれば，本人の意思を確認したうえで，これを代理して，その財産（自宅の土地や建物を除く）を処分（売却，賃貸，抵当権の設定）することができる。

他方，本人の自宅の土地や建物（これを居住用不動産という）を処分する場合には，家庭裁判所の許可を得なければならない（居住用不動産処分許可の申立て〔民法 859 条の 3〕。なお，成年後見監督人が選任されている場合には，その同意も必要である〔民法 864 条〕）。居住環境の変化は，本人の心身や生活に重大な影響を生じさせることがあるためである。家庭裁判所の許可を得ずに居住用不動産を処分した場合，その契約は無効となる。居住用不動産には，本人が現に住居として使用している不動産だけでなく，入院や施設入所のため現に居住していないが，将来居住する可能性がある不動産や，過去に居住したことがある不動産も含まれる。また，処分には，売却，リフォーム，建物の取り壊し，賃貸，賃貸借の解除，抵当権の設定・追加も含まれる。

成年後見人と本人との間で処分が行われる場合には，利益相反にあたることから，家庭裁判所に特別代理人の選任を申し立てなければならない（そして，特別代理人が，本人を代理する〔民法 860 条〕。なお，成年後見監督人が選任されている場合には，成年後見監督人が本人を代理する〔民法 851 条 4 号・864 条〕）。

(e) 代理権：遺産分割

Case7−③（後述）で，A が，後見相当とされ，後見開始の審判を受けた場合，成年後見人は相続人Aの代理人として遺産分割協議に参加する。その際，成年後見人は，Aの相続分について，原則として，Aの法定相続分（民法900条参照→**第5章第9節2**）を確保する必要があり，Aがその法定相続分相当額の財産を取得できるように，協議に臨まなければならない。したがって，成年後見人が，勝手に相続分を放棄したり，法定相続分よりも少ない取り分で協議に応じてはならない。なお，成年後見人と成年被後見人（本人）がともに相続人である場合には，特別代理人の選任が必要となる（民法860条）。

(f) 取 消 権

後見開始の審判がなされると，本人の行為能力は制限され，単独で法律行為をすることができなくなる。本人がした法律行為について，成年後見人または本人は取り消すことができる（民法9条本文）。これを取消権という。ただし，自己決定尊重の観点から，日用品の購入その他日常生活に関する行為は単独ですることができ，取消しの対象にはならない（民法9条ただし書）。

なお，婚姻（民法738条），離婚（民法764条），縁組（民法799条）等の身分行為について，成年被後見人は，意思能力がある限り，単独ですることができる。遺言（962条）も，遺言能力がある限り，単独でできる。

(g) 費用・報酬

成年後見人は，その事務を行うために必要な費用（交通費，通信費）を，本人の財産から支出する（民法861条2項）。

また，成年後見人は，その事務の内容に応じて，本人の財産のなかから報酬を受け取ることができる（ただし，家庭裁判所に報酬付与の審判の申立てをする必要がある，民法862条）。

(h) 事務の監督

家庭裁判所は，成年後見人による事務が適正になされているかどうかを確認するため，原則として年1回，成年後見人から事務の報告や財産目録を提出させ，これを点検する。また，必要に応じて，家庭裁判所は成年後見監督人を選任し，成年後見監督人に成年後見人を監督させる（民法849～852条・863条）。成年後見人による不正行為が問題となっていることから，家庭裁判所による事務の監督をより適切に行うために，本人の財産の額や種類が多い場合には，成年後見監督人を選任する事例が多い（不正防止の強化・後見制度支援信託について→4）。

(i) 任務の終了

成年後見人は，本人が保護を必要としない状態に回復して，後見開始の審判が取り消されたとき（民法10条），または，本人が死亡したとき，その任務を終了する。

あるいは，成年後見人が，病気や高齢，遠隔地への転居を理由に，その職務の遂行に支障が生じた場合（正当な事由があると認められる場合）には，家庭裁判所の許可を得て，辞任することができ（民法844条），辞任により任務は終了する。成年後見人が辞任した場合には，本人の保護に支障が生じないよう，辞任した成年後見人は，家庭裁判所に，新たな成年後見人の選任を申し立てなければならない（民法845条）。成年後見人が不正な行為や著しい不行跡（ふぎょうせき）（不実，不良）があり，成年後見人としての適性を欠く場合には，家庭裁判所は成年後見人を解任することができる（民法846条）。

成年後見人の任務が終了したとき，成年後見人であった期間の収支をまとめたうえで，任務の終了時の財産目録を作成し，家庭裁判所に報告しなければならない（民法870条）。そして，本人が死亡した場合には相続人に，成年後見人の辞任や解任の場合には後任の成年後見人に対して，本人の財産の引継ぎを行う。なお，本人が死亡すると成年後見人の任務も終了するから，死体の火葬・埋葬は相続人が行うべきものである（成年後見人の事務ではない）。しかし，相続人と音信不通の状態にあったり，相続人が入院している等の事情がある場合，成年後見人は，本人の相続人の意思に反することが明らかであるときを除き，家庭裁判所の許可を得て，特定の財産の保存に必要な行為，弁済期が到来している借金の弁済，病院に残っている荷物の引取り（寄託契約→**第5章**第6節4），死体の火葬・埋葬に関する契約や電気・ガス・水道の各供給契約の解約や，預金の払戻しをすることができる（民法873条の2）。

4. 後見制度支援信託

後見制度支援信託とは，成年後見制度による支援を受ける成年被後見人の財産の適切な管理・利用を実現する方法の1つである（後見制度支援信託は，未成年後見の場合にも利用することができる。保佐，補助，任意後見の場合は利用することができない）。成年被後見人の財産のうち，年金の受取りや施設利用料等の日常的な支払いをするのに必要十分な金銭を預貯金等として成年後見人が管理し，普段使用しない金銭を信託銀行等に信託する（信託銀行等に預ける）仕組みであ

図 7-2　後見制度支援信託の構造

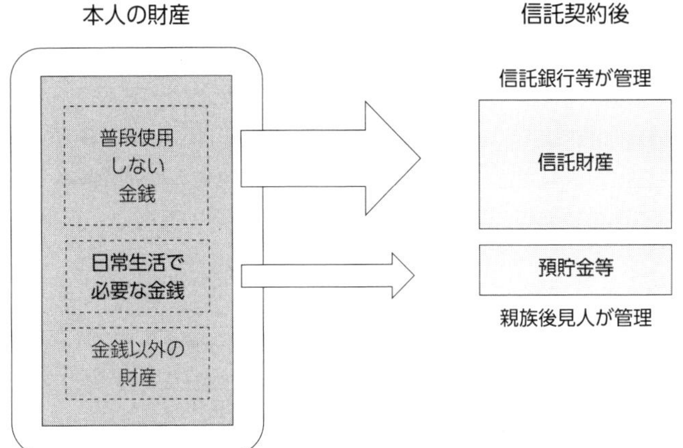

（出所）　裁判所ウェブサイト「Q&A 後見制度支援信託」（https://www.courts.go.jp/vc-files/courts/file5/qanda-kaji-79.pdf，最終アクセス日 2024 年 1 月 10 日）をもとに作成。

る（図 7-2）。なお，後見制度支援信託を利用して信託銀行等に信託することのできる財産（これを信託財産という）は，金銭に限られる。

家庭裁判所では，成年被後見人の財産が多額であるなどにより必要と判断したとき，弁護士や司法書士等の専門職後見人を選任し，後見制度支援信託の利用の検討を求める。専門職後見人は，後見制度支援信託を利用すべきと判断した場合には，利用する信託銀行等や信託財産の額，定期交付金額等を決定し，家庭裁判所の指示を受けたうえで，信託銀行等との間で信託契約を結ぶ（この後，専門職後見人は関与の必要がなくなれば辞任し，専門職後見人から親族後見人への管理財産の引継ぎが行われる）。信託契約を結んだ後に，信託財産を払い戻したり，信託契約を解約したりするには，あらかじめ家庭裁判所が発行する指示書が必要になる。

第 4 節　保　　佐

1．保佐の対象者

(1) どのようなときに保佐を利用するのか

具体的なケースから，保佐がどのような場面でどのように利用されているのかについて考えよう。

> **Case7**-③
> Aは統合失調症に罹患し，病院に通院し治療中である。ある日，Aの母Bが死亡して相続が開始した。Bの相続人はA，Aの兄C，Aの妹Dである。Bの遺産について，共同相続人A・C・Dは，その協議で，遺産分割をすることができる（遺産分割協議，民法907条1項→**第5章第9節4**）。

共同相続人全員が遺産分割協議の当事者であるから，Aを除外してC・Dでなされた分割協議は無効である。また，遺産分割協議においては，当事者全員の合意があれば，法定相続分に合致しない分割や遺言に反する分割も有効である（たとえば，Aが同意すれば，Aの取り分をゼロとする内容の分割も有効である）。そのため，共同相続人中に判断能力が不十分になった相続人がいる場合には，遺産分割を適切に行い，本人の財産を管理するため，本人について成年後見制度を利用する必要がある。

⑵ 保佐の対象となる者

保佐の対象となる者は，精神上の障害（認知症，知的障害，精神障害など）により「事理を弁識する能力が著しく不十分である者」である（民法11条本文）。事理弁識能力が著しく不十分であるとは，成年後見を利用するほど事理弁識能力を欠いてはいないものの，重要な法律行為について判断することが難しい状態をいう。なお，申立てに際して提出する医師の「診断書（成年後見制度用）」の「判断能力についての意見」の欄で，「□支援を受けなければ，契約等の意味・内容を自ら理解し，判断することができない。」にチェックが付されている場合には，それが家庭裁判所における「保佐」相当の判断資料となる。

Case7-③のAは，軽度の統合失調症に罹患している。家庭裁判所が，医師が作成した診断書や福祉関係者（ソーシャルワーカーとして本人の支援に携わる者）が作成した本人情報シートの内容から，本人の状況を確認し，Aについて，事理弁識能力が著しく不十分であると判断すれば，保佐開始の審判をする。

他方，家庭裁判所が，Aについて，事理弁識能力を欠く常況にある（後見開始の審判が相当である）と判断したときは（民法11条ただし書），申立人に申立ての変更を促す。

以下では，保佐において特徴的なルールについてのみ説明する。

2. 手　続

⑴ 申 立 人

保佐開始の審判を申し立てることができるのは，本人（保佐開始の審判を受ける者），配偶者，4親等内の親族，後見人，後見監督人，補助人，補助監督人，検察官（民法11条），市町村長，および，任意後見契約が登記されている場合には，任意後見受任者，任意後見人，任意後見監督人である。

⑵ 審　判

家庭裁判所では，申立ての実情や本人の意見などを聴いたり，本人の判断能力について鑑定を行うなどしたうえで制度利用の適否を判断し，保佐開始の審判をする（民法11条・876条）。保佐開始の審判がなされると，保佐が開始する。

保佐開始の審判を受けた人（本人）を，被保佐人という。被保佐人には保佐人を付す（民法12条）。家庭裁判所は，保佐開始の審判をするときは，職権で，本人のために保佐人を選任する（保佐人の選任の審判，民法876条の2第1項）。

さらに，家庭裁判所は，申立人の請求により，必要があれば，本人の同意を得たうえで，保佐人に対して，特定の法律行為について，代理権を与えることができる（保佐人に代理権を付与する旨の審判，民法876条の4第1項・第2項）。また，申立人の請求により，民法13条1項各号に定められている行為以外にも，保佐人の同意を必要とする行為を拡張する旨の審判をすることができる（保佐人に同意権を拡張する旨の審判，民法14条2項）。

また家庭裁判所は，保佐人の職務が適切になされているかどうかを確認するため，必要があると認めるときは，保佐監督人を選任することができる（民法876条の3第1項）。

3. 保佐人の職務

⑴ 身上配慮義務

保佐開始の審判がなされると，保佐人は，法定された同意権および審判で定められた同意権・代理権を用いて，本人の身上監護や財産管理を行う。保佐人は，保佐の事務を行うにあたっては，被保佐人の意思を尊重し，かつ，その心身の状態および生活の状況に配慮しなければならない（民法876条の5第1項）。

表 7-5　保佐人の同意が必要な法律行為（民法 13 条 1 項）

①元本を領収し，または利用すること：（例）預貯金を払い戻すこと，貸したお金を返してもらうこと，お金を貸すこと（利息の定めがある場合）
②借財または保証をすること：（例）借金（金銭消費貸借契約を結ぶこと），保証人になること（債務保証契約を結ぶこと）
③不動産その他重要な財産に関する権利の得喪を目的とする行為をすること：（例）不動産の売却，不動産を他人に賃貸すること・他人から賃借すること・賃貸借をやめること（不動産の賃貸借契約を結ぶこと・解除すること），不動産に抵当権を設定すること，お金を貸すこと（利息の定めがない場合），通信販売（インターネット取引を含む）および訪問販売等により契約を結ぶこと，クレジットカードを利用して買うこと（クレジット契約を結ぶこと），元本が保証されない取引（先物取引，株式の購入など）をすること
④訴訟行為：（例）民事訴訟において原告として訴訟を遂行する一切の行為を行うこと（ただし，相手方が提起した訴訟への応訴や，離婚・認知などの人事訴訟は，保佐人の同意不要）
⑤贈与，和解または仲裁合意をすること
⑥相続の承認もしくは放棄または遺産分割
⑦贈与の申込みを拒絶し，遺贈を放棄し，負担付きの贈与の申込みを承諾し，または負担付きの遺贈を承認すること
⑧新築，改築，増築または大修繕をすること
⑨民法 602 条に定める期間（樹木の栽植または伐採を目的とする山林の賃貸借 10 年，その他の土地の賃貸借 5 年，建物の賃貸借 3 年，動産の賃貸借 6 カ月）を超える賃貸借をすること（民法 602 条に定める期間内であれば，保佐人の同意不要）

（出所）　裁判所ウェブサイト（https://www.courts.go.jp/otsu/vc-files/otsu/file/kouken25hosaninQandA-0402.pdf，最終アクセス日 2024 年 1 月 10 日）をもとに作成。

⑵ 同意権・取消権

⒜ 同　意　権

保佐開始の審判がなされても，実際には，被保佐人が自分でできることは自分で行う。ただし，被保佐人が重要な法律行為をするときには，保佐人が，被保佐人の利益になるかを判断して，あらかじめその行為に同意を与える（民法 13 条 1 項本文）。これを同意権という。反対に，被保佐人にとって利益を害する行為については同意を与えない。ただし，保佐人の同意を得なければならない行為について，保佐人が被保佐人の利益を害するおそれがないにもかかわらず同意をしないときは，家庭裁判所は，被保佐人の請求により，保佐人の同意に代わる許可を与えることができる（民法 13 条 3 項）。

ただし，日用品の購入その他日常生活に関する行為については，保佐人の同意は不要である（民法 13 条 1 項ただし書）。

⒝ 同意権の範囲

保佐人の同意を得なければならない重要な法律行為は，民法 13 条 1 項各号に定められている（表 7-5）（家庭裁判所の審判により定めた重要な法律行為について

→(d))。

Case7−③は，保佐開始の審判を受けたAが遺産分割をする場面である。被保佐人が遺産分割協議に参加するには，民法13条1項6号により，保佐人の同意が必要になる。

なお，保佐人としてC（またはD）が選任された場合には，遺産分割協議はAとC（またはD）との利益が相反する行為であることから，保佐人は家庭裁判所に臨時保佐人の選任を申し立てなければならない。ただし，保佐監督人がある場合は，保佐監督人が本人を代理する（民法876条の2第3項）。

(c) 取 消 権

保佐人の同意を得なければならない重要な法律行為について，その同意またはこれに代わる許可を得ないでした行為については，保佐人が取り消すことができる（民法13条4項）。これを取消権という。**Case7**−③で，被保佐人Aが保佐人の同意を得ないで遺産分割協議に参加した場合には，保佐人は，その遺産分割がAの利益を害する行為であると判断したならばこれを取り消し，Aの利益を害しないと判断したならばこれを追認することができる（民法120条・122条）。

(d) 同意権の拡張

民法13条1項各号に定める法律行為以外の行為について，被保佐人が保佐人の同意を得ずに法律行為をしたとき，後にこれを取り消すことができるようにしておくためには，家庭裁判所の審判で，民法13条1項各号所定の行為以外についても保佐人の同意を得なければならない重要な行為として定めることができる（民法13条2項）。

(3) 代 理 権

Case7−②で，交通事故による後遺症があるBが，保佐相当とされ，保佐開始の審判を受けた場合を想定する。保佐人がBに代わって保険金を請求し受領する必要がある場合には，家庭裁判所に対して，保険金の請求・受領という特定の法律行為について代理権を付与する審判（保佐人に代理権を付与する旨の審判）を申し立てなければならない（民法876条の4第1項）。

他方で，本人の自己決定を尊重するため，家庭裁判所は，本人の同意がなければ，保険金の請求・受領について，代理権の付与を認める審判をすることができない（民法876条の4第2項）。

そして，保佐人は，家庭裁判所に付与された代理権に基づいて，Aの代理人として保険金を請求し受領する。

第5節　補　　助

1．補助の対象者

(1) どのようなときに補助を利用するのか

具体的なケースから，補助がどのような場面でどのように利用されているのかについて考えよう。

> **Case7-④**
> Aは，1年前に夫を亡くしてから，長男B夫婦と同居している。最近，物忘れがひどく，当日の日付や季節がわからない，家の中で自室がわからない，すぐに忘れてBに同じ話をしたり聞いたりを繰り返す，調理をしていることを忘れて鍋を焦がすなど，初期の認知症の症状が現れている。医師からも老人性の認知症の症状が出て判断能力が低下しているといわれている。Aは，Bが日中仕事で留守の間に，訪問販売員から必要のない高額の呉服を何枚も購入してしまった。

Bは，Aが10万円以上の商品を購入したときには，それを取り消すことができるようにしておく必要があると考えており，また，今後のAの介護費用などを工面するためにAの預貯金を払い戻したり解約する場合には，BがAに代わって行う必要があると考えている。

(2) 補助の対象となる者

補助の対象となる者は，精神上の障害（認知症，知的障害，精神障害など）により「事理を弁識する能力が不十分である者」である（民法15条本文）。事理弁識能力が不十分であるとは，1人で重要な法律行為をすることに不安がある状態をいう。なお，申立てに際して提出する医師の「診断書（成年後見制度用）」の「判断能力についての意見」の欄で，「□支援を受けなければ，契約等の意味・内容を自ら理解し，判断することが難しい場合がある。」にチェックが付されている場合には，それが家庭裁判所における「補助」相当の判断資料となる。

Case7-④のＡは，日常生活において物忘れの症状が出ており，医師から老人性の認知症の症状が出ているといわれている。家庭裁判所が，医師の診断書や福祉関係者の本人情報シートの内容から，本人の状況を確認し，Ａについて，事理弁識能力が不十分であると判断すれば，補助開始の審判をする。

以下では，補助において特徴的なルールについてのみ説明する。

2. 手　続

⑴ 申 立 人

補助開始の審判を申し立てることができるのは，本人（補助開始の審判を受ける者），配偶者，4 親等内の親族，後見人，後見監督人，保佐人，保佐監督人，検察官（民法 15 条 1 項），市町村長，および，任意後見契約が登記されている場合には，任意後見受任者，任意後見人，任意後見監督人である。本人以外の者が申立てをしたときは，本人の同意がなければ，補助開始の審判をすることはできない（民法 15 条 2 項）。

⑵ 審　判

家庭裁判所では，申立ての実情や本人の意見などを聴いたり，本人の判断能力について鑑定を行ったりしたうえで制度利用の適否を判断し，補助開始の審判をする（民法 15 条・876 条の 6）。

補助開始の審判を受けた人（本人）を，被補助人という。被補助人には補助人を付す（民法 16 条）。家庭裁判所は，補助開始の審判をするときは，職権で，本人のために補助人を選任する（補助人の選任の審判，民法 876 条の 7 第 1 項）。

さらに，家庭裁判所は，補助開始の審判をするとともに，補助人の同意を要する旨の審判（民法 17 条 1 項）または補助人に代理権を付与する旨の審判（民法 876 条の 9 第 1 項）をしなければならない（民法 15 条 3 項）。いずれの場合も，本人の自己決定を尊重するため，審判をするには本人の同意が必要である。同意権付与について，家庭裁判所は，申立人の請求により，本人の同意を得たうえで，補助人に対して，民法 13 条 1 項各号に定める法律行為のうち，家庭裁判所が審判で定めた特定の法律行為について，同意権を与えることができる（民法 17 条）。また，代理権付与について，申立人の請求により，本人の同意を得たうえで，家庭裁判所が審判で定めた特定の法律行為について，代理権を与えることができる（民法 876 条の 9）。

また，家庭裁判所は，補助人の職務が適切になされているかどうかを確認するため，必要があると認めるときは，補助監督人を選任することができる（民法876条の8第1項）。

3. 補助人の職務

(1) 身上配慮義務

補助開始の審判がなされると，補助人は，審判で定められた同意権・代理権を用いて，本人の身上監護や財産管理を行う。補助人は，補助の事務を行うにあたっては，被補助人の意思を尊重し，かつ，その心身の状態および生活の状況に配慮しなければならない（民法876条の10第1項において876条の5第1項を準用）。

(2) 同意権・取消権

補助開始の審判がなされても，実際には，被補助人が自分でできることは自分で行う。ただし，被補助人が家庭裁判所の審判で同意を要すると定めた特定の法律行為をするときには，補助人は，本人の利益になるかを判断して，あらかじめその行為に同意を与える（民法17条1項本文）。家庭裁判所が審判で定めた特定の法律行為について，補助人の同意を得ないでした行為については，補助人が取り消すことができる（民法17条4項）。

Case7-④では，Bが，家庭裁判所に，Aについて補助開始の審判を申し立てると同時に，10万円以上の商品を購入する売買契約について同意権付与の審判の申立てをする必要がある。Bが補助人に選任されて同意権が与えられたならば，AがBの同意なく10万円以上の商品を購入してしまったときには，Bはその契約を取り消すことができる。

(3) 代　理　権

家庭裁判所の審判で特定の法律行為について代理権を付与されている場合には，補助人は，代理権に基づいて，被補助人の代理人として法律行為を行う。**Case7**-④では，Bが，家庭裁判所に，Aについて補助開始の審判を申し立てると同時に，「預貯金に関する金融機関との一切の取引行為」（解約・新規口座の開設を含む）について代理権付与の審判の申立てをする必要がある。Bが補助人に選任されて代理権が与えられたならば，Bは，Aの代理人として，普通預金口座から払戻しをしたり，普通預金契約を解約することができる。

第6節　任意後見

1. 任意後見制度とは

(1) どのようなときに任意後見制度を利用するのか

具体的なケースから，任意後見がどのような場面でどのように利用されているのかについて考えよう。

Case7-⑤

一人暮らしのAは，最近，記憶力や体力に衰えを感じ始めた。Aは，自分が認知症になったら，できる限り自宅で生活を続けることを希望しており，また，自宅の管理や預貯金の管理等の日常生活に必要な事柄を社会福祉法人Bに委ねたいと考えている。

(2) 任意後見制度とは

任意後見制度とは，将来，自分の判断能力が低下した場合に備えて，あらかじめ，自分に代わって自己の生活，療養看護および財産の管理に関する事務をしてくれる人（成年後見人）を定め，その人との間で，これらの事務について代理権を付与する委任契約（→第5章第6節4）を結び，本人の判断能力が不十分になった後に，任意後見人が委任された事務（契約で定められた特定の法律行為）を本人に代わって行う仕組みをいう。

民法の特別法である「任意後見契約に関する法律」において，任意後見契約の方式，効力等に関し特別の定めをするとともに，任意後見人に対する監督に関し必要な事項を定めることにより，上記の仕組みを実現する。

2. 任意後見契約

Case7-⑤で，Aが任意後見を利用するためには，A（委任者）とB（任意後見受任者）との間で委任契約を結ぶ必要がある。この契約を任意後見契約といい（任意後見2条1号），公証人が作成する公正証書によってされなければならない（任意後見3条）。その理由は，公証人が，Aの意思と判断能力，および契約の内容が適切であることを確認するためである。

契約であることから，A は，契約時に意思能力（民法 3 条の 2）がなければならない（A に意思能力がなければ，契約は無効→**第 5 章第 4 節 3**）。契約時に A に認知機能の低下が疑われる場合には，公証人において，厚生労働省「認知症の人の日常生活・社会生活における意思決定支援ガイドライン（平成 30 年 6 月）」に基づいて，A や関係者からの説明，医師の診断書を参考にして，A に意思能力が残っているかを判断する。

公証人は，法務局に，任意後見契約の登記を嘱託する。

3. 任意後見監督人の選任の審判の申立て

Case7–⑤で，A は，任意後見契約を結んだ半年後に，脳梗塞で倒れ，左半身が麻痺するとともに，認知症の症状が現れるようになった。そのため，B（任意後見受任者）は，家庭裁判所に，任意後見監督人の選任の審判を申し立てた。弁護士 C が任意後見監督人に選任された。

精神上の障害等により本人の事理を弁識する能力が不十分な状況になると，本人，配偶者，4 親等内の親族または任意後見受任者は，家庭裁判所に，任意後見監督人の選任を請求する。そして，家庭裁判所が，任意後見監督人を選任すると（任意後見監督人の選任の審判），任意後見契約の効力が発生する（任意後見 4 条）。本人以外の者が請求したときは，本人の同意がなければ，任意後見監督人の選任の審判をすることはできない（任意後見 4 条 3 項）。

家庭裁判所は，法務局に，任意後見監督人の選任の登記を嘱託する。

4. 任意後見人の事務

任意後見監督人の選任の審判がなされると，B（任意後見受任者）は任意後見人となる。任意後見人は，本人の意思を尊重し，かつ，その心身の状態および生活の状況に配慮しながら，任意後見契約で委任された事務（契約で定められた特定の法律行為）を A に代わって行う（任意後見 6 条）。

Case7–⑤では，任意後見監督人の選任の審判がなされると，任意後見人 B は，契約で定められた代理権を用いて，本人の身上監護および財産管理を行う。契約で，要介護認定の申請等に関する諸手続，事業者との福祉（介護）サービス利用契約の締結，介護費用の支払い，診療契約の締結，入院の手続，入院費用の支払い，自宅や預貯金等の管理，年金等の受取り，税金や公共料金の支払い等々の事務が委任されていたとする。B は，任意後見人として，事前に把握していた本人の意向を尊重し，Aが在宅で福祉（介護）サービスを受けられるように事務を行わなければならない。

5. 事務の監督

任意後見人の事務が任意後見契約の内容どおり適切になされているかどうかを確認するため，任意後見監督人は，いつでも，任意後見人に事務の報告を求めたり，事務や本人の財産状況を調査することができ（任意後見7条2項），また，家庭裁判所は，必要があると認めるときは，任意後見監督人に対し，任意後見人の事務に関する報告を求めることができる（任意後見7条3項）。

6. 法定後見と任意後見の優劣

任意後見監督人が選任される前に，Aについて法定後見開始等の審判の申立てがされた場合は，家庭裁判所は，本人の利益のため特に必要があると認めるとき（任意後見契約の内容では本人保護に欠ける結果となる場合）に限り，法定後見開始の審判等をすることができる（任意後見10条1項）。

他方，Aについて，任意後見監督人が選任された後に法定後見開始等の審判を受けたときは，任意後見契約は終了する（任意後見10条3項）。

第7節　成年後見制度の現状と課題

1. 申立て件数

全国の家庭裁判所の成年後見関係事件（後見開始，保佐開始，補助開始および任意後見監督人選任事件）の申立て件数は増加傾向にある（図7-3）。うち，認容（申立てが認められること）率は約95%前後である。後見開始の審判の申立ては全体の70%（2022年）を占めている。

2. 利用者数

成年後見制度（成年後見，保佐，補助，任意後見）の利用者数は増加傾向にあるものの，2000年4月に制度が施行されて以降，成年後見に偏重していることがわかる（図7-4）。しかし，成年後見制度の理念（「自己決定の尊重」「残存能力の活用」「ノーマライゼーション」）からすると，本人の権利を可能な限り制限することなく，本人の自己決定を尊重しながら支援の内容を定めることができ

図 7-3　成年後見関係の申立て件数の推移

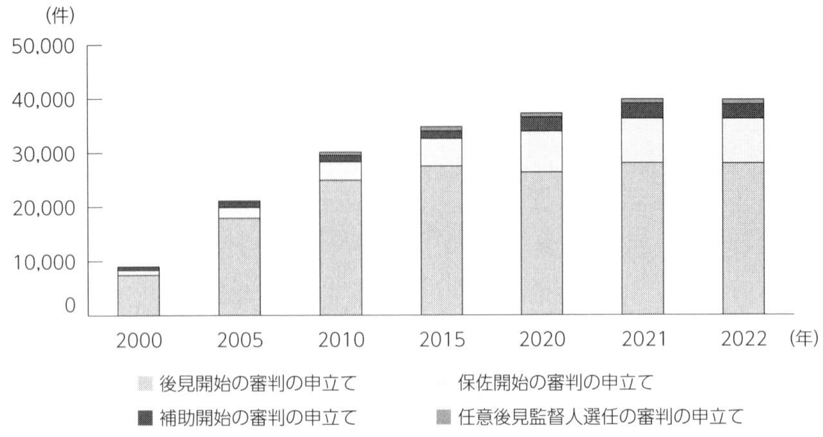

(件)
50,000
40,000
30,000
20,000
10,000
0
2000
2005
2010
2015
2020
2021
2022
(年)
後見開始の審判の申立て
保佐開始の審判の申立て
補助開始の審判の申立て
任意後見監督人選任の審判の申立て

（出所） 最高裁判所事務総局家庭局「成年後見関係事件の概況」（各年版）に基づき作成。

図 7-4　成年後見制度の利用者数の推移

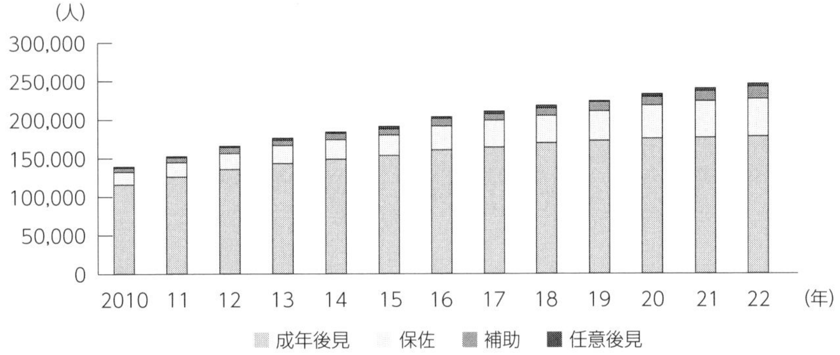

(人)
300,000
250,000
200,000
150,000
100,000
50,000
0
2010
11
12
13
14
15
16
17
18
19
20
21
22
(年)
成年後見
保佐
補助
任意後見

（出所） 最高裁判所事務総局家庭局「成年後見関係事件の概況」（各年版）に基づき作成。

る保佐・補助・任意後見が活用されてしかるべきである。

また，日本の 65 歳以上の認知症患者数は，2020 年に約 602 万～ 631 万人と推計されている（→第 1 節 2）ところ，成年後見制度の利用者数（23 万 2287 人）は著しく少ないことがわかる。本来は，本人の判断能力があまり低下していない段階（認知症の発症前または認知症の初期段階）から成年後見制度の利用を開始することが望ましい。

今後，成年後見制度の利用促進を図るためにも，保佐・補助・任意後見の周知や理解を求めていくことが課題となる。

3. 市町村長の申立て

市町村長による成年後見申立て件数は，2000年4月の制度施行当初は23件で全体の約0.5％にとどまっていた。2001年に厚生労働省「成年後見制度利用支援事業」が実施されたことを受けて，同年は115件（全体の約1.1％）に急増した。市町村（特別区を含む）の制度利用に向けての取組みが推進されたことから，申立て件数は年々増加した。2020年以降は，市町村長の申立てが最多となり（次いで本人の子の順），2022年には全体の23.3％を占めるようになった（2020～2022年）（最高裁判所事務総局家庭局「成年後見関係事件の概況」〔各年版〕）。

65歳以上の高齢者人口に占める単独世帯（一人暮らし）の者は男女ともに増加傾向にあることから（→第1節1），今後も市町村長の申立て件数は増加することが予想される。

4. 申立ての動機

申立ての動機（複数回答）として，預貯金などの管理・解約（全体の37.1％）が最も多く，次いで身上保護（23.7％），介護保険契約（福祉〔介護〕サービス利用契約）（12.0％），不動産の処分（10.4％），相続手続（8.0％），保険金受取り（4.2％），その他（2.5％），訴訟手続等（2.1％）の順である（最高裁判所事務総局家庭局「成年後見関係事件の概況」〔各年版〕）。

5. 成年後見制度の担い手

(1) 成年後見人等と本人との関係

成年後見人等（成年後見人，保佐人および補助人）に選任された者と本人との関係について，2000年4月の制度施行当初は本人の親族が成年後見人等に選任された件数が全体の90％以上を占めていた（その内訳として，子が全体の約35％，兄弟姉妹が全体の約16％，配偶者が全体の約19％であった）。その後，親族後見人の割合は年々減少し，2014年に親族以外の第三者が成年後見人等に選任された件数の割合（全体の約51.5％）が上回った。以降，親族以外の第三者が成年後見人等に選任された件数の割合は増加し，2022年には，全体の80.9％を占めるに至っている。その内訳は，司法書士，弁護士，社会福祉士，社会福祉協議会，行政書士等であり（各法人を含む）（最高裁判所事務総局家庭局「成年後見関係事件の概況」〔各年版〕），専門職後見人ともいう。

図 7-5　成年後見人等と本人との関係別件数・割合（2022 年）

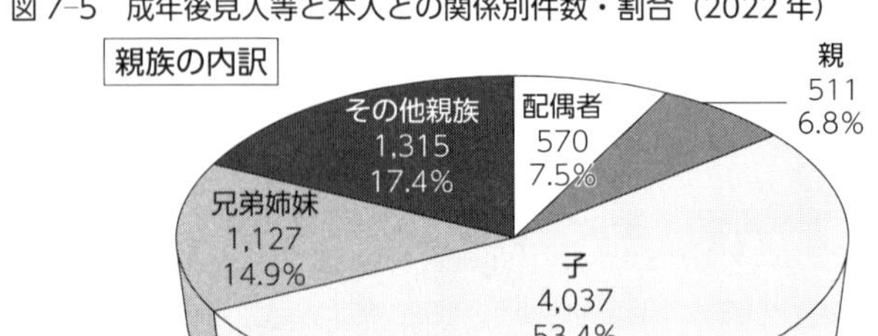

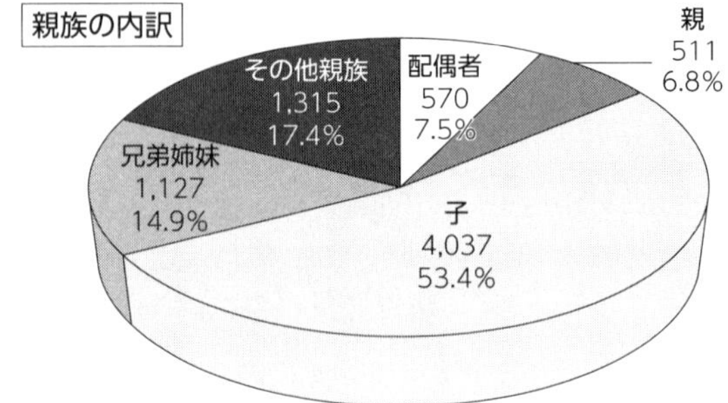

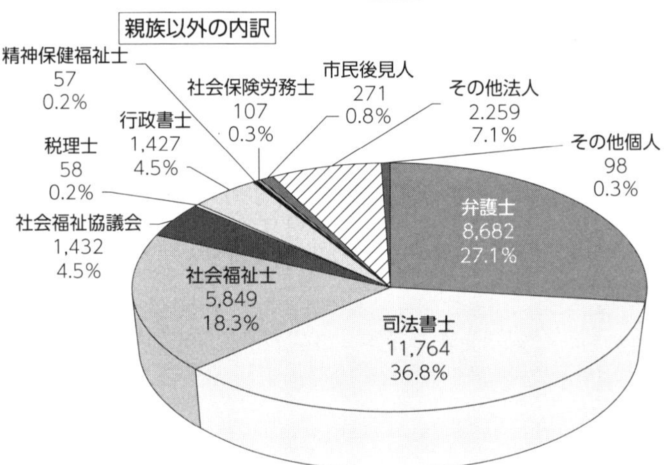

（出所）　最高裁判所事務総局家庭局「成年後見関係事件の概況」（令和 4 年版）。

⑵ 成年後見監督人等

2022 年に，成年後見監督人等（成年後見監督人，保佐監督人，補助監督人）が選任されたものは全体の約 3.4％である。その内訳は，弁護士，司法書士，社会福祉士，社会福祉協議会等である（各法人を含む）（最高裁判所事務総局家庭局「成年後見関係事件の概況」〔各年版〕）。

⑶ 市民後見人

市民後見人とは，弁護士や司法書士などの資格をもたず，また，本人との親族関係および交友関係がない一般市民（親族以外の第三者）で，成年後見人等に選任された者をいう。市町村等が実施する養成研修を受講したうえで，市民後見人候補者に登録され，家庭裁判所に推薦される。

現在，成年後見人等に市民後見人が選任された件数は，約300件で全体の1％前後にすぎない（2021，2022年）。今後，成年後見制度の利用件数のさらなる増加が見込まれており，成年後見制度の担い手を確保するため，市民後見人の育成や支援が課題となる。

第 8 章

権利擁護を支える制度

第1節　はじめに

地域でのその人らしい生活を支援するソーシャルワーカーにとって，権利擁護および虐待等権利侵害に関わる支援は重要な課題である。とりわけ，団塊世代が後期高齢者となり，認知症患者の増加が見込まれるなか，誰にとっても身近な課題となりうる。しかし，成年後見制度の利用が広がらないことから，2016 年には「成年後見制度の利用の促進に関する法律」が公布・施行され，同法を根拠とした「成年後見制度利用促進基本計画」（以下，「基本計画」という）が，2017 年（第一期基本計画）および 2022 年（第二期基本計画）に閣議決定された。

本章では，これまでの章において概観した日本における法制度をふまえ，ソーシャルワーカーが支援を通して関わることが多い，制度化された権利擁護の仕組みを概観する。まず第 2 節にて，成年後見をめぐる課題とその対応として，「成年後見制度の利用の促進に関する法律」および基本計画を概観する。そのうえで，第 3 節において，日常生活自立支援事業をはじめとする社会福祉法に権利擁護の制度として位置づけられている諸制度を取り上げる。これらは，第二期基本計画において「総合的な権利擁護支援策」と位置づけられているものである。さらに，第 4 節において，権利擁護において重要な課題である虐待・暴力に関わる支援を取り上げる。第 5 節では，これら権利擁護の担い手について団体や専門職を概観し，第 6 節においては，権利擁護の重要な要素である意思決定支援についてのガイドラインを紹介する。これらは，第二期基本計画において「様々な分野における意思決定支援ガイドライン」として取り上げられたものである。最後に，第 7 節において，事例を通じてソーシャルワークにおける権利擁護に必要な視点について考える。

第 2 節　成年後見制度をめぐる課題とその対応：利用の促進

成年後見制度は，2000 年 4 月に開始されたが，上述のとおり，十分に利用が進んでいるとはいいがたい状態であった（→**第 7 章第 7 節**）。これにより，2016 年に，「成年後見制度の利用の促進に関する法律」（以下，「利用促進法」）が公布・施行された。そして，この法律を根拠として「基本計画」が策定され，さまざまな取組みが進められている。本節では，この成年後見制度の促進のための取組みについて概観する。

1. 成年後見制度の利用の促進に関する法律

(1) 基 本 理 念

利用促進法は，「財産の管理又は日常生活等に支障がある者を社会全体で支え合うことが，……共生社会の実現に資する」（1 条）と，成年後見制度が共生社会の実現につながるものであると位置づけたうえで，同制度の利用の促進のための施策を推進するものとしている。利用促進法は，成年後見制度の利用の促進における基本理念として，以下の 3 点を挙げている（3 条 1 項）。すなわち，①成年被後見人等が基本的人権を享有する個人として，尊厳が重んじられ，その尊厳にふさわしい生活を保障されること，②意思決定の支援が適切に行われ，成年被後見人等の自発的意思が尊重されること，③成年被後見人等の財産管理のみならず身上監護（→**第 7 章**）が適切に行われることの 3 点である。

(2) 基 本 方 針

また，利用促進法では，これまで論点となっていた諸課題をふまえ，促進のための基本方針として以下が規定された（11 条）。すなわち，①保佐および補助の制度の利用を促進すること，②成年被後見人等の権利に係る制限が設けられている制度について必要な見直しを行うこと，③意思を決定することが困難な者が円滑に医療・介護等を受けられるための支援のあり方について検討すること，④成年被後見人等の死亡後における事務の処理について必要な見直しを行うこと，⑤任意後見制度の利用状況を検証し，同制度が適切にかつ安心して利用されるために必要な制度を整備すること，⑥成年後見制度に関する国民の関心と理解を深めるとともに，国民に対する周知および啓発を行うこと，⑦成年後見制度の利用に係る地域住民の需要に的確に対応するため，地域における需要を把握し，地域住民に対する情報提供・相談・助言を行い，市町村長による後見・保佐・補助開始の審判の請求を積極的に活用すること，⑧人材確保のための成年後見人等に対する研修の機会を確保し，情報の提供等の支援を充実させること，⑨成年後見人等の育成および支援等を行う成年後見等実施機関を育成するとともに，同機関が積極的に活用されるための仕組みを整備するなど同機関の活動に対する支援を行うこと，⑩成年後見人等の事務の監督および成年後見人等に対する支援機能を強化するため，家庭裁判所や関係行政機関等における必要な人的体制を整備すること，⑪家庭裁判所や関係行政機関等の相互の緊密な連携を確保するための指針を策定すること，である。

(3) 基本計画

さらに，利用促進法では，政府は「基本計画」を定めることとされた（12条）。基本計画は，2017年から2021年を第一期として策定，さらに，2022年に「第二期基本計画」が策定された。第二期基本計画は，2で詳述することとし，ここでは第一期基本計画の概要を確認しておく。

第一期基本計画では，①利用者がメリットを実感できる制度・運用への改善を図ること，②全国どこでも成年後見制度を利用できるようネットワークを構築すること，③不正防止と利用しやすさとの調和を図り，安心して成年後見制度を利用できる環境を整備すること，そして，④成年被後見人等の権利制限の見直しが目標とされた。

第1の目標である「利用者がメリットを実感できる制度・運用への改善」では，意思決定支援・身上保護の重視，障害のある者の人生の伴走者としての継続的支援等，利用者に寄り添った支援が，運用のポイントとして掲げられた。また，保佐，補助および任意後見の利用促進を図ることとされた。

第2の「全国どこでも成年後見制度を利用できるネットワーク構築」においては，地域連携ネットワークの構築が掲げられた。各地域における「窓口」の整備，権利擁護支援が必要な人の発見，早期の段階からの相談・対応ができる「地域連携の仕組み」の整備，本人の自己決定や身上保護を重視した支援のため，本人に身近な親族，福祉・医療・地域の関係者と後見人が「チーム」となって本人を見守り支援する体制の構築等が行われることとされた。そして，そのために，各地域において各種専門職団体や関係機関の協力・連携強化を協議する「協議会」等や，地域連携ネットワークのコーディネートを担う「中核機関」を設立することが示された。また，担い手の確保のために，地域住民から後見人候補者を育成したり，法人後見の担い手を育成することが示された。

2. 第二期基本計画

⑴ 基本的な考え方

第二期基本計画は，団塊の世代が後期高齢者となる2025年を見据えて策定された。副題として，「尊厳のある本人らしい生活の継続と地域社会への参加を図る権利擁護支援の推進」がつけられている。この第二期基本計画では，権利擁護支援を，「地域共生社会の実現を目指す包括的な支援体制における本人を中心とした支援・活動の共通基盤であり，意思決定支援等による権利行使の支援や，虐待対応や財産上の不当取引への対応における権利侵害からの回復支援を主要な手段として，支援を必要とする人が地域社会に参加し，共に自立した生活を送るという目的を実現するための支援活動」と定義した。

そのうえで，成年後見制度の運用改善のための基本的な考えとして，以下の5点を挙げた。すなわち，①財産管理のみを重視するのではなく，本人の自己決定権を尊重し，意思決定支援・身上保護も重視すること，②成年後見制度以外の権利擁護支援による対応を含め，適切な成年後見制度の利用がされるよう，連携体制等を整備すること，③成年後見制度以外の権利擁護支援策を充実させること，④任意後見制度が適切かつ安心して利用されるための取組みを進めるとともに，補助・保佐類型が利用されるための取組みを進めること，⑤不正防止等の方策を推進すること，である。そして，地域連携ネットワークを通じた福祉と司法の連携強化により，必要な人が必要なときに司法による権利擁護支援などを適切に受けられるようにしていくことも必要とされた。

⑵ 目　　標

第二期基本計画の目標は，①尊厳のある本人らしい生活の継続や本人の地域社会への参加などのノーマライゼーションの理念を十分考慮し，成年後見制度の見直しに向けた検討を行うこと，②同様の観点から，市町村長申立ておよび成年後見制度利用支援事業の見直しに向けた検討を行うこと，および，③権利擁護支援策を総合的に充実させるための検討を行うこととされ，また，④成年後見制度の運用改善や，地域連携ネットワークづくりに積極的に取り組むことも確認された。

具体的に取り組むべき点としては，①本人の特性に応じた意思決定支援を行うため，意思決定支援に関する研修等を実施し，専門的助言が可能な仕組みの構築や，後述するさまざまな分野における意思決定支援の浸透，さらには地域住民に対する浸透を図ること，②適切な後見人等の選任が行われ，また必要に応じて複数の後見人の選任や後見人の交代が行われることなど，選任に関して柔軟な対応を可能とするとともに，後見人等に関する苦情等に適切に対応すること，③不正防止のための方策と後見制度の利用しやすさという，ともに不可欠な要素の調和を図ること等が示された。これらのなかで，後見人等への適切な報酬や低所得者等への助成についても言及されている。

そして，これらの課題について，基本計画は，国，都道府県，市町村，家庭裁判所，専門職団体，中核機関のそれぞれの役割を示すとともに，いずれの課題についても研修などにより関係者間で認識を共有することや，チームを構築することも含めた地域関係機関の連携により対応することを求めている。

3. 成年後見制度利用支援事業

成年後見制度の利用に際して，申立ての費用と後見人等に対する報酬については，被後見人が負担しなくてはならない。このため，低所得の高齢者等は，経済的な負担が困難であるため制度の利用を躊躇する事態が考えられる。このような場合への対処として成年後見制度利用支援事業が実施されている。特に第一期基本計画では，市町村が成年後見制度利用支援事業を行うことが望ましいと明記され，第二期基本計画でもその適切な実施のための検討が必要であるとされている。

2022 年現在，助成制度を整備していない市町村は，1741 自治体のうち高齢者で 42，障害者で 38 である。申立て費用，後見人に対する報酬のいずれか一方の助成のみを行っている市町村は高齢者では 97，障害者では 98 に上っている（厚生労働省「令和 4 年度成年後見制度利用促進施策に係る取組状況調査（概要）」

2023年：17頁）。

第3節　サービスの適切な利用

1. 社会福祉法における「サービスの適切な利用」の意義

社会福祉法は，2000年に社会福祉事業法から改正・名称変更されたものである。社会福祉基礎構造改革の一環としてなされたこの改正により，第1章にあるとおり，福祉サービスの利用は，行政の「措置」によるものから，事業者と利用者との間の「契約」によるものとなった。これにより，利用者の判断能力が不十分な場合にも，契約による福祉サービス利用を適切に行えるための方策が必要とされ，社会福祉法にはサービスの利用に関わる権利擁護のための制度が新たに位置づけられた。具体的には，社会福祉法第8章「福祉サービスの適切な利用」における「福祉サービス利用援助事業」（社福法81条），「社会福祉事業の経営者による苦情の解決」（社福法82条），および，「運営適正化委員会による苦情解決等」（社福法83条～86条）がそれにあたる。本節では，それぞれについて概観する。

2. サービスの適切な利用のための制度

(1) 福祉サービス利用援助事業（日常生活自立支援事業）

福祉サービス利用援助事業は，「精神上の理由により日常生活を営むのに支障がある者に対して，無料又は低額な料金で，福祉サービス……の利用に関し相談に応じ，及び助言を行い，並びに福祉サービスの提供を受けるために必要な手続又は福祉サービスの利用に要する費用の支払に関する便宜を供与することその他の福祉サービスの適切な利用のための一連の援助を一体的に行う事業」をいう（社福法2条3項12号）。

この事業は，「日常生活自立支援事業」として実施されている。以前は，地域福祉権利擁護事業とされていたものが，利用促進の観点から名称が変更されたものである。日常生活自立支援事業に関しては，厚生労働省が技術的助言として「日常生活自立支援事業の実施について」（平成19年5月15日社援地発第0515001号）を発出している。

日常生活自立支援事業は，判断能力は不十分であるが，事業の契約の内容については判断できる認知症高齢者，知的障害者，精神障害者等を対象とした事業である。本事業に基づく援助の内容には，①福祉サービスの利用援助，②苦情解決制度の利用援助，③住宅改造や居住家屋の貸借，日常生活上の消費契約および住民票の届出等の行政手続に関する援助等が含まれ，①～③に伴う援助として，預金の払戻しや解約，預金の預入れの手続等の利用者の日常生活費の管理（日常的金銭管理），定期的な訪問による生活変化の察知が行われる。

この事業による援助を利用する場合には，契約を締結することが必要であるため，上述のとおり，契約の内容を理解して，契約を締結する能力がある者が対象となる。成年後見制度を利用する必要はないが，日常生活の諸手続に困難がある場合等に利用できる制度であり，居宅生活者のみならず，施設入居者等も対象としている。

実施主体は，都道府県・指定都市社会福祉協議会であるが，窓口業務は，利用者の利便性を考慮し，委託を受けた市区町村社会福祉協議会等（基幹的社協）が実施している。基幹的社協には，「専門員」と「生活支援員」が配置される。「専門員」は，①申請者の実態把握・本事業の対象者であることの確認業務，②支援計画の作成や契約の締結に関する業務，生活支援員の指導・監督の業務を行う。原則として，高齢者や障害者等への援助経験のある社会福祉士，精神保健福祉士等で所定の研修を受けた者であることが求められる。「生活支援員」は，①具体的援助を提供する業務，②専門員が行う実態把握等についての補助的業務を行うことから，定期的に訪問し，本人の生活上の変化を見極め，支援を行うことが求められている。本人の苦情を述べる生活支援員としての役割に支障をきたすため，ホームヘルパーやその他直接サービス提供を行う者は，基本的に生活支援員になることは避けることとされている。

⑵ 社会福祉事業の経営者による苦情解決

社会福祉事業の経営者は，その提供する福祉サービスについて，利用者等からの苦情の適切な解決に努めなければならない（社福法 82 条）。これを受けて，「社会福祉事業の経営者による福祉サービスに関する苦情解決の仕組みの指針について」（平成 12 年 6 月 7 日障第 452 号・社援第 1352 号・老発第 514 号・児発第 575 号）が技術的助言として厚生省（当時）より発出されている（2017 年一部改正）。

同指針は，「苦情について，自ら適切な対応を行うことは，社会福祉事業の経営者の重要な責務」としたうえで，苦情解決の仕組みをつくる目的は，サービスの検証・改善や利用者の満足感の向上，虐待防止・権利擁護の取組みの強化など，福祉サービスの質の向上に寄与することにあるとし，さらに，密室化せず一定のルールに従って苦情解決を進めることによって，円滑・円満な解決の促進，事業者の信頼や適正性の確保を図ることが重要だとする。そして，苦情解決体制として，①苦情解決責任者を決定し，責任主体を明確にすること，②苦情受付担当者を配置し，サービス利用者が苦情の申出をしやすい環境を整えること，③第三者委員を配置することを求めている。

また，「社会福祉事業の経営者による福祉サービスに関する苦情解決の仕組みの指針」において，苦情解決責任者は苦情申出人との話合いにより苦情解決に努めることとされるが，その際，①苦情申出人または苦情解決責任者は，必要に応じて第三者委員の助言を求めること，②苦情受付担当者は，苦情受付けから解決・改善までの経過と結果を記録に残すこと，③苦情解決責任者は，一定期間ごとに苦情解決結果について第三者委員に報告し，必要な助言を受けること，また苦情申出人に改善を約束した事項について，苦情申出人および第三者委員に対して，一定期間経過後に報告することとされている。解決結果については「事業報告書」や「広報誌」等に掲載・公表することも求められている。

(3) 運営適正化委員会

運営適正化委員会は，福祉サービス利用援助事業の適正な運営を確保するとともに，福祉サービスに関する利用者等からの苦情を適切に解決するため，都道府県社会福祉協議会に設置されている。同委員会は，人格が高潔で，社会福祉に関する識見を有し，かつ，社会福祉，法律，医療に関する学識経験のある者によって構成される（社福法 83 条）。

運営適正化委員会は，福祉サービス利用援助事業の適正な運営を確保するために必要があるときには，当該福祉サービス利用援助事業を行う者に必要な助言または勧告を行う。勧告がなされた場合，福祉サービス利用援助事業を行う者は，これを尊重しなければならない（社福法 84 条）。また，同委員会は，福祉サービスに関する苦情の解決についての申出があった場合は，申出人への助言や，苦情に関わる事情の調査，苦情解決のあっせん（申出人および福祉サービスを提供した者の同意が必要）を行う（社福法 85 条）。苦情の解決にあたって，利用者に不当な行為が行われているおそれがある場合は，都道府県知事に対して速やかにその旨を通知しなければならない（社福法 86 条）。

Column8–① 市町村や国民健康保険団体連合会による苦情解決

社会福祉法は，社会福祉事業の経営者による苦情解決の仕組みや運営適正化委員会の仕組みを定めているが，これとは別に，市町村が行う苦情解決がある。すなわち，市町村は，高齢者や障害者，児童等を対象とする福祉サービスの実施者として，福祉サービスの利用に関する苦情や相談に応じている。経営者による苦情解決では対応に不満が残った場合や，サービス利用中である等の理由で事業者に直接いいにくい場合等に，市町村に苦情を申し入れることができる。

また，介護保険を利用するサービスに関しては，国民健康保険団体連合会に対する苦情申立ても可能である。同連合会は，介護保険法に基づき，介護保険に関連する業務として苦情解決を担っている（介保法176条1項3号）。これを受けて，たとえば「指定居宅介護支援等の事業の人員及び運営に関する基準」では，指定居宅介護支援事業者は，①指定居宅介護支援等に対する利用者からの苦情に関して国民健康保険団体連合会が行う調査に協力しなければならないこと，②指導・助言を受けた場合は，それに従って必要な改善を行わなければならないこと，さらに，③求めに応じて改善の内容を国民健康保険団体連合会に報告しなければならないことが規定されている（指定居宅介護支援等の事業の人員及び運営に関する基準26条6号・7号）。同様の規定は，「指定居宅サービス等の事業の人員，設備及び運営に関する基準」等においても置かれている。

第4節　虐待・暴力に関わる支援

1．虐待・暴力に関わる支援に関連する法律とガイドライン

本節では，児童，高齢者，障害者に対する虐待，および配偶者暴力（ドメスティック・バイオレンス）について，その防止・支援のための施策を概観する。児童をはじめとした社会的に弱い立場に置かれがちな人々の権利擁護の観点から，諸領域において虐待の防止に関する法律がそれぞれ2000年以降に成立している。また，虐待対応と支援に関するガイドライン等が厚生労働省より発出されている。関連する法律および厚生労働省から発出されたガイドライン等は，表8-1のとおりである。

虐待・暴力の防止および被害者等の支援は重要な課題であり，そのため，虐待防止各法において，防止・支援のための体制が整備されている。たとえば，虐待・暴力の被害を受けている者の通報に関しては，刑法の秘密漏示罪の規定

表 8-1　虐待・暴力防止に関わる法律および厚生労働省発出ガイドライン等（制定順）

対象／領域	法律名	制定年	ガイドライン等
児童	児童虐待の防止等に関する法律（児童虐待防止法）	2000	子ども虐待対応の手引き（改正版）
配偶者暴力	配偶者からの暴力の防止及び被害者の保護等に関する法律（配偶者暴力防止法）	2001	
高齢者	高齢者虐待の防止，高齢者の養護者に対する支援等に関する法律（高齢者虐待防止法）	2005	市町村・都道府県における高齢者虐待への対応と養護者支援について
障害者	障害者虐待の防止，障害者の養護者に対する支援等に関する法律（障害者虐待防止法）	2011	市町村・都道府県における障害者虐待の防止と対応の手引き

（出所）筆者作成。

やその他の守秘義務に関する法律の規定を，通告義務の遵守を妨げるものと解釈してはならない旨が各法律において規定されている。また，他法との連携・調整も重要であり，児童虐待・暴力においては，子どもの利益と親権等との間に相反が認められる場合があることから，的確な対処が可能となるよう，民法における親権の停止の創設をはじめとした法律の改正が行われている（→**第 5 章第 8 節**）。

虐待をめぐる個別支援においては，虐待・暴力を受けている人の安全を守ることが最優先課題であるが，一方で，支援のプロセスにおいては，たとえば，孤立したなかでの介護や育児等の困難等，虐待・暴力を行う者もまた「支援を必要としている者」として理解し，環境の調整，当事者間の関係の修復等，虐待再発の防止に取り組むことが重要であるとされている。

2. 児童虐待に関わる支援

(1) 児童虐待防止法の目的

児童虐待防止法は，2000 年に制定された。児童虐待は「児童の人権を著しく侵害し，その心身の成長及び人格の形成に重大な影響を与える」ことから，児童の権利利益の擁護に資することを目的として制定された（児童虐待防止法 1 条）。同法は，児童虐待を，親権を行う者等で，児童を現に監護する者（保護者）がその監護する児童に，身体的虐待，性的虐待，心理的虐待，ネグレクト

図 8-1　虐待の重症度等と対応内容および児童相談所と市区町村の役割

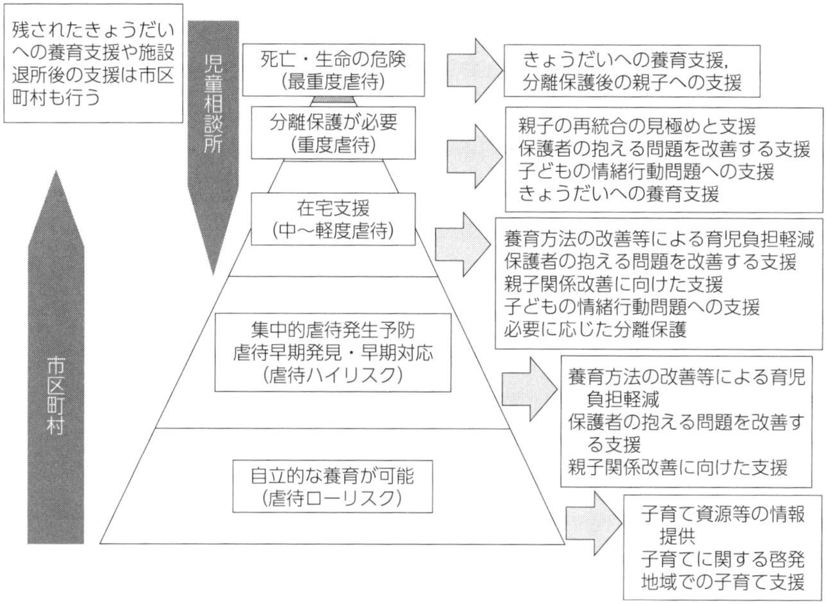

残されたきょうだいへの養育支援や施設退所後の支援は市区町村も行う

児童相談所

市区町村

死亡・生命の危険（最重度虐待） → きょうだいへの養育支援，分離保護後の親子への支援

分離保護が必要（重度虐待） → 親子の再統合の見極めと支援
保護者の抱える問題を改善する支援
子どもの情緒行動問題への支援
きょうだいへの養育支援

在宅支援（中～軽度虐待） → 養育方法の改善等による育児負担軽減
保護者の抱える問題を改善する支援
親子関係改善に向けた支援
子どもの情緒行動問題への支援
必要に応じた分離保護

集中的虐待発生予防
虐待早期発見・早期対応
（虐待ハイリスク） → 養育方法の改善等による育児負担軽減
保護者の抱える問題を改善する支援
親子関係改善に向けた支援

自立的な養育が可能（虐待ローリスク） → 子育て資源等の情報提供
子育てに関する啓発
地域での子育て支援

（出所）　厚生労働省雇用均等・児童家庭局総務課「子ども虐待対応の手引き（平成 25 年 8 月改正版）」12 頁。

を行うことと定義する（児童虐待防止法 2 条）。

⑵ 防止・支援のための仕組み

児童虐待における相談・支援を担う中心的機関は，児童相談所（→第 5 節 2 ⑶）および市（区）町村である。児童虐待における相談・支援の第一義的な役割は市町村が担い，保護者が虐待を認めない等，市町村では対応が困難なケースについては児童相談所に送致される。児童虐待における支援は，重症度によって支援の内容および中心的機関が異なることから（図 8-1），虐待の重症度を見極めることが必要である。なお，地方公共団体においては，子どもに関わる関係機関によって構成される要保護児童対策地域協議会の設置が努力義務とされているが，同協議会が設置されている場合には，同協議会も情報交換や支援内容の協議の役割を担うこととなる（児福法 25 条の 2）。

学校，児童福祉施設，病院その他児童の福祉に業務上関係のある団体，および学校の教職員，児童福祉施設の職員，医師，保健師，弁護士その他児童の福祉に職務上関係のある者は，児童虐待を発見しやすい立場にあることを自覚し，児童虐待の早期発見に努めなければならないとされている（児童虐待防止法5条）。また，児童虐待を受けたと思われる児童を発見した者は，速やかにこれを市町村や福祉事務所，児童相談所等に，通告しなくてはならない（児童虐待防止法6条1項）。通告を受けた市町村や福祉事務所は，児童の安全の確認を行うとともに，必要に応じた措置（児童相談所への送致等）を行う。また，通告または送致を受けた福祉事務所は，同じく児童の安全の確認を行うとともに，必要に応じ当該児童の一時保護を行う（児童虐待防止法8条）。なお，2022年の児童福祉法改正により，児童相談所等が一時保護を開始する際には，親権者等が同意した場合を除き，事前または保護開始から7日以内に裁判官に一時保護状を請求しなければならないこととなった。

児童虐待に関わる子どもの安全・保護においては，特に慎重に迅速に行うことが必要であるが，児童虐待が行われているおそれがあると認められるときに都道府県知事が行う出頭要求や立入調査を保護者が拒否する場合には，再出頭要求を行い，さらに地方裁判所，家庭裁判所または簡易裁判所の裁判官が発する許可状により臨検・捜索がなされる。この立入調査，臨検・捜索の際には，警察の援助を求めることができる（児童虐待防止法8条の2・9条・9条の2・9条の3・10条）。

3. 配偶者暴力に関わる支援

(1) 配偶者暴力防止法の目的

配偶者暴力防止法は，配偶者からの暴力が「重大な人権侵害であるにもかかわらず，被害者の救済が必ずしも十分に行われてこなかった」こと，「配偶者からの暴力の被害者は，多くの場合女性であり，経済的自立が困難である女性に対して配偶者が暴力を加えることは，個人の尊厳を害し，男女平等の実現の妨げとなっている」こと（前文）を理由として，2001年に制定された。

「配偶者からの暴力」は，配偶者からの身体に対する不法な攻撃であって生命または身体に危害を及ぼす「身体に対する暴力」と，これに準ずる心身に有害な影響を及ぼす言動と定義される。事実婚の場合や離婚後における暴力等もここに含まれる（配偶者暴力防止法1条）。

(2) 防止・支援のための仕組み

配偶者暴力における相談・支援を担う中心的な機関は，配偶者暴力相談支援センター（→第5節2(3)）である。地域によって婦人相談所（2024年4月から「女性相談支援センター」に名称変更）等が同センターとして位置づけられている（配偶者暴力防止法3条）。支援のための施設としては，一時的な居所としての一時保護所やシェルター，子のある被害者の保護と自立を支援する施設としての母子生活支援施設（児福法38条）等がある。

配偶者からの暴力を受けている者を発見した者は，配偶者暴力相談支援センターまたは警察官に通報することが努力義務とされている。特に，医師その他の医療関係者については，配偶者暴力による負傷・疾病が認められる者を発見した場合，その者の意思を尊重しながら，配偶者暴力相談支援センターまたは警察官に通報することができるとされ，また，その者に対し配偶者暴力相談支援センター等に関する情報を提供することが努力義務とされている（配偶者暴力防止法6条）。

配偶者から身体に対する暴力を受けている被害者がさらなる身体に対する暴力により，または生命等に対する脅迫を受けた被害者が身体に対する暴力により，生命または身体に重大な危害を受けるおそれが大きいときには，被害者は地方裁判所に申立てをすることができ，配偶者が被害者や子に近づくことを一定期間禁止する接近禁止命令等の保護命令が発令される（配偶者暴力防止法10条）。

4. 高齢者虐待に関わる支援

(1) 高齢者虐待防止法の目的

高齢者虐待防止法は，「高齢者の尊厳の保持にとって高齢者に対する虐待を防止することが極めて重要であること等」にかんがみ，「高齢者虐待の防止，養護者に対する支援等に関する施策を促進し，もって高齢者の権利利益の擁護に資すること」を目的に，2005年に制定された。

高齢者虐待防止法は，65歳以上の者を高齢者とし，「高齢者虐待」には，介護を担っている家族等の養護者によるものだけでなく養介護施設従事者によるものが含まれるとした。そして，「高齢者虐待」に該当する行為として，身体的虐待，ネグレクト，心理的虐待，性的虐待，経済的虐待を挙げている（高齢者虐待防止法2条）。以下では養護者による高齢者虐待の防止や，養護者に対する支援を確認する。

⑵ 防止・支援のための仕組み

高齢者虐待における相談・支援を担う中心的機関は市町村であり，業務の一部を地域包括支援センター（→第5節2⑶）等に委託することができる。市町村が実施するものとされているのは，高齢者虐待対応協力者との対応協議（高齢者虐待防止法9条1項），生命または身体に重大な危険が生じているおそれがあると認められる高齢者の一時保護のための措置および成年後見人等の審判の請求（高齢者虐待防止法9条2項），被虐待高齢者の居室の確保（高齢者虐待防止法10条），立入調査（高齢者虐待防止法11条），警察署長に対する援助要請等（高齢者虐待防止法12条），高齢者虐待を行った養護者の被虐待高齢者との面会の制限（高齢者虐待防止法13条）である。一方，委託ができるものは，高齢者および養護者に対する相談，指導，助言（高齢者虐待防止法6条），虐待に係る通報の受理（高齢者虐待防止法7条1項・2項），安全の確認等通報・届出に関わる事実の確認（高齢者虐待防止法9条1項），養護者の負担軽減のための措置（高齢者虐待防止法14条1項）である（高齢者虐待防止法17条）。

高齢者虐待の早期発見に向けては，養介護施設，病院，保健所等高齢者の福祉に業務上関係のある団体および養介護施設従事者等，医師，保健師，弁護士等の高齢者の福祉に職務上関係のある者に対し，虐待を発見しやすい立場にあることを自覚し，高齢者虐待の早期発見に努める義務（努力義務）が課されている（高齢者虐待防止法5条）。

また，養護者による高齢者虐待を受け，生命または身体に重大な危険が生じている高齢者を発見した者は，市町村に通報することが義務とされている（高齢者虐待防止法7条1項）。生命または身体に重大な危機が生じているとまではいえない場合にも，虐待を受けている高齢者を発見した者は，市町村に速やかに通報するよう努めなければならない（高齢者虐待防止法7条2項）。

5. 障害者虐待に関わる支援

⑴ 障害者虐待防止法の目的

障害者虐待防止法は，「障害者に対する虐待が障害者の尊厳を害するものであり，障害者の自立及び社会参加にとって」虐待防止がきわめて重要であることを理由として，障害者の権利利益の擁護に資することを目的に（障害者虐待

Column8–② 障害を理由とする差別の解消の推進に関する法律（障害者差別解消法）

障害者差別解消法は，障害者権利条約の批准に向けた国内法整備の一環として 2013 年に制定された。障害者基本法の理念にのっとり，「全ての障害者が，障害者でない者と等しく，基本的人権を享有する個人としてその尊厳が重んぜられ，その尊厳にふさわしい生活を保障される権利を有することを踏まえ」，障害を理由とする差別を解消するための措置等を定めることにより，「全ての国民が，障害の有無によって分け隔てられることなく，相互に人格と個性を尊重し合いながら共生する社会の実現に資すること」を法の目的とする（障害者差別解消法 1 条）。

障害者差別解消法は，行政機関や地方公共団体等について，障害を理由とする差別的取扱いを禁止し，社会的障壁の除去の実施について負担が過重でないときには必要かつ合理的な配慮を行わなければならないと定めるとともに（障害者差別解消法 7 条），事業者については，障害を理由とする差別的取扱いを禁止し，社会的障壁の除去の実施について負担が過重でないときには必要かつ合理的な配慮をするよう努めなければならないとした（障害者差別解消法 8 条）。事業者について努力義務とされた合理的配慮提供義務は，2021 年改正で法的義務へと変更されたが（2024 年 4 月施行），どこまでを必要かつ合理的とみなすのか等について課題が残されているといえる。

また，政府は，障害を理由とする差別の解消の推進を総合的かつ一体的に実施するため，基本方針を定めなければならないとされているが，その際には，障害者の意見を反映させるために必要な措置をとるとともに，障害者政策委員会の意見を聴かなければならない（障害者差別解消法 6 条）。障害者権利条約の制定過程でスローガンとされた「Nothing about us, without us」の精神は，障害者差別解消法のなかにも埋め込まれている。

防止法 1 条），2011 年に制定された。

障害者虐待防止法の対象となる障害者は，「身体障害，知的障害，精神障害（発達障害を含む。）その他の心身の機能の障害……がある者であつて，障害及び社会的障壁により継続的に日常生活又は社会生活に相当な制限を受ける状態にあるもの」（障害者基本法 2 条 1 号）であり，障害者手帳の所持は関係なく，18 歳未満の人も含まれる。障害者虐待防止法における「障害者虐待」は，養護者，障害者福祉施設従事者等，障害者を雇用する事業主等による，身体的虐待，性的虐待，心理的虐待，ネグレクト，経済的虐待と定義されている（障害者虐待防止法2条）。以下で，養護者による障害者虐待の防止や，養護者に対する支援を確認する。

⑵ 防止・支援のための仕組み

障害者虐待における相談・支援を担う中心的機関は市町村であり，各市町村は，市町村障害者虐待防止センター（→第5節2⑶）としての機能を果たす部局または施設を置くこととなっている（障害者虐待防止法32条）。

市町村は，通報・届出の受理，安全の確認等，通報・届出に関わる事実の確認と障害者虐待対応協力者との対応協議（障害者虐待防止法9条1項），生命または身体に重大な危険が生じているおそれがある場合の一時保護のための措置（障害者虐待防止法9条2項），成年後見人等の審判の請求（障害者虐待防止法9条3項），被虐待障害者の居室の確保（障害者虐待防止法10条），立入調査（障害者虐待防止法11条），警察署長に対する援助要請等（障害者虐待防止法12条），障害者虐待を行った養護者の被虐待障害者との面会の制限（障害者虐待防止法13条），養護者の負担軽減のための支援（障害者虐待防止法14条）を行うこととされる。

養護者による虐待を受けたと思われる障害者を発見した者は，速やかに市町村に通報することが義務づけられている（障害者虐待防止法7条）。また，国および地方公共団体の障害者の福祉に関する部局をはじめとする関係機関は，障害者虐待を発見しやすい立場にあることから，相互に緊密な連携を図り，障害者虐待の早期発見に努める義務（努力義務）が課されている（障害者虐待防止法6条1項）。障害者福祉施設，学校，医療機関，保健所等の障害者の福祉に業務上関係のある団体や，障害者福祉施設従事者，学校の教職員，医師，歯科医師，保健師，弁護士等の障害者の福祉に職務上関係のある者，そして，障害者を雇用する事業主等も，障害者虐待の早期発見について努力義務が課されている（障害者虐待防止法6条2項）。

第5節　権利擁護の担い手

1．権利擁護，虐待防止の担い手としての機関と専門職

権利擁護および虐待防止には，さまざまな機関，専門職が担い手として関与する。たとえば，成年後見制度においては，地域連携ネットワークやその中核

機関が重要な役割を果たす。また，家庭裁判所が果たす役割も重要である。さらに，弁護士，司法書士，社会福祉士，精神保健福祉士等からなる専門職後見人は，成年後見人全体の80％を超える割合を占めるに至っており（→第7章第7節），これらの専門職は，直接権利擁護に関与する担い手としてその重要性を増している。

他方，虐待防止において第一義的責任を負うのは市町村である。また，各虐待防止法には，被虐待児・者の安全と担当者の的確な対処のために，警察が果たす役割についても規定されている。虐待事案においては司法機関の関与も重要で，児童虐待においては家庭裁判所が，配偶者暴力においては地方裁判所が，法に基づいた的確な対処において重要な役割を果たす。そして，地域で生活をともにする市民も，権利擁護の担い手として，各虐待関連法において通報義務が課されている。

このように多くの機関・専門職，さらには市民のもとで，権利擁護や虐待防止は実現されていく。以下では，主要な関係機関・専門職を取り上げ，その役割について紹介する。

2. 権利擁護を担う機関

(1) 成年後見制度に関わる担い手

成年後見制度利用促進基本計画（第一期）（「第一期基本計画」）（→第2節1(3)）において位置づけられたものとして，地域連携ネットワークと中核機関がある。

(a) 地域連携ネットワーク

地域連携ネットワークは，第一期基本計画において，関連機関による成年後見制度がより有効に機能するために各地域に構築することが求められたネットワークである。成年後見制度の利用促進にあたり，本人らしい生活を継続するためには，地域社会が支援を必要としている人に気づき，成年後見制度の利用につなげること，そして，このような人々の地域社会への参加を支援することが重要であるとされ，地域においてネットワークづくりが必要であるとされた。

そして，地域連携ネットワークは，続く第二期基本計画（→第2節2）において，次の3つの仕組みからなるとされた。すなわち，①権利擁護支援を必要とする人を中心に，日常的な見守りや，本人の意思・選好・価値観を継続的に把握してサービスの調整等の権利擁護のための支援を行う「権利擁護支援チーム」，②専門職団体や当事者等団体などを含む関係機関・団体が連携体制を強化し，自発的な協力を進める仕組みとしての「協議会」，③本人等から相談を受け支援のコーディネートを行う役割や，協議会の運営など専門職団体・関係機関の協力・連携強化を図るために関係者のコーディネートを行う役割を担う「中核機関」である。

(b) 中核機関

中核機関は，上述のとおり，地域連携ネットワークのコーディネートを担う役割を負う。地域連携ネットワークの構築においてとりわけ重要な役割を果たすものといえるが，その運営は，地域の実情に応じ，市町村による直営または市町村からの委託などにより行うこととされている。

2019 年 7 月 1 日現在，中核機関は，全国 1741 市町村中 935 市町村（53.7%）に整備された。中核機関を直営している市町村は 25.9%であり，残りは，一部または全部を委託している。委託先 719 機関のうち最も多いのが社会福祉協議会の 537 機関で 74.7%を占め，次に多いのが NPO 法人の 75 機関で 10.4%を占める（厚生労働省「令和 4 年度成年後見制度利用促進施策に係る取組状況調査（概要）」2023 年：3 頁）。

(2) 成年後見制度および虐待防止に関わる機関

成年後見制度および虐待防止の双方に関わる機関としては，司法機関である家庭裁判所や，行政機関である市町村等を挙げることができる。

(a) 家庭裁判所，地方裁判所，法務局

成年後見をはじめとする権利擁護に関わる司法機関等としては，家庭裁判所や地方裁判所，法務局がある。

家庭裁判所は，家庭に関する事件の審判および調停，人事訴訟の第一審の裁判，少年の保護事件の審判等を行う裁判所である（裁判所法 31 条の 3）。成年後見制度に関連しては，成年後見等開始の審判，成年後見等開始の審判の取消し，成年後見人等の選任および解任，成年後見等事務の監督等を行う（→**第 7 章**）。また，児童虐待と関連しては，親権停止の審判，親権喪失の審判を行う（→**第 5 章第 10 節**）。全国に，本庁 50 カ所，支部 203 カ所，出張所 77 カ所がある（最高裁判所事務総局総務局「裁判所データブック 2023」1 頁）。

一方，地方裁判所は，民事訴訟や刑事訴訟の第一審を取り扱う裁判所であるが，配偶者暴力防止法において，保護命令申立てを行う裁判所とされている（配偶者暴力防止法 11 条）。全国に，本庁 50 カ所，支部 203 カ所がある（最高裁

判所事務総局総務局「裁判所データブック2023」1頁)。また，地方裁判所，家庭裁判所または簡易裁判所の裁判官は，虐待を受けている児童の一時保護の手続にも関わることになる（→第4節2(2))。

法務局は，法務省の地方組織の1つとして，国民の財産や身分関係を保護する民事行政事務（登記，戸籍，国籍，供託），国の利害に関係のある訴訟活動を行う訟務事務，国民の基本的人権を守る人権擁護事務を行っている。成年後見等の登記は法務局で行われる。また，全国各地の法務局の職員は，民間の人権擁護委員とともに人権に関する相談に応じている。全国に，法務局は8カ所，地方法務局は42カ所がある（法務局ウェブサイト〔https://houmukyoku.moj.go.jp/homu/static/enkaku_index.html〕)。

(b) 市　町　村

身寄りがないなど特段の事情により必要がある場合，市町村長は成年後見等の開始の審判請求を行える（老人福祉法32条，知的障害者福祉法28条，精神保健福祉法51条の11の2)。2022年には，この市町村長による申立ては，申立て全体の23.3%を占めた（最高裁判所事務総局家庭局「成年後見関係事件の概況〔令和4年1月～12月〕」4頁)（→第7章第7節3)。また，成年後見制度利用促進法において，地方公共団体は，成年後見制度の利用促進に関する施策に関し，「自主的かつ主体的に，その地域の特性に応じた施策を策定し，及び実施する責務を有する」とされている（利用促進法5条)。特に，市町村は，成年後見制度利用支援事業の実施主体とされており，低所得の高齢者や障害者に対し成年後見制度の利用を支援することにより，その権利擁護を図ることが求められている。

さらに，市町村は，高齢者，障害者，児童を対象とする福祉サービスの実施主体として，サービス利用に関する苦情や相談に応じるほか，高齢者虐待，障害者虐待，児童虐待への対応・支援において，第一義的な責任をもつ。市町村は，地域住民に最も身近な地方公共団体として，権利擁護においてさまざまな責務を担っているといえる。

(3) 虐待・暴力に関わる相談支援機関

虐待・暴力に関わる相談支援機関としては，児童相談所，配偶者暴力相談支援センター，地域包括支援センター，市町村障害者虐待防止センターがある。

(a) 児童相談所

児童虐待に関して重要な役割を果たすのが児童相談所である。児童相談所は，

Column8-③　障害のある人への性犯罪からの擁護

近年，障害のある人への性犯罪が表面化し，注目されてきている。障害者虐待防止法において規定されている性的虐待の場合，加害者となる者が限定されている。同法に規定されている者以外からの性暴力については，刑法に基づく対応となる。すなわち，当該行為が，刑法で規定された不同意性交等罪の構成要件に該当するか否かが問われ，該当しない場合には，これを処罰の対象とすることができない。しかし，障害のある人の場合，障害特性によって，不同意性交等罪の構成要件を満たさない場合であっても，実質的に不同意性交であるとみなされるべき状況が存在する。この点で，特別な規定が必要であるといえる。

障害をもつ人の権利を擁護するソーシャルワーカーにとって，法を活用することにとどまらず，現実的に困難や不合理が生じている場合には，必要な法が制定され，改正されるために活動することが求められる（→第1章第1節）。障害のある人への性犯罪においては，アドボカシーとして法的権利の実現に向けた活動が必要であるといえる。

児童福祉法12条に根拠を置く児童の福祉に関する相談支援機関であり，都道府県と指定都市に設置が義務づけられている。市町村で対応が困難な児童虐待ケースが送致されることとされている。

2022年には「新たな児童虐待防止対策体制総合強化プラン」によって，児童相談所に配置される児童福祉司やスーパーバイザー（他の児童福祉司の指導・教育を行う児童福祉司），児童心理司の増員がなされる等，児童相談所の相談支援体制の強化が図られている。また，一時保護開始時の司法審査が2025年度までに導入されることもふまえ，弁護士の配置や弁護士業務の補助職員の活用等により，児童相談所の法的対応体制を強化することも目指されている。

⒝ 配偶者暴力相談支援センター

配偶者暴力については，配偶者暴力相談支援センターが，その防止と被害者の保護において重要な役割を果たしている。同センターは，配偶者暴力防止法3条に基づく相談支援機関であり，都道府県が設置する婦人相談所等がその機能を果たすこととされている。また，市町村においても同機能をもつ施設を設置することが努力義務とされている。

配偶者暴力相談支援センターの業務は，①被害者の相談に応じ，または婦人相談員や他の相談機関を紹介すること，②心身の健康回復のために必要な医学的・心理学的な指導を行うこと，③被害者（およびその同伴する家族）の緊急時における安全確保・一時保護を行うこと，④被害者が自立して生活できるよう，就業促進，住宅確保，援護等に関する制度の利用について，情報提供，助言，関係機関との連絡調整その他の援助を行うこと，⑤保護命令の制度や保護施設の利用について，情報提供，助言，関係機関との連絡調整その他の援助を行うこととされている（配偶者暴力防止法3条3項）。

(c) 地域包括支援センター

高齢者虐待に対しては，地域包括支援センターが重要な役割を果たしている。地域包括支援センターは，介護保険法115条の46に基づく相談支援機関で，地域住民の心身の健康の保持と生活の安定のために必要な援助を行うことにより，その保健医療の向上と福祉の増進を包括的に支援することを目的とする。同センターでは，業務の1つとされる包括的支援事業の一環として，権利擁護事業が行われることとなっている（介保法115条の45第2項2号）。同事業において，被保険者（高齢者）に対する虐待の防止やその早期発見，その他の権利擁護のために必要な援助が行われる。

(d) 市町村障害者虐待防止センター

障害者虐待に関しては，市町村障害者虐待防止センターが重要な役割を果たす。同センターが行う業務は，①障害者虐待に関する通報または届出の受理，②養護者による障害者虐待の防止，虐待を受けた障害者の保護のための障害者および養護者に対する相談，指導および助言，③障害者虐待の防止，および，養護者に対する支援に関する広報その他の啓発活動とされている（障害者虐待防止法32条）。

(4) その他の権利擁護に関わる機関

(a) 社会福祉協議会

社会福祉協議会は，「地域福祉の推進を図ることを目的とする団体」であり，市町村，都道府県，全国を単位として設置されている。

市町村社会福祉協議会は，①社会福祉を目的とする事業の企画および実施，②社会福祉に関する活動への住民の参加のための援助，③社会福祉を目的とする事業に関する調査，普及，宣伝，連絡，調整および助成等の事業を行っている（社福法109条1項）。また，都道府県社会福祉協議会は，①市町村社会福祉協議会が行う事業で広域的な見地から行うことが適切なもの，②社会福祉を目的とする事業に従事する者の養成・研修，③社会福祉を目的とする事業の経営に関する指導・助言，④市町村社会福祉協議会相互の連絡調整・事業の調整を行っている（社福法 110 条 1 項）（指定都市では，指定都市社会福祉協議会が，市内の地区社会福祉協議会と連携を図りつつ，都道府県社会福祉協議会に準じた活動をしている）。そして，都道府県社会福祉協議会の連合会として，相互の連絡および事業の調整を行う全国社会福祉協議会が設置されている（社福法 111 条 1 項）。

全国社会福祉協議会は，社会福祉協議会について，「①地域における住民組織と公私の社会福祉事業関係者等により構成され，②住民主体の理念に基づき，地域の福祉課題の解決に取り組み，誰もが安心して暮らすことのできる地域福祉の実現をめざし，③住民の福祉活動の組織化，社会福祉を目的とする事業の連絡調整および事業の企画・実施などを行う，④市区町村，都道府県・指定都市，全国を結ぶ公共性と自主性を有する民間組織」であると性格づけている（全国社会福祉協議会「新・社会福祉協議会基本要項」1992 年）。

社会福祉協議会は，権利擁護に関わる事業として「日常生活自立支援事業」（→第 3 節 2 (1)）を担っている。また，市町村による成年後見制度利用促進に係る中核機関（→ 2 (1)(b)）の委託先の約 75％は，社会福祉協議会である（前掲厚生労働省調査）。加えて，都道府県社会福祉協議会には，運営適正化委員会（→第 3 節 2 (3)）も設置されている。社会福祉協議会は，地域における暮らしを支援する地域福祉の観点から権利擁護に関する事業を展開している団体であるといえる。

(b)「権利擁護センターぱあとなあ」

成年後見・権利擁護を推進するセンターとして，1998 年に日本社会福祉士会により「成年後見センターぱあとなあ」が設立された。同センターは，2003 年に，現在の名称である「権利擁護センターぱあとなあ」となり，2005 年にはすべての都道府県に設置された。

ぱあとなあでは，社会福祉士を対象とした「成年後見人養成研修」を実施しており，この所定の研修を修了した社会福祉士を成年後見等の受任候補者として「名簿登録」している。名簿登録者のうち成年後見の受任者に対しては「活動報告書の提出」を求め，これを要件として成年後見業務上の事故をカバーする「社会福祉士賠償責任保険」への加入を認める仕組みを構築している。また，成年後見制度に関する調査研究や，提言等を実施しており，社会福祉士による成年後見を側面から支援している団体であるといえる。

成年後見等の受任候補者名簿への登録者は，2022年2月現在8493人で，そのうち受任者は6298人，受任件数は3万48件であった。申立人と本人の関係を見ると，市町村長申立てが1万1777件で，39.2％を占める（公益社団法人日本社会福祉士会ウェブサイト〔https://www.jacsw.or.jp/citizens/seinenkoken/juninjokyo/2023-0818-1705-9.html〕）。最高裁判所の統計では全申立てに対する市町村長申立ての割合が約23％であることと比較すると（→第7章第7節），社会福祉士は市町村長申立ての事例を受任する割合が高い傾向にあるといえる。このことは，判断能力に関する問題とともに何らかの生活上の課題をもっている事例を受任する割合が高いことを示していると考えられ，生活上の支援を職務とする社会福祉士に特有な動きであるということができる。

3. 権利擁護を担う専門職

司法書士，弁護士，社会福祉士，精神保健福祉士は，それぞれ職務に違いはあるものの，権利擁護をその職務を遂行するうえでの理念に掲げている。それゆえ，これらの専門職が成年後見人等を担うことは多い。また，弁護士や社会福祉士，精神保健福祉士は，虐待事案に直接的に関与することも多く，それぞれの専門性に基づく支援を提供している。

(1) 成年後見に関わる専門職

(a) 法に関わる専門職（司法書士，弁護士）

最高裁判所の2022年の統計によると，成年後見人等（成年後見人，保佐人および補助人）に選任された者は，親族が19.1％，親族以外が80.9％であるが，親族以外では，司法書士が36.8％と最も多い（→第7章第7節5）。司法書士法は，司法書士の使命を「登記，供託，訴訟その他の法律事務の専門家として，国民の権利を擁護し，もつて自由かつ公正な社会の形成に寄与すること」（1条）としており，司法書士の職務として権利擁護が重要であることを示している。司法書士による成年後見の団体としては，「成年後見センター・リーガルサポート」が設立されている。

また，弁護士は，親族以外の成年後見人等の選任において，司法書士に次ぐ27.1％を占める。弁護士は，弁護士法によって，「基本的人権を擁護し，社会正義を実現することを使命とする」とされ，その使命に基づき誠実に職務を行うことにより，「社会秩序の維持及び法律制度の改善」に努めることが求められている（1条）。弁護士は，このような観点から成年後見に携わっているといえる。

(b) 福祉に関わる専門職（社会福祉士，精神保健福祉士）

社会福祉士・精神保健福祉士は，親族以外の後見人の選任において，合わせて18.5%を占める。社会福祉士は，「身体上若しくは精神上の障害があること又は環境上の理由により日常生活を営むのに支障がある者の福祉に関する相談に応じ，助言，指導，福祉サービスを提供する者又は医師その他の保健医療サービスを提供する者その他の関係者との連絡及び調整その他の援助を行うことを業とする者」（社会福祉士及び介護福祉士法2条1項）であり，精神保健福祉士は，「精神科病院その他の医療施設において精神障害の医療を受け，又は精神障害者の社会復帰の促進を図ることを目的とする施設を利用している者の地域相談支援の利用に関する相談その他の社会復帰に関する相談に応じ，助言，指導，日常生活への適応のために必要な訓練その他の援助を行うことを業とする者」（精神保健福祉士法2条）である。

両福祉士が共有するソーシャルワーク専門職のグローバル定義においては，「社会正義，人権，集団的責任，および多様性尊重の諸原理は，ソーシャルワークの中核をなす」とされており，特に社会福祉士の倫理綱領においては，同定義をソーシャルワーク実践の基盤となるものとして認識し，その実践のよりどころとすることが確認されている。人権・権利擁護を担うソーシャルワーク専門職として，両福祉士は，成年後見等業務に従事しているといえる。

(2) 虐待防止その他に関わる専門職

弁護士は，権利擁護の観点から虐待防止に関与しているほか，適切な法的対応の観点からも関与している。特に児童虐待に関しては，既述のとおり児童相談所への弁護士の配置により児童相談所の法的対応体制の強化が図られている。

社会福祉士は，児童虐待防止法が施行された2000年以降，児童相談所（児童虐待）や地域包括支援センター（高齢者虐待），障害者虐待防止センター，配偶者暴力相談支援センター等の相談支援機関に所属し，権利擁護，虐待・暴力に関わる相談支援を行っている。また，虐待については，被虐待者，虐待者のいずれも精神的な課題をもっていることがあることから，精神保健福祉士は，さまざまな形で虐待に関わる相談支援を行っている。

表 8-2　意思決定支援に関わるガイドライン（策定年順）

	名　称	策定年	策定主体
1	障害福祉サービス等の提供に係る意思決定支援ガイドライン	2017	厚生労働省
2	人生の最終段階における医療・ケアの決定プロセスに関するガイドライン	2018	厚生労働省
3	認知症の人の日常生活・社会生活における意思決定支援ガイドライン	2018	厚生労働省
4	身寄りがない人の入院及び医療に係る意思決定が困難な人への支援に関するガイドライン	2019	「医療現場における成年後見制度への理解及び病院が身元保証人に求める役割等の実態把握に関する研究」班
5	意思決定支援を踏まえた後見事務のガイドライン	2020	意思決定支援ワーキング・グループ

第 6 節　意思の決定とその支援

1. 意思決定支援に関わるガイドライン

高齢者や障害者のなかには，高齢・障害ゆえに自ら意思決定をすることに困難を抱える者が存在する。どのような状態となっても，自身の価値観と選好に基づいた生活を送れることは，人としての尊厳を尊重し，権利を擁護する観点から，きわめて重要である。このようなことから，適切な意思決定支援が提供されるよう，いくつかの意思決定支援に関するガイドラインが策定されている（表 8-2）。具体的には，障害福祉サービス等の提供，人生の最終段階における医療・ケア，そして，認知症の人の日常生活・社会生活に関するものが厚生労働省により策定されている。また，身寄りがない人の入院・医療，および，成年後見に関するガイドラインも存在する。

本節では，まず，厚生労働省が策定している 3 つのガイドラインの共通事項を確認した後，それぞれの内容を概観する。その後，身寄りがない人の入院・医療に関するガイドライン，および，成年後見に関するガイドラインについても概観する。

2. 意思決定支援ガイドライン：共通事項

3 つの意思決定支援ガイドラインには，いずれの場合の意思決定支援においても共通する観点と方策が見られる。共通する観点ないし方策として以下の5点が挙げられる。

①本人の意思を第一義的なものと考えること：意思決定支援においては，本人には意思があり，意思決定する能力があることが前提とされ，本人が自ら意思決定できるよう支援することが求められている。

②意思決定の基盤となる的確な情報を提供すること：的確な意思決定には，その前提として必要な情報を的確に得ることが必要である。情報の提供に際しては，本人の特性に応じて，本人が理解可能な方法を工夫することが必要である。

③本人の意思の推定は，本人を理解する者によること：意思決定プロセスにおいては，さまざまな方策が用意されているが，それらの方策をもってもなお，本人の意思の確認が困難な場合もある。そうした場合には，意思の推定を行い，支援を尽くすことが必要である。意思の推定は，本人の価値観・選好を理解する家族や関係者等によって行われ，そして，必要に応じてあらかじめ意思を推定する者を決めておくことが望ましい。さらに，本人を理解する者がいない場合には，専門家チームが，本人の最善の利益を検討する。

④チームによる支援活動：意思決定のための支援および意思に基づいた支援は，本人に関与する者によって構成されるチームで取り組むこととされる。また困難な事例等については，専門職によって構成されたチームより助言を得ることが求められる。

⑤記録の作成・保管：意思決定のための支援プロセスおよび意思に基づいた支援のプロセスにおいて，記録を作成・保管することにより，情報を蓄積し，検証を可能とする。

3. 各意思決定支援ガイドラインの独自の観点

一方で，意思決定支援の対象となる者の特性をふまえた独自の観点も，各ガイドラインには含まれている。各ガイドラインの概要は，以下のとおりである。

(1) 障害福祉サービス等の提供に係る意思決定支援ガイドライン

(a) 目　的　等

「障害福祉サービス等の提供に係る意思決定支援ガイドライン」は，障害者の権利擁護が求められるなか，自己決定が困難な障害者に対する支援の枠組みや方法等について必ずしも標準的なプロセスが示されていない現状を受けて，障害者の意思を尊重した質の高いサービスの提供に資することを目的として策定された。

ガイドラインにおいて意思決定支援とは，「自ら意思を決定することに困難を抱える障害者が，日常生活や社会生活に関して自らの意思が反映された生活を送ることができるように，可能な限り本人が自ら意思決定できるよう支援し，本人の意思の確認や意思及び選好を推定し，支援を尽くしても本人の意思及び選好の推定が困難な場合には，最後の手段として本人の最善の利益を検討するために事業者の職員が行う支援の行為及び仕組みをいう」とされている。

(b) 意思決定支援が必要な場面

意思決定支援が必要な場面としては，日常生活における場面や，社会生活における場面が挙げられている。前者に関しては，日頃から継続的に意思決定支援を行うことにより，自らの意思を他者に伝えようとする意欲を育てることが重要とされる。また，後者に関しては，たとえば入所施設から地域移行する際等に，体験の機会の活用を含め，本人の意思確認を最大限の努力で行うことを前提に，関係者が集まり，判断の根拠を明確にしながら，より制限の少ない生活への移行を原則として，意思決定支援を進めることが必要である。

意思決定が困難な障害者においては，これまでの意思決定の経験の少なさが意思決定を阻んでいる点があり，このような経験の少なさとそれに起因する意思決定への意欲の低下に対する方策が必要な点が特徴といえる。

(c) 意思決定支援の基本原則

本人への支援は，自己決定の尊重に基づいて行うことが原則である。そのため，本人の自己決定にとって必要な情報の説明は，本人が理解できるよう工夫して行うことが重要である。また，職員等の価値観から見ると不合理と思われる決定でも，他者の権利を侵害しない限り，その選択を尊重する姿勢が求められる。そして，本人の自己決定や意思確認がどうしても困難な場合は，本人をよく知る関係者が集まって，本人に関わるさまざまな情報を把握し，根拠を明確にしながら本人の意思および選好を推定することが求められる。

意思の推定がどうしても困難な場合には，最後の手段として本人の最善の利益を判断することになるが，その際の留意点も，ガイドラインは定めている。すなわち，本人の最大の利益を判断する際には，①メリット・デメリットの検討，②相反する選択肢の両立可能性の検討，③自由の制限の最小化が求められる。また，意思決定支援に際しては，制度や組織体制の制約を受けない事業者以外の関係者を交え，直接サービスを提供する立場にない者の意見を加えること（事業者以外の視点からの検討）や，成年後見人等の参画を促すことが望ましい，とする。

(2) 人生の最終段階における医療・ケアの決定プロセスに関するガイドライン

(a) 目的・基本原則

「人生の最終段階における医療の決定プロセスに関するガイドライン」を改訂した「人生の最終段階における医療・ケアの決定プロセスに関するガイドライン」が，2018 年に厚生労働省により策定された。同ガイドラインは，病院における延命治療のみではなく，在宅医療・介護の現場で活用できるように見直しがされたものである。

ガイドラインでは，人生の最終段階における医療・ケアのあり方として，①医師等の医療従事者から適切な情報の提供と説明がなされ，それに基づいて本人が多職種からなる医療・ケアチームと十分に話し合い，本人による意思決定を基本としたうえで，人生の最終段階における医療・ケアを進めることが最も重要な原則であることが確認されている。また，②本人の意思は変化しうるものであることをふまえ，本人が自らの意思をそのつど示し，伝えられるような支援が医療・ケアチームにより行われること，および，本人との話合いが繰り返し行われることが重要であることも，確認されている。さらに，③本人が意思を伝えられない状態になる可能性があることから，家族等の信頼できる者も含めて本人との話合いが繰り返し行われること，および，話合いに先立ち本人が特定の家族等を自らの意思を推定する者として前もって定めておくことが重要であるとされている。

そのほか，医療・ケア行為の開始・不開始等は，医療・ケアチームによって医学的妥当性と適切性をもとに慎重に判断すべきであることや，具体的な場面において，可能な限り疼痛や不快な症状を緩和し，本人・家族等の精神的・社会的な援助も含めた総合的な医療ケアを行うことが必要であることも確認されている。

(b) 医療・ケアの方針の決定手続

医療・ケアの方針の決定手続については，本人の意思の確認ができる場合と，確認ができない場合とで異なる手続が示されている。まず，本人の意思の確認ができる場合には，①適切な情報の提供と説明を受けた本人と医療・ケアチームとの十分な話合いをふまえた本人による意思決定を基本として，医療・ケアチームとして方針の決定を行うこと，②本人の意思は，時間の経過，心身の状態の変化等に応じて変化しうることから，本人が自らの意思をそのつど示し，伝えることができるような支援が行われること，③本人が自らの意思を伝えられない状態になることに備え，家族等も含めて話合いが繰り返し行われることが必要とされている。そして，話し合った内容は，そのつど文書にまとめておくことも求められている。

他方，本人の意思確認ができない場合には，次のような手順により医療・ケアチームのなかで慎重な判断を行うことが必要であるとされる。まず，①家族等が本人の意思を推定できる場合には，その推定意思を尊重し，本人にとっての最善の方針をとることが基本となる。次に，②家族等が本人の意思を推定できない場合には，本人にとって何が最善かについて，本人に代わる者として家族等と十分に話し合い，本人にとっての最善の方針をとることが基本とされる。そして，③家族等がいない場合および家族等が判断を医療・ケアチームに委ねる場合には，医療・ケアチームが本人にとっての最善の方針をとることが基本とされる。本人の意思が確認できない場合においても，このプロセスで話し合った内容は，そのつど文書にまとめておくことが求められている。

また，方針決定に際して困難がある場合や，話合いのなかで妥当な医療・ケアの内容についての合意が得られない場合，家族等のなかで意見がまとまらない場合等には，複数の専門家からなる話合いの場を別途設置し，医療・ケアチーム以外の者を加えて方針等について検討・助言を行うことが必要なことも，ガイドラインでは示されている。

人生の最終段階における医療・ケアの決定プロセスでは，意思は揺れることを前提として，話合いを何度も行うべきとされている点に特徴がある。また，妥当な医療・ケアの内容について合意が得られない場合や，家族等の間で意見がまとまらない場合等の，話合いの場の設定の必要性も示されている。これは本人の意思を基本とするとしながらも，倫理的・法的な観点からの検討も必要なことを示唆するものであり，この点が人生の最終段階における医療・ケアの決定プロセスの特徴といえる。

⑶ 認知症の人の日常生活・社会生活における意思決定支援ガイドライン

⒜ 目 的 等

「認知症の人の日常生活・社会生活における意思決定支援ガイドライン」は，成年後見制度利用促進基本計画（第一期）において，「意思決定の支援のあり方についての指針の策定に向けた検討等が進められるべき」とされたのを受けて検討を進め，策定されたものである。ガイドラインは，「意思を尊重され，日常生活・社会生活を決めていくことが重要であることは誰もが認識するところであるが，このことは，認知症の人についても同様である」としたうえで，基本的考え方や姿勢，方法，配慮すべき事柄などを示している。また，意思決定支援は，認知症の人の意思決定をプロセスとして支援するもので，そのプロセスには，本人が意思を形成することの支援，本人が意思を表明することの支援，本人が意思を実現するための支援が含まれるとしている。

⒝ 基本原則

基本原則として挙げられているのは，①本人の意思の尊重，②本人の意思決定能力への配慮，および，③チームによる早期からの継続的支援の３点である。

①本人の意思の尊重においては，一見すると意思決定が困難と思われる場合であっても，意思決定しながら尊厳をもって暮らしていく重要性について認識することが必要であることが示されている。本人の示した意思は，それが他者を害する場合や，本人にとって見過ごすことのできない重大な影響が生ずる場合（たとえば，慎重に検討された結果，明らかに本人にとって不利益な選択肢といえる場合や，いったん発生してしまえば回復困難なほど重大な影響を生むといえる場合）でない限り，尊重されるとしている。

また，②本人の意思決定能力への配慮では，本人のその時々の意思決定能力の状況に応じて支援することや，本人の意思決定能力を固定的に考えずに，本人の保たれている認知能力等を向上させる働きかけを行うこと等が求められている。

そして，③チームによる早期からの継続的支援においては，認知症の場合は，早期（軽度の）段階から本人や家族，関係者で話し合い，今後起こりうることについてあらかじめ決めておくなど，先を見通した意思決定支援が繰り返し行われることや，身近な信頼できる家族・親族，福祉・医療・地域や近隣の関係者と成年後見人等が本人の意思や状況を日常的・継続的に把握し必要な支援を行う体制（すなわち，「意思決定支援チーム」）をつくること，日常生活で本人に接するなど本人をよく知る人から情報を収集したり，地域や近隣の日頃から本人とつながりがある人と関わりをもつこと等が重要とされている。

(c) 意思決定支援のプロセス

意思決定は，意思決定支援者の態度や意思決定支援者と本人との信頼関係，立ち会う人（たとえば金融機関の窓口の職員）との関係性や環境による影響を受けることから，意思決定支援のプロセスにおいては，これらに留意する必要があるとされている。たとえば，意思決定支援者は，本人の意思を尊重する態度で接することが必要であることや，本人が意思決定を行う際に本人との信頼関係を築けているかに配慮すること，立ち会う人との関係性から本人が自らの意思を十分に表明できない場合には，いったん本人と意思決定支援者との間で本人の意思確認をすること，なるべく本人が慣れた場所で意思決定支援を行うことが望ましいこと等が示されている。

また，家族については，本人をよく知る者として意思決定支援チームの一員とすることが望ましいとされる。本人と家族の意見が分かれる場合等には，意思決定支援者（専門職や行政職員等）は，家族に対して，本人の意思決定を支援するのに必要な情報を丁寧に説明したり，家族が不安を抱かないように支援をすることが必要であるとされている。

4. その他のガイドライン

厚生労働省が策定主体ではないガイドラインとして，身寄りがない人の入院・医療に関するガイドラインと成年後見に関するガイドラインも紹介しておきたい。

(1) 身寄りがない人の入院及び医療に係る意思決定が困難な人への支援に関するガイドライン

(a) 目　的　等

身寄りがない者が医療機関に入院した場合の身元保証や診療方針に対する承諾への対応については，課題とされてきた。とりわけ，医療に関する同意は成年後見人等の職務ではないため，成年後見制度の対象となっている患者であっても，本人の意思確認ができない場合に苦慮することが医療現場において多々見られた。こうした状況のなかで，2019 年に厚生労働行政推進調査事業費補助金（地域医療基盤開発推進研究事業）「医療現場における成年後見制度への理解及び病院が身元保証人に求める役割等の実態把握に関する研究」班（研究代表者：山縣然太朗）が，「身寄りがない人の入院及び医療に係る意思決定が困難な人への支援に関するガイドライン」をとりまとめた。身寄りがない場合にも医療機関や医療関係者が患者に必要な医療を提供できるようにし，身寄りのない患者が安心して必要な医療を受けられるようにすることが，ガイドラインの目的である。

なお，ガイドラインにそった支援の対象となる者には，身寄りがない人のみならず，家族や親類への連絡がつかない状態にある人や家族の支援が得られない人が含まれている。

(b) **身寄りがない人への具体的対応**

ガイドラインは，具体的な場面ごとに医療機関や医療関係者がとるべき行動を示している。特に，身寄りのない人等の判断能力が不十分である場合については，成年後見制度を利用している場合，利用していない場合によって，それぞれの対応を示している。成年後見制度を利用している場合には，成年後見人等が緊急連絡先となるかどうかに関する確認にはじまり，医療サービスの提供に関わるさまざまな事項について成年後見人等に説明・相談することとされている。他方，成年後見制度を利用していない場合には，緊急連絡先となれる人がいるかを確認し，それがいない場合，あるいは，いても関わる意思がない場合には，市町村や，地域包括支援センター（高齢者），基幹相談支援センター（障害者），福祉事務所（生活保護受給者），生活困窮者に対する相談窓口（上記以外の場合で経済的に困窮するおそれのある人）等に相談することとされている。

(2) 意思決定支援を踏まえた後見事務のガイドライン

(a) **目 的 等**

「意思決定支援を踏まえた後見事務のガイドライン」は，成年後見制度利用促進基本計画（第一期）において，意思決定支援のあり方についての指針の策定に向けた検討が進められるべきとされたことを受け，最高裁判所，厚生労働省，日本弁護士連合会，成年後見センター・リーガルサポートおよび日本社会福祉士会により構成された意思決定支援ワーキング・グループによって検討が進められ，策定されたものである。成年後見人等に就任した者が，意思決定支援をふまえた後見事務等を適切に行えるように，また，中核機関や自治体の職員等の執務の参考となるように，成年後見人等に求められている役割の具体的なイメージを示すことを目的とする。

ガイドラインは，意思決定支援を「特定の行為に関し本人の判断能力に課題のある局面において，本人に必要な情報を提供し，本人の意思や考えを引き出すなど，後見人等を含めた本人に関わる支援者らによって行われる，本人が自らの価値観や選好に基づく意思決定をするための活動」と定義する。そして，そのプロセスには，①意思を形成することの支援（意思形成支援）と，②本人が意思を表明することの支援（意思表明支援）があるとする。さらに，③形成・表明された意思の実現（意思実現支援）は，意思決定支援には直接には含まれないが，成年後見人等による「身上保護」の一環としての実施が期待されるとしている。

(b) 基 本 原 則

意思決定支援の基本原則としては，①すべての人は意思決定能力があることが推定される，②本人が自ら意思決定できるよう，実行可能なあらゆる支援を尽くさなければ，代行決定に移ってはならない，③一見すると不合理に見える意思決定でも，それだけで本人に意思決定能力がないと判断してはならない，という3点を示している。

一方，代行決定については，「意思決定支援が尽くされても，どうしても本人の意思決定や意思確認が困難な場合」に行うものであるとし，「その場合であっても，後見人等は，まずは，明確な根拠に基づき合理的に推定される本人の意思（推定意思）に基づき行動することを基本とする」としている。そのうえで，「①本人の意思推定すら困難な場合，又は②本人により表明された意思等が本人にとって見過ごすことのできない重大な影響を生ずる場合には，後見人等は本人の信条・価値観・選好を最大限尊重した，本人にとっての最善の利益に基づく方針を採らなければならない」とする。そして，この最善の利益に基づく代行決定は，「法的保護の観点からこれ以上意思決定を先延ばしにできず，かつ，他に採ることのできる手段がない場合に限り，必要最小限度の範囲で行わなければならない」と示している。

(c) 成年後見人等の役割

意思決定支援の具体的なプロセスにおいて，成年後見人等は，本人の意思決定のプロセスを丁寧に踏むという意識をもつことと，そのプロセスに積極的に関わることが求められている。そして，①支援チームの編成と支援環境の調整，および，②本人を交えたミーティングにおいて，一定の重要な役割を担うことになるとされている。

後見事務等においては，本人との関わりのみではなく，本人を取り巻く支援者との関わりも重要である。彼らが意思決定支援チームとして機能するよう調整し，チームにおいて本人が意思形成・意思表明できるよう支援することが求められているといえる。

第7節　事例の検討

本章の最後に，具体的な事例を示し，それをもとに，ソーシャルワーカーとしての意思決定支援に必要な視点を考えることとしたい。意思決定支援を行いたいAさんの生活歴と現在の状況は，次のとおりである。Aさんに対して，どのような意思決定支援を行うことができるだろうか。

Case8—①

Aさん（69歳・女性）

知的障害があり，療育手帳を所持。

〈生活歴〉

高校卒業後，障害福祉サービスの通所サービスを利用しながら生活。40歳代に父，50歳代のときに母が亡くなり，姉と2人暮らしとなった。65歳となったため，介護保険サービスに移行。3年前に姉が亡くなり，その後独居生活となり，受給している障害基礎年金では生活保護基準を下回ったため生活保護の受給となった。

2年前に脳血管障害により入院した際，病院の支援を受け，4親等内の親族（従兄弟）の請求により保佐開始の審判および保佐人の選任の審判がなされた。保佐人として，社会福祉士が選任された。その後，保佐人の支援を受けつつ介護保険の要介護認定を申請し，要介護1の認定を受けた。

〈現在の状況〉

住居：賃貸住宅に独居

ADL（日常生活動作）・IADL（手段的ADL）：入浴一部介助。調理については一部できないことがある。他は自立。

経済状況：障害基礎年金（2級）および生活保護

サービス利用状況：介護保険のデイサービスを週2回利用するサービス利用契約を締結しているが，実際には本人の意向により利用は少ない。ホームヘルプサービスは利用を拒否している。
成年後見：保佐

1. 支援の契機

介護支援専門員（ケアマネジャー）より，保佐人に相談がある。ケアマネジャーは，ホームヘルプサービス，デイサービスを中心として，Aさんのケアプランを作成していた。ホームヘルプサービスについては，Aさんの現在の生活上の必要を考慮して，デイサービスについては，Aさんは一部介助が必要な状態のため，1人での入浴は難しいことに加え，他の利用者との関わりをもつ経験は本人の生活に張りをもたせるだろうと考え，ケアマネジャーが組み込んだものであった。しかし，Aさんは，ホームヘルパーが家に入ることを「嫌です」と拒否しており，デイサービスについては，時折利用するのみであった。ケアマネジャーは，ホームヘルパーが家に入れないため，ゴミの処理などができておらず，Aさんの自宅での生活が立ち行かなくなっていることを憂慮し，保佐人に相談した。ケアマネジャーは，Aさんの施設入所を検討する時期ではないかと考えていた。

2. 意思決定支援ミーティング開催の提案

保佐人は，中核機関である社会福祉協議会に相談した。近いうちに，介護保険のサービス担当者会議が開催されるが，本人は出席をしたくないと話しているため，保佐人が代理として出席することについて，了解をもらった。保佐人は，その場で，Aさんと支援チームが一緒に今後のことについて検討する「意思決定支援ミーティング」の開催を提案することを考えた。

サービス担当者会議の終了後，中核機関職員も加わって，意思決定支援ミーティングの開催とその方法について検討した。

ケアマネジャーから施設入所の提案があったが，デイサービスの相談員からは「休みがちではあるが，出席された際に様子をうかがうと，何とか生活はできている様子である。もう少し，在宅での生活ができるのではないか」と意見が出された。会議では，Aさんを交えた意思決定支援ミーティングを本人に提案することとし，開催された場合のミーティングの趣旨と工夫すべき点を以下のとおり検討した。

- ミーティングについては，中核機関職員がAさんの自宅を訪問して提案する。その際，保佐人も同行する。

- A さんの生活への希望や意向を話してもらい，その生活を支えるサービス利用を検討することをミーティングの趣旨とする。
- A さんが緊張しないよう，本人の自宅で，本人が活動的な時間に設定することを提案する。
- ミーティングでは，話合いの内容が A さんにわかりやすいよう，パンフレット等を用いる。
- A さんに質問するときは，可能な限り「開かれた質問」（はい，いいえと回答する質問ではなく，A さんが意向を説明しやすい質問）で A さんの意向を聴くようにする。回答を強要しないようにする。
- ミーティングでは，必ずしも方向が決まらなくても，A さんの意思・意向を聴くことができればよい。

3. A さんへのミーティングについての説明

中核機関職員と保佐人が A さん宅を訪問し，「A さんに必要なお手伝いについて，A さん自身が決めていくための話合いをしてはどうか」と提案した。

A さんは，「ホームヘルプサービスは，いろいろ口を出されるので嫌いだ。自分は，ちゃんとやってるのに」と，ホームヘルプサービスを拒否するようになった理由について話した。また，「ホームヘルプサービスには，会議に参加してほしくない。○○○（障害福祉サービス事業所）のスタッフは，うるさいことをいわないからよかったのに」と話した。A さんの話からは，今までの A さんの生活や思いをよく知る人が障害福祉サービス事業所にいる様子がうかがえた。

ミーティングは，A さんの希望で，本人の自宅で午後に開催することとした。出席メンバーについても話し合い，ホームヘルプサービス事業所の職員には出席を控えてもらうこととした。ケアマネジャー，デイサービスの職員，生活保護のケースワーカーの参加については，特段反対はなかった。障害福祉サービス事業所の職員が参加することを保佐人が提案すると，A さんは「懐かしい，ぜひ会いたい」と話した。そこで，参加について，障害福祉サービス事業所に打診することとした。

A さんが望む生活については，「今までどおり自分の家でゆったりと暮らしたい」「自分が食べたいものを食べて暮らしたい」「自分でできることは自分でやりたい」と話し，「今のこのままの生活がしたい」とのことであった。発言の内容から，施設入所ではなく，自宅での生活を希望していることが確認された。

ミーティングで何から話し合うか，どのように座るかについても，本人と打ち合わせた。

4. ミーティングに向けた準備

Aさんとの話合いの後，中核機関職員が，障害福祉サービス事業所に問い合わせ，ミーティングへの出席を依頼した。障害福祉サービス事業所の職員は，「家事全般は本人が母親から教えてもらった方法で行っていて，Aさんはそのことに誇りをもっている」と話した。また，デイサービスの職員，生活保護のケースワーカーにも，意思決定支援ミーティングへの出席を依頼し，了承を得た。

5. 意思決定支援のためのミーティング

下記の日時，場所，出席者で，意思決定支援ミーティングが開催された。

○月○日 14 時 30 分～　Aさん宅にて開催 出席者：Aさん，保佐人，中核機関職員，ケアマネジャー，デイサービス職員（相談員），以前利用していた障害福祉サービス事業所職員，生活保護ケースワーカー

障害福祉サービス事業所の職員が来たことにAさんは大変喜んだ。

ミーティングの冒頭に，中核機関職員が，「Aさん自身がこれからの生活のことを考えていくためにミーティングを開くことになりました」と開催趣旨を説明し，Aさんは挨拶をした。まず，Aさんが今の生活について思うことを話した。保佐人がAさんと事前に打合せをし，その内容をまとめた用紙を用意していたので，Aさんは毎日の生活の様子や工夫していること，うれしいと思っていること，また，ホームヘルプサービスを嫌だと思う理由についてその用紙を見ながら説明した。これによりAさんの「自宅での生活を続けたい」という強い意向が確認された。また，障害福祉サービス事業所職員の話から，支援チームはAさんのこれまでの生活の様子をさらによく理解することができた。Aさんのこれまでの生活の様子やAさんの意向を知り，ケアマネジャーは，新しい事業所にAさんの意向をよく伝えたうえで，ホームヘルプサービスを利用する方法もあることを説明した。さらに，そうすることで，Aさんが希望する自宅での生活をより長く続けることができると思うこと，もし嫌であれば，Aさんに合うホームヘルパーが見つかるまで，紹介を続けることができることについても説明した。Aさんは，「それなら，ホームヘルプサービスを利用してみてもよい」と話した。

6. ミーティング後の状況

その後，それぞれの事業所とヘルパーの特徴や大切にしていることについて情報を得たAさんが，「ここなら」と選択したホームヘルプサービス事業所に，ケアマネジャーが連絡をした。そして，Aさんの生活に関する意向，とりわけ，家事の進め方は母親とのつながりを感じられる，本人にとって大切なものとして尊重してほしいことを説明し，ためしに利用を行った。その結果，Aさんはホームヘルパーを喜んで受け入れるようになった。また，ホームヘルパーの支援を受けられるようになったことで，デイサービスへの参加の頻度も増えた。デイサービスは，Aさんにとって安心できる居場所となり，現在は落ち着いた状態で，自宅での生活を送っている。

※意思決定支援ワーキング・グループ「意思決定支援を踏まえた後見事務のガイドライン」における事例をもとに大幅に加筆。

7. ソーシャルワーカーとして必要な視点

実際に意思決定支援を行う場合，ソーシャルワーカーとして次の視点が求められる。

最も重要な視点として，「本人の意向を尊重する」ことが挙げられる。「障害福祉サービス等の提供に係る意思決定支援ガイドライン」に示されているように，これまで，意向が尊重される経験をもたなかったことが，意思決定を困難にしていることがある。また本事例のように，本人の意思ははっきりしているものの，周囲がその背景や本意を理解せず，意思決定困難と判断している場合もある。

このような視点から，以下の点に留意することが必要である。

第1に，本人が自分のペースで話すことができ，意向を表現しやすくなるよう，開かれた質問を用いて，あるいはわかりやすく選択肢を示しながら，先を急ぐことなく，聴く姿勢をもつことは重要である。本人が自身の意向を表出する経験が乏しかったり，表出に困難がある場合もあるため，十分な配慮が求められる。

第2に，支援においては，支援プロセスの各局面での1つひとつの行為において，本人の意思を尊重していること，本人の意思を確認していることを明確に伝えながら，進めることが必要である。特に，会議においては，参加者が多いことから，本人の意思を尊重した進行がないがしろにされる場合がある。常に意識して，本人の意思を聴く，確認することが求められる。

第3に，パターナリスティックな関わりを避けることである。専門職は過去の事例や資源に関する知識をもっていることから，パターナリスティックな関わりをしてしまいがちである。支援者として，このような傾向があることを十分に認識することが重要である。また，代理意思決定（代行決定）が必要となった場合等に，社会通念や慣習から判断するのではなく，あくまでも本人の日頃の様子，過去の様子等から，本人の価値観・選好を判断することも重要である。

自分自身で決定する経験は，新しい意思決定を行うことへの動機となる。そして，意思を決定する経験の蓄積は，本人に自信をもたらし，その人らしい生活につながる。これらは，ソーシャルワークの基本的な姿勢であるが，権利擁護においては，特に重要な視点であるといえる。第1章に述べられているように，法が定めるとおりのサービスを提供することにとどまるのではなく，本人の個別性を理解し，本人の意向を尊重した支援を行うこと，アドボカシーの観点から支援を必要とする人に寄り添った実践を行うことが，ソーシャルワーカーによる権利擁護において求められているといえよう。

索　引

●あ 行

新しい権利　10
新しい人権　8, 58
アドボカシー　3, 8
アファーマティブ・アクション　68
家制度　53, 184
育児休業　207
違憲審査制　48
遺　言　189
遺産分割　192, 244
意思形成支援　295
意思決定支援　233, 288, 300
意思決定支援ガイドライン　287
意思決定支援チーム　292
意思決定支援ミーティング　297
意思決定支援を踏まえた後見事務のガイドライン　294
意思実現支援　295
意思能力　157, 189, 256
意思の推定　289
意思表明支援　295
遺　贈　191
遺族年金　203
遺族補償年金　206
意に反した支援　42
委任契約　177
遺留分　195
医療過誤　176, 181
医療保険　209
医療保護入院　16, 56, 219
インフォームド・コンセント　12, 62, 176
運営適正化委員会　43, 270
ADR　→裁判外紛争解決手続
LGBT 理解増進法　66
オンブズマン　134

●か 行

介護休業　208
介護サービス　177
介護保険制度　4, 153, 212, 232
介護保険法　37-40, 212, 271
介護保険優先原則　215
回復的権利　8
学問の自由　74
瑕　疵　111
家事審判　196
家事調停　196
過　失　179
家　族　17
家庭裁判所　196, 224, 240, 279, 280
慣習法　21
間接差別　67
間接適用　10
監督義務責任　182
議院内閣制　90
機関委任事務　104
規　則　21, 89
規　範　20
義務付け訴訟　144
虐　待　271
教育を受ける権利　83
強行法規　165
共生型サービス　216
行政救済法　98
行政苦情処理　134
行政裁量　141
行政作用法　98
行政事件訴訟法　6, 135
行政指導　15, 117, 121
行政処分　41, 141
行政組織法　98
行政訴訟　135
行政手続法　114-122
強制入院　219
行政不服審査　126
行政不服審査法　6, 127

行政不服申立て　109, 126
行政法　14
行政立法　89
強　迫　165
業務災害　205
許　可　106
虚偽表示　163
禁治産・準禁治産　234
勤労の権利　84
苦情解決　269, 271
苦情処理　43
刑事裁判　34, 36
契　約　5, 16, 42, 153, 268
　――の解除　170
　――の成立　155
契約自由の原則　157
健康保険　210
健康保険法　13, 204
憲　法　9-11, 21, 184
権利擁護　16
権利擁護支援　266
権利擁護センターぱあとなあ　284
権力分立　86
故　意　179
合　意　162, 233
行為能力　157
高額療養費制度　211
後期高齢者医療制度　210
公共の福祉　56
後　見　235, 238
後見制度支援信託　246
公序良俗　165
厚生年金　201
厚生年金保険法　201
公的扶助　208
幸福追求権　58
公　法　22
後法優位の原則　25
高齢化率　231
高齢者虐待　275
高齢者虐待防止法　275
国際法　23
国籍要件　13, 201
国内法　23
国民健康保険　210
国民健康保険団体連合会　271
国民主権　86
国民審査権　86
国民年金　201
国民年金法　201
個人情報保護　60
個人情報保護法　11
個人の尊重　47
国家賠償請求権　80
国家賠償法　148
国家補償法　148
子ども　53
子どもの権利条約　96
雇用保険法　207
婚　姻　184

●さ　行

債　権　156, 167
財産管理　243
財産権　77
裁　判　33
裁判外紛争解決手続（ADR）　34
裁判を受ける権利　81
債　務　156, 167
債務不履行　168, 171
詐　欺　165
錯　誤　163
差止訴訟　145
サービス利用契約　5, 42, 177
参政権　51, 84
時　効　162
自己決定権　60
思想良心の自由　69
市町村　281
市町村障害者虐待防止センター　278, 283
市町村長による成年後見申立て件数　259
実体法　22
指　定　15, 215
指定基準　41

私的扶養の優先　225
児童虐待　224, 272
児童虐待防止法　272
児童相談所　223, 273, 281
児童手当　208
児童福祉法　2, 108, 222
児童扶養手当　208
私　法　22
司法書士　285
市　民　7
市民後見人　260
事務管理　183
社会権　51, 81
社会手当　200, 208
社会福祉　200
社会福祉基礎構造改革　5, 42, 268
社会福祉協議会　283
社会福祉士　3, 284-286
社会福祉士及び介護福祉士法　12
社会福祉法　5, 268
社会扶助　200
社会法　22
社会保険　199
社会保障制度　3, 197, 198
社会保障法　197
集会の自由　73
自由権　52
守秘義務　12
障害支援区分　217
障害者　54
障害者基本法　277
障害者虐待　277
障害者虐待防止法　276, 282
障害者権利条約　8, 96, 216, 277
障害者雇用促進法　69
障害者差別解消法　8, 66, 277
障害者総合支援法　7, 215
障害年金　202
障害福祉サービス　216
障害福祉サービス等の提供に係る意思決定支援ガイドライン　288
障害補償年金　206
使用者責任　182
少年事件　35
傷病補償年金　206
情報コントロール権　59
証明責任　181
条　約　21
省　令　89
条　例　21
職業選択の自由　75
触法少年　223
女　性　53
所得再分配　199
所有権　161
自力救済の禁止　123
自　律　46
事理弁識能力　239
知る権利　73
人格的権利　180
信義則　100
信教の自由　70
親　権　186
人　権　9, 46
人権侵害　46
人権の主体　13, 50
人権保障　45, 46
審査請求　128
身上監護　241
身上監護事務　243
身上配慮義務　241, 249, 254
人身の自由　79
人生の最終段階における医療・ケアの決定プロセスに関するガイドライン　290
親族法　43
身体拘束　56
身体障害者　216
診療契約　176
心裡留保　163
生活困窮者自立支援法　228
生活支援員　269
生活保護　14, 200, 224
生活保護法　13
政教分離　70

生殖補助医療　186
精神活動の自由　68
精神障害者　216
精神保健福祉士　3, 286
精神保健福祉士法　12
精神保健福祉法　16, 56, 219
生存権　10, 81, 198, 224
性的虐待　282
性同一性障害　62
成年後見監督人　260
成年後見制度　16, 43, 233, 264
　——の利用者数　257
成年後見制度利用支援事業　267
成年後見制度利用促進基本計画　263, 265, 266
成年後見制度利用促進法　263, 264
成文法　21
成文法源　99
政　令　89
責任能力　182
選挙権　84
専門職後見人　259, 279
相互扶助機能　199
相　続　187
即時強制　125
ソーシャルワーカー　2
ソーシャルワーク　2
ソーシャルワーク専門職のグローバル定義　2, 286
訴　訟　196
措　置　268
措置から契約へ　5, 232
措置制度　4
措置入院　16, 56, 219
ソフトロー　23
損害賠償請求権　179
損害賠償責任　171, 179

●た　行

第一次的権利　8
退院支援　222
代執行　124
代　理　159
代理意思決定　301
代理権　160, 241, 244, 251, 254
単独世帯　231, 259
地域生活支援　221
地域包括ケアシステム　4
地域包括支援センター　276, 283
地域連携ネットワーク　279
知的障害者　216
地方公共団体　95
地方裁判所　280
地方自治　94
嫡出推定　186
嫡出否認　186
中核機関　280
通勤災害　205
手続法　22
典型契約　173
同意権　250, 254
当事者訴訟　147
統治機構　46, 86
道　徳　20
特別障害者手当　208
特別法優先の原則　25
特別養子縁組　17
特　許　107
取消権　245, 251, 254
取消処分　15
取消訴訟　109, 136

●な　行

日常生活自立支援事業　268
任意後見監督人　256
任意後見契約　255
任意後見制度　235, 237, 255
認　可　107
認可保育所　108
認知症高齢者　232
認知症の人の日常生活・社会生活における意思決定支援ガイドライン　39, 256, 292
年金制度　200

●は　行
配偶者暴力　274
配偶者暴力相談支援センター　275, 282
配偶者暴力防止法　274
パターナリズム　57
パートタイム・有期雇用労働法　221
ハードロー　23
バリアフリー法　220
判　例　36
判例法　21
被選挙権　86
表現の自由　71
福祉アプローチ　2
福祉サービス利用援助事業　268
物　権　161
不服申立て　40
不服申立前置主義　40, 109, 127
不文法　21
不文法源　99
不法行為　17, 42, 176, 179
不法行為法　179
扶養義務　17, 187, 226
プライバシー権　10, 58
不利益処分　119
紛　争　40
文理解釈　29
ヘイトスピーチ　72
ヘイトスピーチ解消法　73
弁護士　285, 286
法定解除　170
法定後見制度　76, 235, 236
法定受託事務　104
法的アプローチ　2
法的三段論法　27
法の下の平等　63
法務局　280
法　律　21
保護基準　226
保　佐　235, 238, 247
補　助　235, 238, 252
補足性の原理　225

●ま　行
水際作戦　14, 117
未成年後見　187
未成年者の保護　158
身寄りがない人の入院及び医療に係る意思決定が困難な人への支援に関するガイドライン　293
民事裁判　33, 35
民事訴訟法　154
民　法　15, 154
無効等確認訴訟　144
命　令　21

●や　行
約定解除　170
有力説　51
要介護認定　38, 213
養子縁組　186
要支援認定　38, 213
要保護児童　222
要保護児童対策地域協議会　273

●ら　行
離　婚　185, 196
利用者　7
利用者負担　214
労災保険　205, 212
労働基本権　84
労働者災害補償保険法　205
老齢年金　202
65 歳問題　215

ソーシャルワーカーのための法学入門
——権利擁護の担い手となるために
Introduction to Law for Social Workers

2024年4月20日 初版第1刷発行

著　者　永野仁美・大橋真由美・笠原千絵・髙山惠理子・羽生香織・巻美矢紀
発行者　江草貞治
発行所　株式会社有斐閣
〒101-0051 東京都千代田区神田神保町 2-17
https://www.yuhikaku.co.jp/
装　丁　高野美緒子
印　刷　萩原印刷株式会社
製　本　大口製本印刷株式会社
装丁印刷　株式会社亨有堂印刷所

落丁・乱丁本はお取替えいたします。定価はカバーに表示してあります。

Printed in Japan ISBN 978-4-641-17496-2